中国上市公司协会公司治理丛书

上市公司董事会秘书
履职创新实践

中国上市公司协会　编

中国财经出版传媒集团
中国财政经济出版社

图书在版编目（CIP）数据

上市公司董事会秘书履职创新实践／中国上市公司协会编．--北京：中国财政经济出版社，2023. 5
（中国上市公司协会公司治理丛书）
ISBN 978－7－5223－2064－9

Ⅰ．①上…　Ⅱ．①中…　Ⅲ．①上市公司－董事会－秘书－工作－研究－中国　Ⅳ．①F279. 246

中国国家版本馆 CIP 数据核字（2023）第 043219 号

责任编辑：叶　彤　　　责任校对：张　凡
封面设计：北京兰卡绘世　　　责任印制：党　辉

上市公司董事会秘书履职创新实践
SHANGSHI GONGSI DONGSHIHUI MISHU LUZHI CHUANGXIN SHIJIAN

中国财政经济出版社 出版

URL：http：//www. cfeph. cn
E－mail：cfeph@ cfeph. cn

社址：北京市海淀区阜成路甲 28 号　邮政编码：100142
营销中心电话：010－88191522
天猫网店：中国财政经济出版社旗舰店
网址：https：//zgczjjcbs. tmall. com
北京时捷印刷有限公司印刷　各地新华书店经销
成品尺寸：170mm×240mm　16 开　22. 5 印张　325 000 字
2023 年 5 月第 1 版　2023 年 5 月北京第 1 次印刷
定价：88. 00 元
ISBN 978－7－5223－2064－9
（图书出现印装问题，本社负责调换，电话：010－88190548）
本社质量投诉电话：010－88190744
打击盗版举报热线：010－88191661　QQ：2242791300

目录

中国上市公司董事会秘书履职报告 2022[①]

中国上市公司协会
2023 年 2 月

上市公司董事会秘书在公司日常运作中扮演着重要角色，《上市公司治理准则》中明确提出，上市公司设董事会秘书，负责公司股东大会和董事会会议的筹备及文件保管、公司股东资料的管理、办理信息披露事务、投资者关系工作等事宜。从近年市场实践来看，上市公司董事会办公室及董事会秘书工作制度建设已取得了长足进步，董事会秘书们的勤勉尽责为推动上市公司提升规范运作水平、实现高质量发展提供了有效助力。

一、上市公司董事会秘书聘任情况概述

Wind 统计数据显示，截至 2022 年 12 月 31 日，A 股及 B 股市场[②]共有 5079 家上市公司，董事会秘书聘任总体情况如下。

（一）中坚力量稳固，年龄分布相对平均

从全市场董秘的年龄分布来看（如图 1 所示），40～50 岁的董秘是市场的中坚力量，占比达到 45.15%[③]；50 岁以上的董秘占比为 27.70%；30～40 岁的董秘群体占比为 26.48%；近几年董秘群体中新生力量渐增，30 岁以下的年轻董秘占比达到 0.67%，其中最年轻的上市公司董秘年仅 26 岁。

---

① 特别鸣谢上海信公科技集团股份有限公司提供专业支持。

② 此处仅包括纯 B 股，下同。

③ 全市场统计数据来源于 Wind 资讯及国泰安数据库，下同。

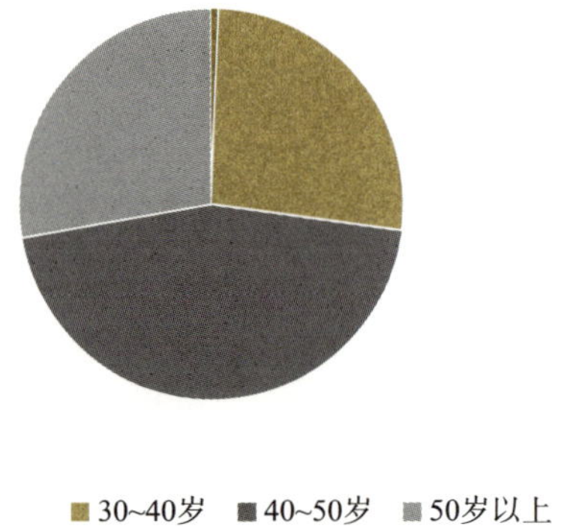

图1　上市公司董秘年龄段分布情况

按照公司产权性质不同进行划分可见，民营上市公司董秘的平均年龄为44.22岁，国有上市公司董秘的平均年龄为45.81岁，前者相较于后者年龄均值略低。

分行业来看，房地产、电信服务、能源等传统行业的董秘年龄均值相对较大；而医疗保健、信息技术等新兴行业的董秘相对更年轻化，其中信息技术行业的董秘平均年龄最小，为44.23岁。但总体来看，各行业董秘年龄分布较为接近，平均年龄最高值与最低值相差不超过3岁（如图2所示）。

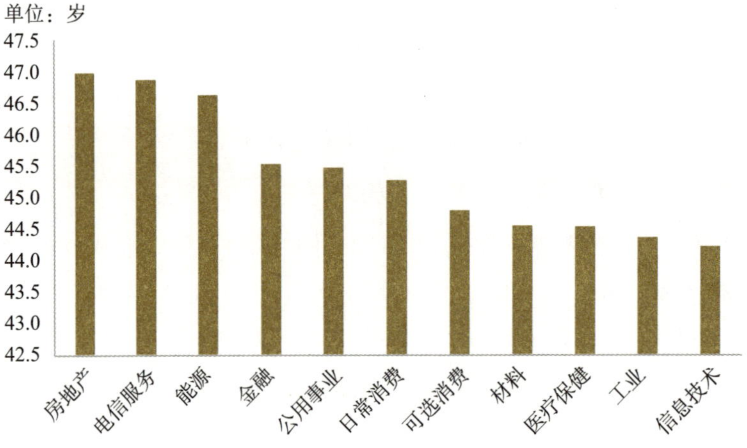

图2　上市公司董秘平均年龄（分行业，Wind一级行业）

（二）任职期限差异显著，最长跨越二十载

从全市场来看，截至 2022 年 12 月 31 日，任期在 5～10 年的董秘占比最高，为 33.06%；任期在 1～3 年的董秘位列第二，占比为 32.56%。超长期坚守的董秘（任期大于等于 10 年）占比则为 9.73%，其中有 43 家上市公司董秘的任职时间超过了 20 年（如图 3 所示）。

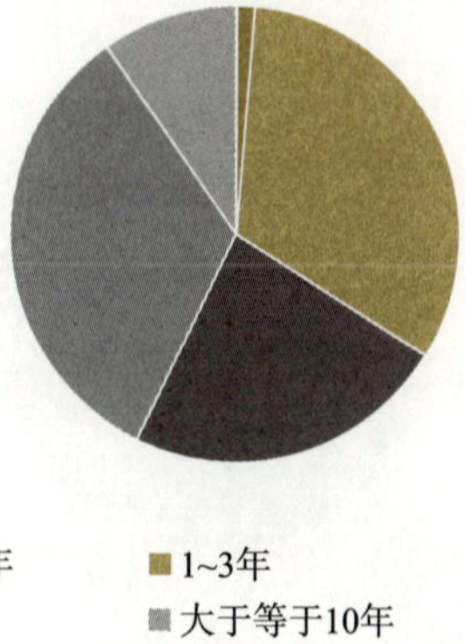

图 3　上市公司董秘任期区间分布①

分公司产权性质来看，民营上市公司董秘的平均任期为 4.95 年，而国有上市公司的董秘任职期限平均水平则达到 5.77 年，表现更为稳定（如图 4 所示）。

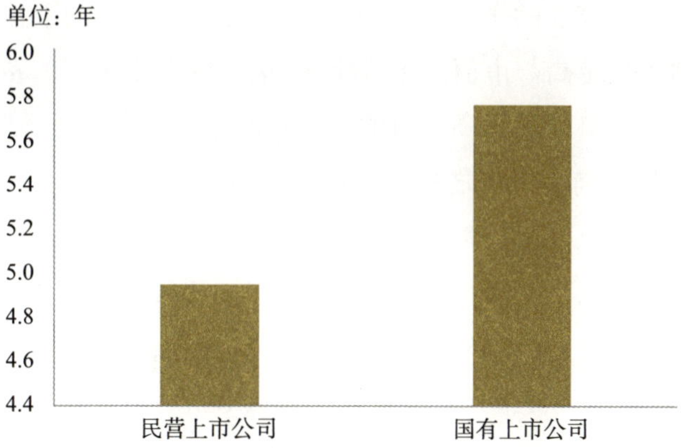

图 4　上市公司董秘平均任期（分产权性质）

① 截至 2022 年 12 月 31 日，按初始任职日期计算，下同。

（三）业内不乏高薪，薪酬[①]均值分化明显

统计数据显示，超过六成的董秘年薪在 50 万元以上，其中占比 40.68% 的董秘年薪位于 50 ~ 100 万元，约 20.05% 的董秘年薪超过了百万元；与之相比仍有部分董秘的年薪低于 30 万元，但受统计区间限制，其中部分上市公司的董秘任期不满一年，故其薪酬尚未体现全年水平（如图 5 所示）。

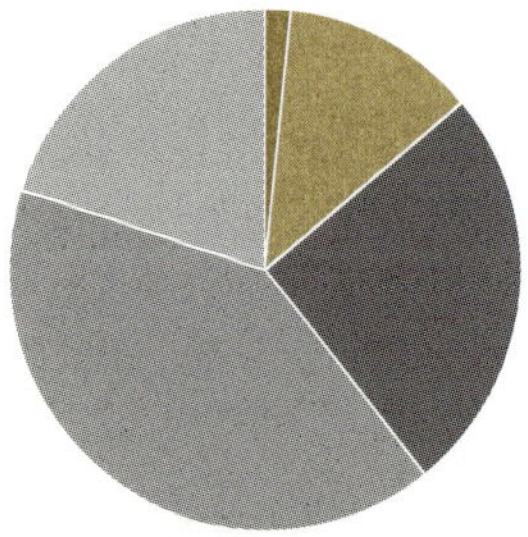

图 5　2021 年度上市公司董秘薪酬区间分布

从市值规模角度进行分析，统计数据显示董秘平均薪酬水平和上市公司市值规模呈现了较强的正相关关系，表现为市值越高的上市公司，其董秘的平均薪酬水平越高。市值小于等于 30 亿元的上市公司，董秘平均年薪为 49.72 万元；而市值大于等于 1000 亿元的上市公司，董秘平均年薪为 178.24 万元，超过前者 3 倍之多（如图 6 所示）。

按照不同板块统计董秘薪酬水平（如图 7、图 8 所示），科创板上市公司董秘的平均薪酬水平最高，为 84.04 万元，中位数水平亦然，约为 69.45 万元。沪主板和深主板董秘的平均薪酬水平相近，分别为 80.11 万元和 79.15 万元，薪酬中位数也比较相近，分别为 60.95 万元及 60.16 万元。创业板和北交所的董秘平均薪酬水平则相对较低，分别为 64.79 万元和 43.71 万元，中位数分别为 53.07 万元及 33.88 万元。B 股董秘的平均薪酬为

① 根据 Wind 资讯统计，薪酬水平指现金薪酬。

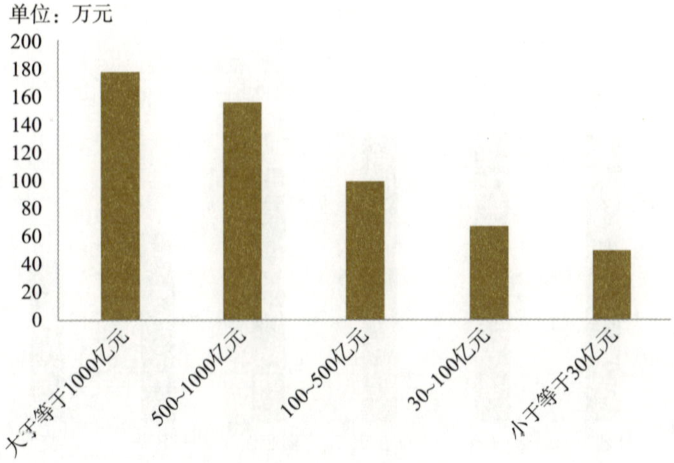

图6　2021年上市公司董秘平均薪酬水平（分市值规模）①

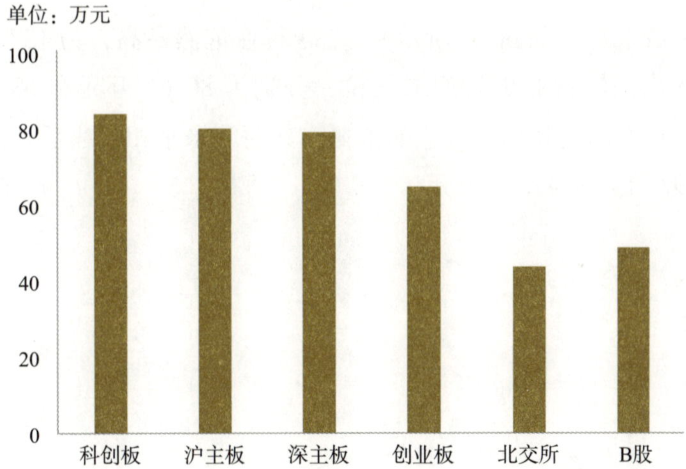

图7　2021年上市公司董秘平均薪酬水平（分上市板块）

48.71万元，其中位数约为39.6万元（如图7、图8所示）。

按照不同行业情况进行统计（如图9所示），金融行业的董秘平均年薪最高，以179.55万元的水平位列全行业第一；房地产和医疗保健行业紧随其后，分别为123.21万元和88.03万元；工业、能源和电信服务行业的董秘的平均薪酬水平相对靠后，分别为65.51万元、60.38万元和54.52万

① 市值数据截至2022年12月30日收盘。

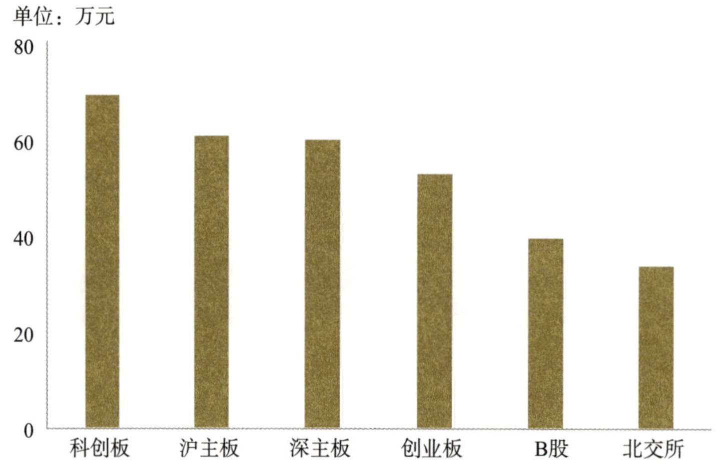

图 8　2021 年上市公司董秘薪酬中位数水平（分上市板块）

元。从中位数来看（如图 10 所示），金融行业依然最高，为 137.74 万元；房地产和医疗保健行业仍位列二三位，分别为 86.61 万元和 63.96 万元；电信服务、日常消费和能源行业的董秘，其薪酬水平相对靠后，分别为 54 万元、53.97 万元和 49.72 万元。

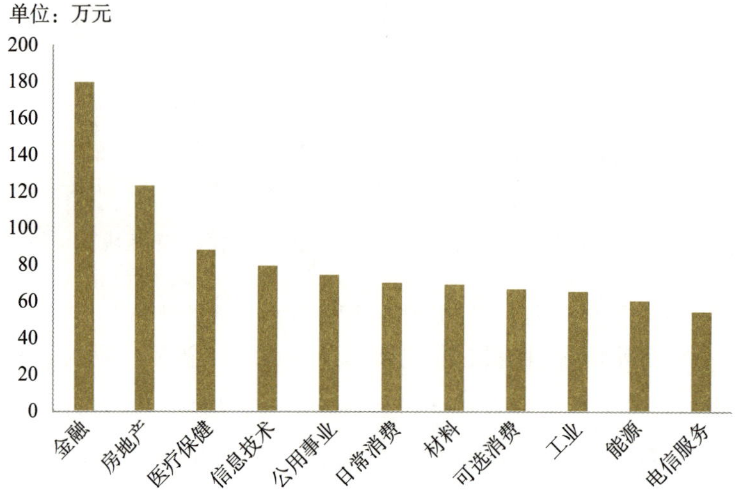

图 9　2021 年上市公司董秘平均薪酬水平（分行业）

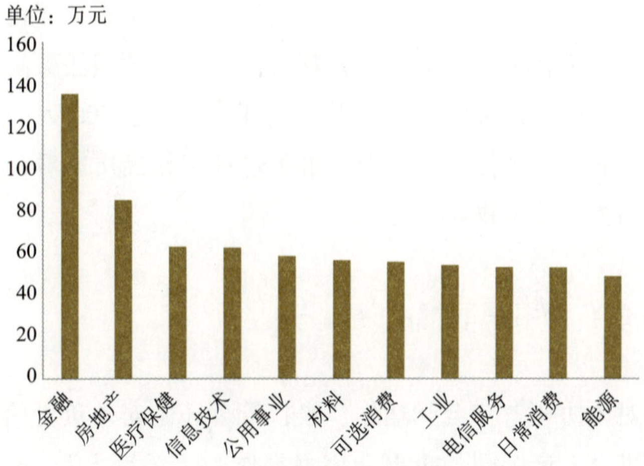

图 10　2021 年上市公司董秘薪酬中位数水平（分行业）

（四）能者多劳，职业路径明晰

统计数据显示，全市场中多数董秘同时兼任公司董事或高管职位。占比约 27.25% 的董秘兼任董事职位；兼任财务总监或总会计师职位的董秘占比达 17.05%，一并负责上市公司财务管理工作；约 46.68% 的董秘兼任副总经理或总经理助理职位，负责或主持上市公司日常经营管理工作，此类兼职现象在民营企业中尤为突出——据统计，民营上市公司中，有 73.17% 的董秘兼职董事或其他高管职位，而国有上市公司中该比例约为 55.28%。

从履职背景来看，董秘们在任职前均有丰富的管理经验，在任职前一般已具备足够的胜任能力，掌握合规、有效履职所要求的专业知识与技能，其中约四成董秘在此前拥有财务或法律相关从业经验（如图 11 所示）。

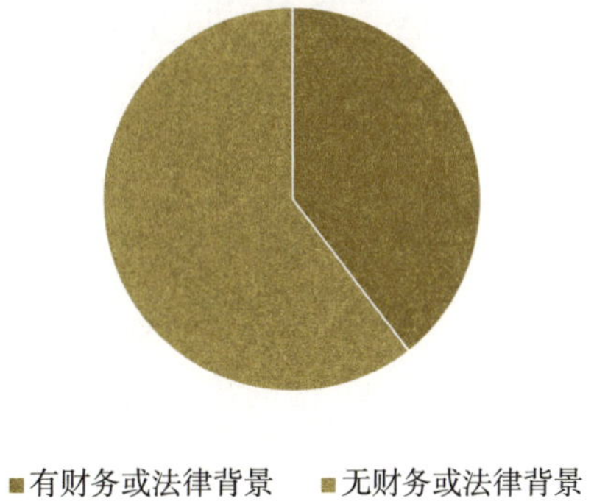

图 11　上市公司董秘具备相关专业背景情况

得益于专业背景及丰富经验，从职业发展路径来看，董秘们一直兢兢业业坚守岗位的不在少数，也有部分董秘在此后继续担任更高的职务或承担更重要的管理岗位。现任上市公司总经理中，有近 300 人的职业生涯中曾就任董秘一职；从现任上市公司董事长过往工作经历来看，亦有百名以上董事长此前担任过董秘职位。

二、董事会秘书履职情况分析[①]

无论是对内协调“三会”运作、股权管理还是对外负责信息披露、投资者关系管理，上市公司的董事会秘书都作为“关键人”，督促上市公司提升规范运作水平，是上市公司治理机制中的重要角色。

优秀的上市公司必然有一位勤勉尽责、有效履职的董事会秘书，同样地，董事会秘书的良好履职也离不开公司制度及履职环境的保障。本部分基于本次董秘履职评价申报信息对上市公司的董秘履职情况进行分析讨论。

（一）董事会秘书履职基本情况

1. 健全工作制度提供履职保障

统计数据显示，为便利董事会秘书履行职责，上市公司基本已制定了《董事会秘书工作细则》或《董事会秘书工作制度》。此外，上市公司还纷纷建立了信息披露管理制度、“三会”运作制度、内控管理制度、各项重大交易制度等，建设、健全公司规范运作的基础；在内部报告机制方面，各家上市公司也基本建立了重大事项报告和内部保密机制，要求重大事项及时、准确地向董事会秘书报告；并在制度中明确董事会秘书有权了解公司的财务和经营情况，出席经营层重要会议，例如月度与季度经营分析会议、总裁办公会等，保障董事会秘书能够及时获得重大信息。

2. 优化人员配置提升履职效率

填报信息显示，上市公司基本设有董事会办公室（或称董事会秘书办公室、证券事务部门），作为董秘下辖的负责公司治理与规范运作、信息披

① 本部分抽样统计数据来源于中国上市公司协会董秘履职评价申报信息。

露以及投资者关系管理等工作的专门机构，并配备了相应具有证券事务与投资者关系管理知识等胜任能力的人员以便开展工作。

从董办配备工作人数来看，近半数（49.14%）上市公司的董办人数在3人及以下；约三成（31.97%）上市公司的董办人数在4～5人；15.66%的上市公司董办人数在6～10人，还有3.24%的上市公司董办人数超过10人（如图12所示）。

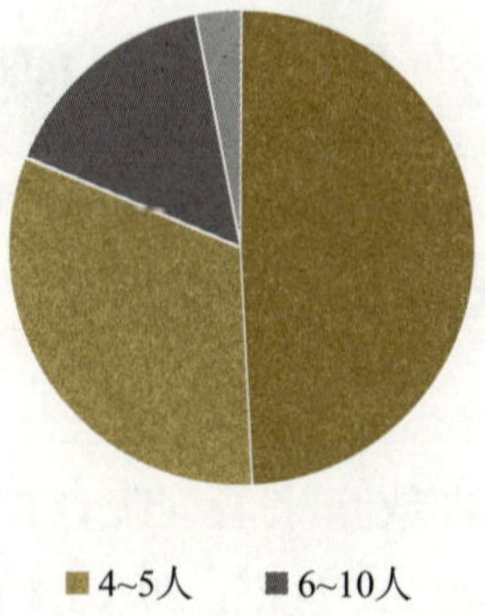

图12　上市公司董办配备工作人员数量分布情况

此外，为了更好地做到勤勉尽责，董秘们亦精益求精，通过持续学习不断提升专业胜任能力，积极参加交易所、地方证监局、行业自律组织或其他中介机构组织的有关信息披露、公司治理、投资者关系管理方面的专题培训，多者达数十次。

作为有效履职的佐证，申报信息显示，不乏有董秘已获得外部评价认可——共有超过250家上市公司的董秘曾获得过证券监管机构或其他国家机关、全国性自律组织的表彰，其中有140家上市公司董秘获得过1～2次表彰，有83家上市公司董秘获得过3～5次表彰，有27家上市公司董秘获得过6～10次表彰，此外还有11家上市公司董秘获得表彰超过10次（如图13所示）。

（二）信息披露事务管理

上市公司信息披露事务是董秘们日常工作的重要内容之一，董事会秘书负责组织制定公司信息披露事务管理制度，督促公司及相关信息披露义务人遵守信息披露相关规定。

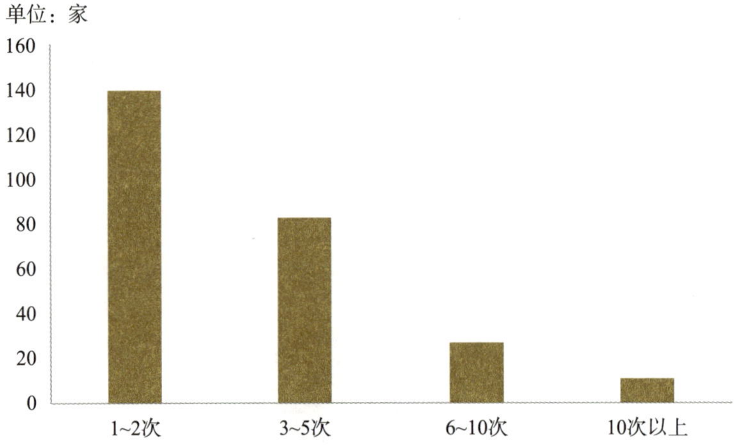

图 13　上市公司获得证券监管机构或其他国家机关、全国性自律组织表彰次数情况

1. 信息披露基本情况

参考填报信息，从公告数量来看，统计样本中上市公司披露公告在 100～150 份的占比最高，为 35.74%；29.62% 的上市公司披露公告数量介于 50～100 份；11.04% 的上市公司披露公告多达 200 份以上；披露 50 份以下公告的上市公司则为少数，占比仅为 6.34%（如图 14 所示）。

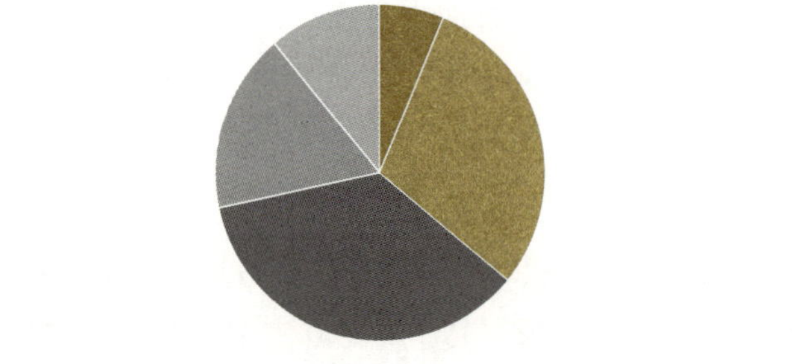

图 14　上市公司披露公告数量情况

鉴于上市公司信息披露行为可进一步分为法定信息披露与自愿性信息披露，而后者一般被认为代表了上市公司对外传递信息的主动性，因此该项数据的统计表现具有一定的参考意义。统计样本显示，超过 68% 的上市公司披露了自愿性公告，其中部分上市公司自愿性信息披露公告占比高达 50% 以上，但大多数上市公司的公告内容仍以法定披露内容为主，主动性尚显不足。

2. 信息披露规范水平

作为上市公司对外公开、公平、公正传递信息的最主要方式，信息披露的质量将直接影响到市场对于上市公司的认知及判断，因此上市公司的信息披露行为规范也一直是监管方重点关注的事项之一。

统计样本中超过 80% 的上市公司所披露公告未有补充或更正情形，这说明绝大多数上市公司在信息披露规范要求方面已达到较高水平，能够确保所披露信息真实、准确、完整。

在曾出现更正情形的上市公司中，有 116 家上市公司（占比为 12.53%）披露更正公告占比约 1%，有 29 家上市公司（占比为 3.13%）披露过 2% 的更正公告，有 10 家上市公司（占比为 1.08%）披露过 3% 的更正公告，有 4 家上市公司（占比为 0.43%）披露过 4% 的更正公告，仅有 3 家上市公司（占比为 0.32%）披露过 5% 以上的更正公告。

从是否披露过补充公告的角度来看，超过 87% 的上市公司未有此类情形发生。在曾出现补充情形的上市公司中，多数披露的补充公告数量占比在 5% 以下，仅有 3 家上市公司补充公告数量占比超过了 5%（如图 15、图 16 所示）。

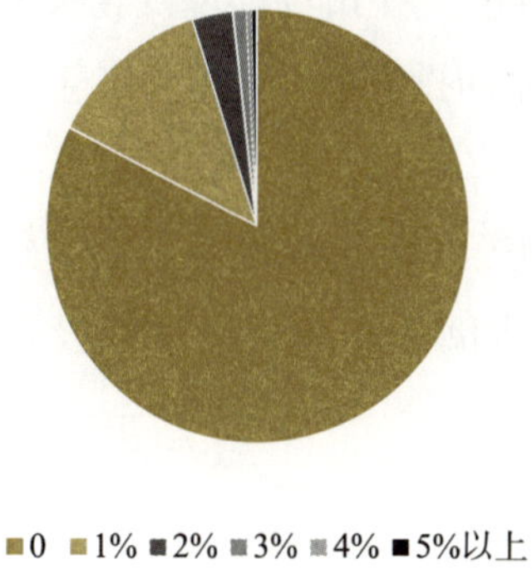

图 15　上市公司披露更正公告占比情况

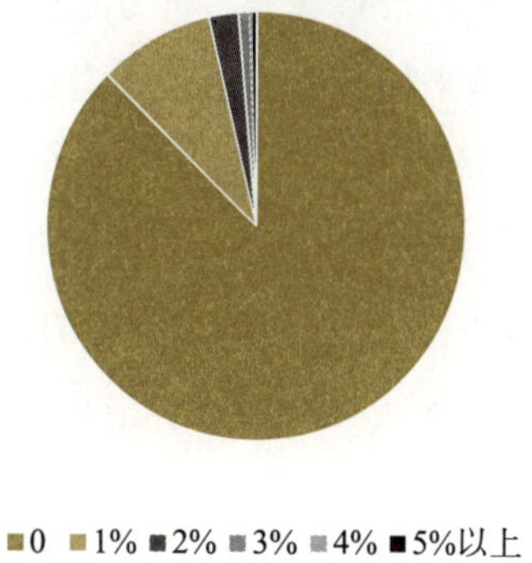

图 16　上市公司披露补充公告占比情况

上市公司所披露公告在受到监管问询时，往往代表相关内容尚有待说明或待补充信息，从统计数据来看，全部样本中 90% 以上的上市公司未受到监管问询，共 58 家上市公司受到监管问询，其中 41 家公司被监管问询 1 次，8 家公司被问询 2 次，4 家公司被问询 3 次，3 家公司被问询 4 次，极少数公司被问询 5 次及以上（如图 17 所示）。

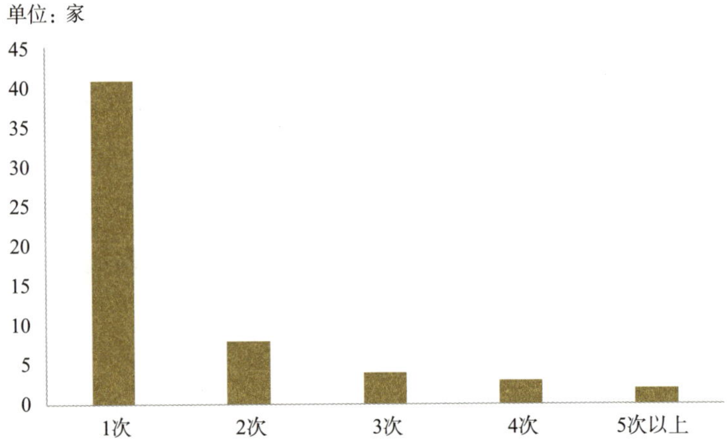

图 17　上市公司受到监管问询次数情况

3. 信息披露可视化

随着信息技术的发展，上市公司对外传递信息的渠道及方式也更为灵活。以深交所为例，《关于召开 2021 年年报业绩说明会的通知》明确提出“鼓励公司充分利用数字化技术，通过直播、视频、语音等多种形式进行互动，采用可视化年报、云参观等多种方式展示公司经营情况”。在市场环境变化及监管引导下，越来越多的上市公司尝试采用数字化技术向投资者呈现相关信息。

根据填报信息显示，926 家上市公司中有超过 700 家公司（占比为 77.11%）采用了以一图读懂年报、视频音频等可视化形式强化临时公告和定期报告的宣传与解读，提升了投资者的公告阅读体验，以加强投资者对公司的了解（如图 18 所示）。

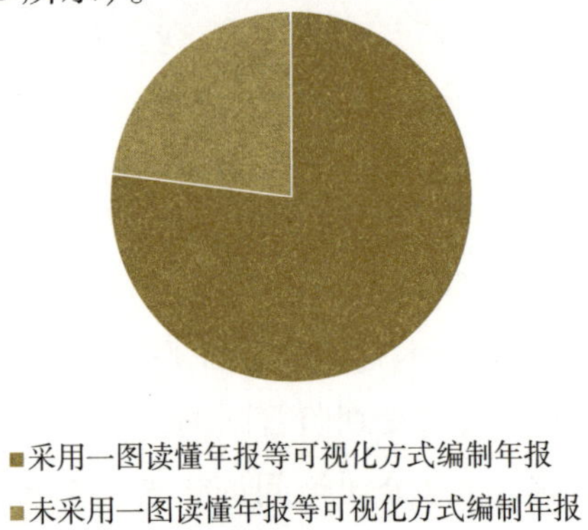

图 18　上市公司年度报告可视化编制情况

4. 内幕信息管理规范

自《证券法》进一步明确内幕信息范畴后，证监会及交易所均根据《证券法》要义修订完善了对上市公司内幕信息管理工作的要求。从现行市场实践来看，上市公司的内幕信息管理及交易规范均已有了较大提升。

以样本数据为例，上市公司基本均已建立健全内幕信息知情人登记管理制度，在定期报告期间以及上市公司进行重大资产重组、非公开发行、实施股权激励计划、回购股份等事项时，自主按照要求组织报送重大事项的内幕知情人信息。

（三）公司治理机制建设

除信息披露外，上市公司董秘们的工作重点还包括公司治理机制的建设。无论是"三会"运作还是内控规范，都需要董秘们日常投放大量精力；此外随着近年来薪酬证券化的兴起，公司激励机制的建设也是董秘们需要关注的事项。

1. "三会"运作

（1）股东大会召开情况。根据填报信息显示，900 余家上市公司均制定了"三会"议事规则并严格按照相关议事规则执行。从股东大会召开情况来看，共有 96 家上市公司当年仅召开过 1 次股东大会，占比为 10.37%；有 80 家上市公司召开过 6 ~ 10 次股东大会，占比为 8.64%；区间内数量最多的是召开 2 ~ 5 次股东大会，共有 747 家，占比为 80.67%。还有 3 家上市公司召开过 10 次以上股东大会（如图 19 所示）。从议案通过情况来看，绝大部分上市公司顺利审议通过了相关议案。

（2）董事会召开情况。鉴于董事会审议事项与上市公司日常经营运作密切相关，董事会的召开频率相对较高。统计数据显示仅 85 家上市公司（占比 9.18%）召开董事会次数少于等于 5 次，超过半数的上市公司召开董事会次数在 6 ~ 10 次，占比为 55.62%，253 家上市公司（占比 27.32%）召开 11 ~ 15 次董事会，53 家上市公司（占比 5.72%）召开 16 ~ 20 次董事会，此外还有 20 家上市公司（占比 2.16%）召开董事会次数超过 20 次（如图 20 所示）。

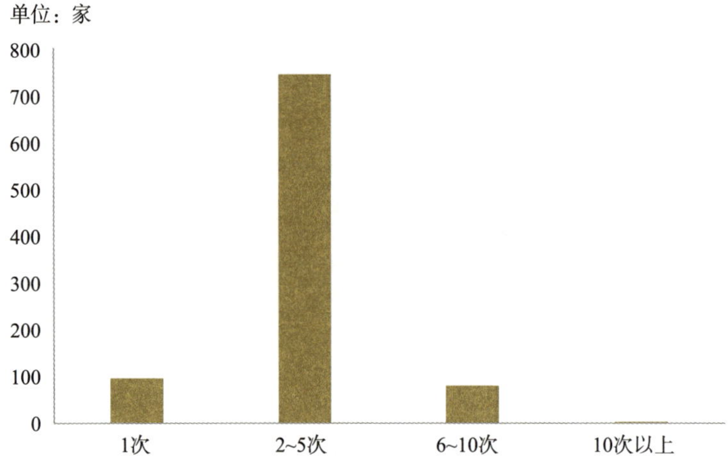

图 19　上市公司召开股东大会次数情况

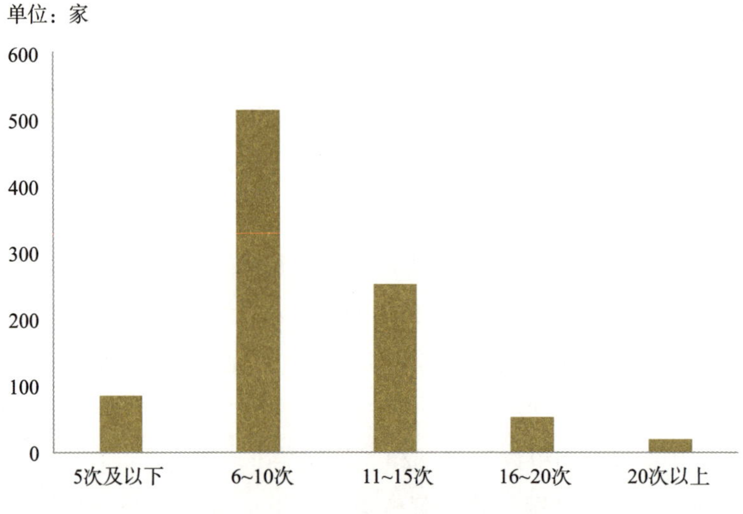

图 20　上市公司召开董事会次数情况

（3）专门委员会召开情况。董事会专门委员会在公司治理体系中能够发挥良好的作用，依照公司章程和董事会授权履行职责。从董事会下设的专门委员会运作情况来看，样本数据中共有 100 家（占比 10.80%）上市公司召开专门委员会次数在 5 次及以下；占比最多的是召开次数在 6 ~ 10 次的上市公司，约为 51.3%；召开次数在 11 ~ 15 次的上市公司有 234 家，占比为 25.27%；74 家上市公司（占比 7.99%）董事会专门委员会召开会议次数在 16 ~ 20 次，还有 43 家上市公司（占比 4.64%）专门委员会会议召开次数超过了 20 次（如图 21 所示）。召开董事会专门委员会会议次数最多的上市公司相关数据共计多达 92 次，该公司除按规定设置审计委员会、提名委员会及薪酬与考核委员会外，还设置了风险控制委员会与投资决策委员会，风险控制委员会负责大宗商品、大额贸易合同和大额客户授信额度的管控，投资决策委员会负责对各级所属公司的投资管理，专门委员会在其公司治理机制中发挥作用可见一斑。

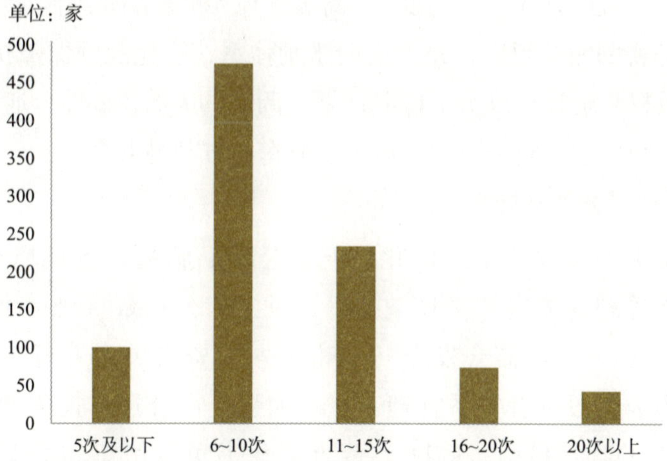

图 21　上市公司召开董事会专门委员会次数情况

2. 内部控制及规范运作

经统计，上市公司均已按照有关规定建立健全了内部控制制度，实现了良好运行。针对控股子公司的内部管理，大部分上市公司也制定了专门管理制度以强化内部控制管理。

对于上市公司规范运作层面常见问题，各家企业亦积极采取各类措施应对。以同业竞争问题为例，绝大多数上市公司通过诸如推动实控人退出相关投资、受让控股股东资产等方式予以防范或化解；针对关联交易，积极建立健全《关联交易管理制度》《防止大股东及关联方占用公司资金管理制度》等规范相关行为，部分上市公司还要求每年定期检查控股股东、实控人、董监高等主体的对外投资情况，并对重大关联交易进行审计；此外，定期组织董监高学习法律法规以增强关键少数主体的合规意识也是上市公司采取的常规措施。

3. 薪酬激励机制建设

随着资本市场不断发展，薪酬证券化已成为市场各方认可的重要机制，用以推动企业发展、实现各方共赢。从激励机制的设计及执行效果来看，不少上市公司通过将股权激励与回购等再融资工具相结合，实现了治理建设的效能提升，并最终推动了企业价值发展。

从统计数据来看，超过80%的上市公司均已建立健全激励约束机制，设置例如《职业经理人管理制度》《高级管理人员薪酬管理制度》《薪酬管理制度》等薪酬考核制度，完善正向激励体系，强化激励保障机制；同时积极推出股权激励计划或员工持股计划，调动员工的积极性，通过中长期、常态化的激励机制，实现企业、员工、股东各方利益共享。

（四）投资者关系管理

随着资本市场改革不断深化，上市公司面临的市场环境亦在改变，投资者关系管理的战略意义日益提升，是上市公司董事会秘书们的一项重要工作。2022年证监会发布《上市公司投资者关系管理工作指引》，为规范上市公司投资者关系管理工作、加强上市公司与投资者之间的有效沟通提供了监管指引，明确“董事会秘书负责组织和协调投资者关系管理工作。上市公司控股股东、实际控制人以及董事、监事和高级管理人员应当为董事会秘书履行投资者关系管理工作职责提供便利条件”。

从投资者关系管理开展的情况来看，无论是召开说明会、问题回复还是接待调研等，都是能够加强交流互动、畅通投资者管理的有效渠道。

1. 主动召开投资者说明会

统计数据显示，约98%的上市公司曾主动召开投资者说明会，向投资者介绍情况、回答问题、听取意见或建议，展现出较强的与投资者进行交流的意愿。从说明会召开具体情况来看，其中召开1~5次的上市公司数量最多，为866家，占比约93.52%；召开6~10次的上市公司共有23家，占比为2.48%；共18家上市公司主动召开投资者说明会的次数达到10次以上（如图22所示）。

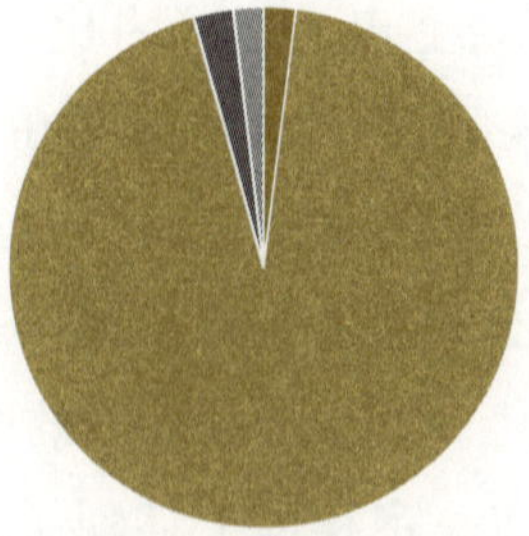

图 22　上市公司召开投资者说明会情况

2. 积极有效回复投资者问题

在回复投资者问题的及时性、有效性方面，各上市公司均已设立投资者联系电话、传真和电子邮箱等，指定专门人员负责，并积极通过热线电话、上证 e 互动、互动易平台等渠道与投资者保持沟通。从统计情况来看，上市公司之间仍存一定差距，约 38.01% 的上市公司回答次数在 100 次以下，27.75% 的上市公司回答次数在 100～200 次，回答次数在 200～300 次的上市公司数量占比为 11.88%，约 11.77% 的上市公司回答次数在 300～500 次，还有 10.58% 的上市公司回答次数在 500 次以上，其中次数最多的上市公司多达数千次（如图 23 所示）。

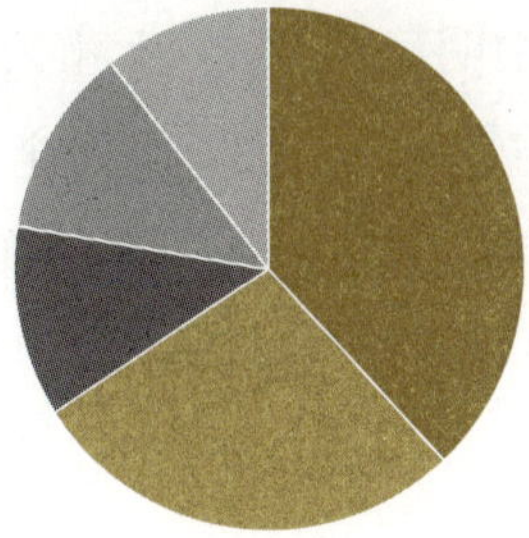

图 23　上市公司通过热线电话、投资者互动平台等回答投资者问题情况

3. 接待特定投资者（含机构）交流

从接待特定投资者交流情况来看，除 167 家上市公司（占比 18.03%）

未有投资者接待记录外，其余上市公司（占比 81.97%）均与机构投资者保持了较为密切的交流沟通。其中，接待次数在 1～10 次的上市公司占比最高，约为 48.92%；接待次数在 30 次以上的上市公司则数量较少，合计共 153 家；但也不乏有上市公司备受投资者青睐——其中 17 家公司接待投资者的次数达到了 300 次以上，与机构投资者的交流非常频繁（如图 24 所示）。投资者的高关注度也在一定程度上体现了公司在资本市场中的竞争优势地位。

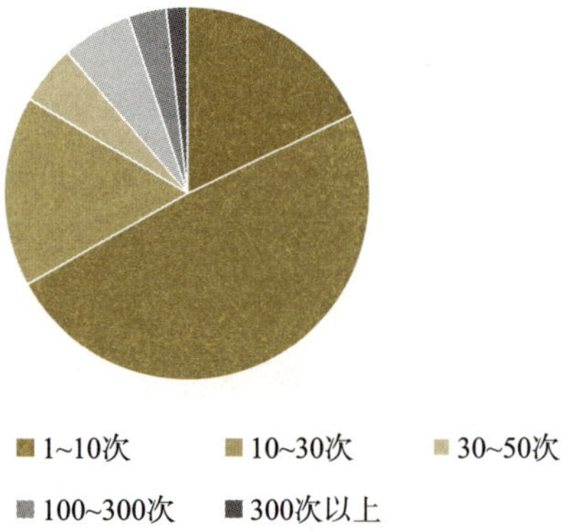

图 24　上市公司接待投资者交流情况

（五）社会责任履行

《上市公司治理准则》中明确规定，“上市公司应当贯彻落实创新、协调、绿色、开放、共享的发展理念，弘扬优秀企业家精神，积极履行社会责任，形成良好公司治理实践”。从健全公司治理机制、提升治理效能的角度来说，上市公司应当结合自身经营情况，着力构建契合公司发展的社会责任战略规划及工作机制。

1. 部门及人员配置

从组织机构及人员配置情况来看，上市公司在践行社会责任方面尚有较大进步空间。统计样本 926 家上市公司中共有 282 家专门设置了 ESG（环境、社会责任和公司治理）机构工作部门，占比 30.45%，其中部分上市公司机制建设成效显著，在董事会下设 ESG 治理委员会或可持续发展委员会，负责统筹领导 ESG 相关工作，由董事长担任委员会主席，委员由各事业部或事业中心负责人组成，分别监督及推动其所负责议题的 ESG 管理工作；还有上市公司成立 ESG 工作小组，由董事长担任组长，组员包括董秘、其他董事和高管，负责公司 ESG 治理和 ESG 信息披露；但多数上市公司尚未就此方面专设组织部门（如图 25 所示）。

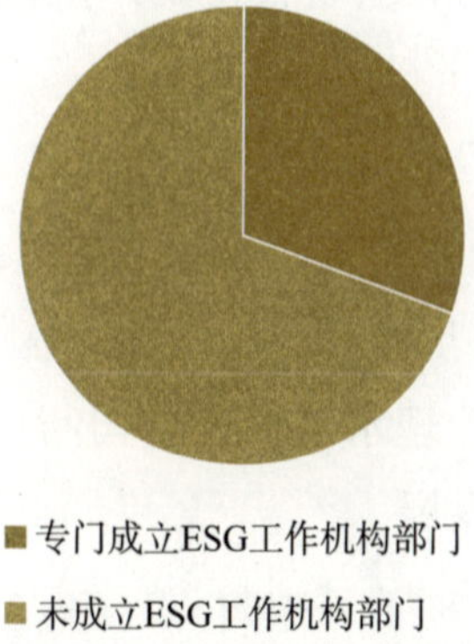

图 25　上市公司成立 ESG 工作机构部门情况

2. 社会责任报告披露情况

随着经济发展及社会进步，ESG 逐渐成为包括投资者在内的利益相关方衡量企业发展可持续性和社会责任感的重要参考标准。统计样本数据显示，上市公司均主动披露了 ESG 履行情况，除在年度报告及半年度报告相应章节填报信息外，还有超过 60% 的上市公司单独披露了社会责任报告，部分上市公司还披露了中英文版本以供各方参阅（如图 26 所示）。

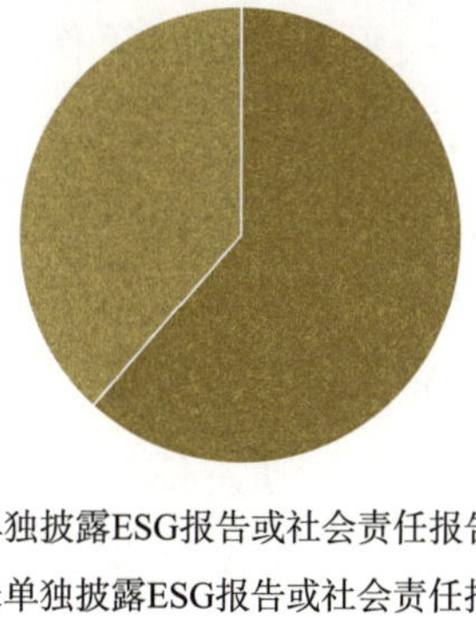

图 26　上市公司单独披露 ESG 报告或社会责任报告情况

3. 获得表彰情况

近年来上市公司提升 ESG 管理水平的实践取得了长足进步。从获得表彰情况来看，共计 206 家公司获得过证券监管部门或其他国家机关、全国性自律组织的表彰，其中还有部分上市公司连续获得 MSCI－ESG 的 A 类评级，彰显了中国企业践行社会责任得到广泛认可。

三、董事会秘书履职创新工作成果

申报信息中显见董秘们勤勉履职、守正创新，注重提升工作的创造性，多维度助力上市公司提升治理水平，为公司与市场之间搭建高效的沟通桥梁，推动企业实现高质量发展。

（一）践行合规、有效的信息披露

1. 建立工作台账，提升信息披露规范性

如何提升信息披露的及时性、准确性是困扰很多上市公司的难题，从案例经验来看，在实际操作中通过建立工作台账并做好及时跟踪可以有效应对。

举例来说，为方便实施管理，中国神华根据信息披露内容及频率将其分为定期事项和临时事项两大类，其中针对披露时间和内容相对固定的定期事项（包括定期报告、年度日常关联交易预计、担保预计、自有资金理财额度预计等），运用年度计划管理，每年四季度结合下一年度信息披露计划，建立下一年度“三会”工作台账，工作台账包括会议时间、议题安排和重点工作等方面，形成议案审议清单，经年末定期董事会批准后发送相关部门。公司经营管理中如出现需要决策的临时事项，各部门亦可依据年度“三会”工作台账，合理安排议案编制、审核工作，减少召集临时会议进行决策，大幅提高工作的计划性与效率。

此外，针对重大事项，为做好动态信息收集与管理，不少上市公司已建立健全了信息报送流程。以五矿发展为例，公司已成功建立起一套比较完整的重大信息提报机制，以制度为抓手，对公司各部门、各单位、各层级信息提报负责人进行了明确，确保压力层层传导、责任落实到人；董办团队根据最新监管要求和实际工作经验，编制了重大事项披露标准速查表下发至各级信息提报人，并通过举办内部培训等方式，为各信息提报部门提供更加具体、明确的操作指导。此外，董办每月定时通过邮件、电话、微信工作群等方式对所有信息提报部门进行提示，并根据各部门提报信息汇总整理形成投资项目台账、诉讼案件台账、对外担保台账，动态监测各类事项累计金额及达标情况，以保证公司重大信息披露及时有效、合法合规。

2. 借助数字化手段，提升关联方信息管理效率

在上市公司信息披露事务管理中，关联交易是核心内容之一，而关联方名单的识别和管理更是关联交易管理的重难点。在过往市场案例中不少上市公司因未有效识别关联方、关联交易审议及披露不及时导致信息披露违规。为解决此问题，有上市公司借助信息化手段，有效提升了关联方信息的管理效率。

参考填报信息可见，国金证券的董办会同 IT 部门自主开发了一套关联方信息管理系统，董办通过该系统定期上传及更新关联方数据，并实时邮件通知各业务部门，保证了关联方信息管理的实时性；各业务部门可通过导入待核查人员信息进行关联方识别，避免了查询人员直接接触关联方名单的同时保证了关联方数据使用的安全性和规范性；同时，该系统还支持与其他业务系统的数据对接，可直接内嵌入业务部门系统便于其系统操作时进行关联方判定及关联交易管理。该关联方数据库自 2021 年上线以来，月均操作频率保持在数百次，已成为各部门开展关联交易管理的重要工具，有效提升了上市公司关联交易的管理规范水平。

3. 提升信息披露战略思维，加强自愿性信息披露水平

随着资本市场的改革发展趋向成熟，越来越多的上市公司认同信息披露的战略意义，认为信息披露的合规性与有效性不仅关系到企业规范运作，同时也会影响到企业的市场形象及价值评估。因此如何在满足合规性要求的基础上主动提升信息披露的有效性成为董秘们尤为关注的话题。

考虑到合规性仅仅能满足信息披露的基本要求，为了更好地满足投资者信息诉求、提升信息含金量，上市公司应当着力通过信息披露主动向外

界传递更多有关于企业发展、价值判断的信息，为此很多上市公司采用了更丰富、更灵活的形式，以提升投资者的阅读体验。

从市场实践来看，以中国联通、工商银行为代表的上市公司在日常即注重与投资者决策相关的信息披露，例如，工商银行不定期地主动披露包括机构申设、子公司增资、绿色金融和业务发展等公告，多角度地呼应投资者的个性化、差异化信息需求；中国联通主动优化自愿性信息披露指标体系，打破行业二十余年的传统，在多个公司经营关键领域提升市场透明度，将自愿性信息披露内容向更聚焦公司战略引领、更尊重行业规律、更符合市场关切、更有利于提升投资者价值的方向转变，让投资人清晰了解公司面向数字经济的新能力，受到了广大投资者的广泛好评。

此外，上市公司如工商银行、顺丰控股等亦会注重在定期报告等时点强化信息的传播效率，在年度报告中加入丰富的图文设计，以更加生动形象、阅读友好的形式展现主要财务数据、业务指标以及经营发展趋势，提升相关信息内容丰富性和可理解性，并匹配使用长图、H5 等方式加强信息传播；在官网专设社会责任专栏，自愿发布《绿色金融专题报告》《2021 半年度 ESG 专题报告》等专题报告，亦有助于投资者快速、简明获取相关信息。

（二）构建高效治理运行机制

1. 增强信息流转与沟通，提升公司治理规范运作水平

建立健全“三会一层”的沟通与运作机制，可有效避免决策形式化，提升治理效能。以董事会决策为例，工商银行等公司通过建立日常沟通和董事会会前沟通机制，确保董事就审议议题充分沟通，顺畅董事与高管层间的互动交流，切实保障董事知情权；同时，有针对性地组织董事围绕公司战略重点，开展座谈调研，为董事会的高效运作和科学决策奠定基础。此外，利用信息化管理手段也可强化董事会决策效能，例如，中国联通的董办通过自主研发“董事会文库”App，在确保信息安全的同时提高董事审阅材料的效率及便利性；天津港等公司的董办创新依托 OA 系统“三会”议案审核模块进行信息化管理，实施董事会议案线上流转，助推内部决策程序高效完成。

此外，为了更好地帮助上市公司董监高合规履职，不少上市公司的董秘们注重加强对其合规意识的宣传、培训。例如，伊利股份等公司的董秘通过定期梳理资本市场新规、编制新规简报，确保将重点变化及时传达董事会及管理层，使其更好地了解监管动态。又如，工商银行等公司的董秘主动向新任董监高提供监管文件、内部制度和履职指南等参阅材料，协助其迅速熟悉履职环境、明确合规要求。此外，为强化关键主体的合规交易意识，伊利股份等上市公司在每逢定期报告、重大事项等时点，提前向大股东、董监高人员等发送提示、督促其遵守交易规范，以及在董事会、监事会换届时及时梳理重要规则，就新任、离任董监高人员提供合规建议和提示也是常见的有效手段。

2. 强化独立董事与外部董事作用，提升公司治理专业化水平

有效借助独立董事与外部董事的力量，使其深度参与上市公司治理，可提升公司治理的专业化水平。为此，浦东建设等公司结合实际进一步探索发挥独立董事作用的新路径，围绕上市公司年报工作，形成了独立董事事前沟通会议机制，公司治理层、管理层以及审计机构人员等共同参加会议，会议主要就年报审计工作安排、年度重大事项进展、公司经营情况等向独立董事做沟通介绍，同时听取独立董事对于改进公司治理、年报审计工作、下一年度董事会重点工作等方面的意见建议。中国国航等公司在发生重大事项时，如拟实施非公开发行方案时，极其重视独立董事意见，在董事会审议前向独立董事专题汇报，对独立董事提出的疑问点进行逐一解释和剖析说明。

为了更充分发挥外部董事的专业优势和作用，提升其参与公司治理的程度，仍以中国国航为例，公司根据外部董事的背景和专长，将其配置到相关的专门委员会任职；就重大投资项目决策向外部董事专题汇报，提高重大投资项目决策质量；并鼓励外部董事参加公司业绩说明会等公司重要活动，与投资者交流互动，加强外部董事与资本市场的联系。

3. 建立长期化、常态化激励机制，助力公司高质量发展

在申报信息中，不乏有上市公司实施了股权激励，通过设置具有挑战性的公司层面考核目标，进一步激发员工的工作积极性与潜力，以应对日

趋复杂的外部环境和激烈的市场竞争，助力公司高质量发展。长期化、常态化的激励机制的建设将股东、公司、员工三方利益相结合，通过激励机制吸引和留住核心人才，并通过人才发展推动企业成长，使得多方共享发展果实。例如，晨化股份于2018年起，每隔三年针对没有或持有极少原始股的部分管理人员和专业人才实施股权激励，保持了相关人员近两年离职率为零，有效实现了人才的留存，维护了公司核心竞争力。

（三）提升投资者关系管理水平

1. 建立新媒体矩阵，多渠道主动发声

董秘在进行上市公司投资者关系管理工作时，媒体宣传是一项重要内容，媒体渠道的运用得当能够有效提高上市公司曝光度。从市场案例来看，华数传媒充分采用新媒体矩阵的形式（包括公司官微等18个主要的微信公众号以及4个主要微博），多账号之间形成有效的线上联动合力，使传播触达率最大化，粉丝量近160万人。此外，在半年报、年报等关键信息披露时点以及战略、品牌发布重要节点，公司通过官微、官博及时发布信息，并在内容呈现上采用一图看懂、动画视频解读等清晰、新颖、有趣、易懂的形式，充分运用新媒体的传播途径，让传播达到效果最大化。此外，越来越多的上市公司开始关注如雪球等新兴投资者交流渠道，以贝泰妮为例，其雪球官方账号已有粉丝数千人，公司的披露文件会在公告挂网后同步上传到官网以及雪球平台官方账号，重大事项的媒体报道也会同步在雪球账号发布，有关帖子的阅读量均超过千余次。

2. 主动了解投资者信息诉求，形成双向良性互动

随着资本市场竞争加剧，传统的上市公司与投资者之间的单向沟通效力渐弱，上市公司主动“走出去”，与投资者形成双向沟通，对于公司的投资者关系管理更具有积极作用，基于此，董秘们也在逐步提升对外交流的主动性，注重反馈投资者对企业的评价和看法。

很多上市公司会主动了解投资者对行业及公司的关注和看法，并把这些看法整理反馈至公司经营层或者业务部门，以指导公司业务发展，形成双向信息互动。以长电科技为例，公司董事会办公室定期向管理层与各工厂厂长反馈在资本市场搜集到的客户及市场形势变化趋势信息，辅助公司

业务规划和战略制定并提供意见和建议；中国外运等公司通过路演、反向路演、投行年会以及接待投资者调研等多种形式主动向投资者传播公司价值，除在定期报告发布后按照相关要求举办各种形式的业绩说明会外，坚持通过多种线上、线下方式和互动平台及时响应投资者的诉求。对于投资者意见的采信及回馈亦能够帮助企业强化市场形象，获得投资者的关注与好感。

3. 构建机构“朋友圈”，提升与机构投资者的沟通效率

鉴于机构投资者具有较大的市场影响力，掌握市场定价权，因此取得机构投资者的信任和支持对于上市公司的投资者关系管理来说至关重要。为了增强与机构投资者之间的沟通，南山控股创新性地构建机构“朋友圈”，通过加强与分析师、机构投资者联系沟通，完善扩大机构投资者资源库，累计与百余名买卖方机构人员建立联系，收效显著，仅 2022 年上半年就接待机构调研共 39 批次，共计 106 家机构，并获券商出具买入评级研报 8 篇，机构覆盖率和公司深度研报数量都大幅增加。

此外，对投资者进行深入、细致的画像分析也能够帮助上市公司了解机构信息、提升沟通有效性。不少上市公司着力构建机构投资者的画像信息，仍以南山控股为例，公司围绕投资风格、定位、机构类型、资管规模和在管基金数、该基金经理所管基金偏好、管理产品及管理规模等核心维度，梳理相关信息并进行有针对性的沟通，从而增加与目标投资者对话及转化的成功概率。

4. 提升投关“国际化”水平，加强与海外投资者的交流

在外资持续流入国内市场的背景下，与国际接轨是上市公司投资者关系管理的必然趋势，提升投关“国际化”水平、加强与海外投资者交流，有助于帮助企业增强市场竞争力、践行“走出去”战略。部分上市公司已在积极采取措施强化相关能力，主动向海外头部投资机构靠拢。以长电科技为代表的一批上市公司，在人才配置方面实现了投关团队均可以流利地使用英语与海外投资者交流，以帮助其理解公司业务和发展情况；在每次财报发布时，公司同步在官网投资者关系专区与知名海外社媒发布英文财务报告和英文简讯，同时根据最新财务信息准备英文推介材料，有针对性

地向海外投资者展示公司投资价值。伊利股份等公司专门设计中英文版本的年度报告与可持续发展报告，确保外资投资者及时深入地了解公司治理、经营业绩、社会责任、环境保护等信息。

（四）深入贯彻社会责任理念

随着全球 ESG 投资理念的不断兴起，面对“双碳”背景下不断趋严的监管趋势与产业政策，上市公司越来越重视 ESG 机制的建设及相关信息的披露。部分上市公司已在此方面积累了丰富经验，以中国神华为例，该公司在 ESG 治理体系建设方面的经验可为市场提供借鉴参考。

1. 加强顶层设计，搭建组织管理架构

高度注重 ESG 治理的顶层设计搭建，建立了董事会决策、董事会专门委员会监管、管理层推进、专业工作组落实的 ESG 体系组织架构。由董事会全面深度参与 ESG 工作，对 ESG 战略承担全面责任。ESG 工作委员会负责监管 ESG 关键议题承诺及表现，评估公司 ESG 相关风险，定期审查制定公司 ESG 管理方针、ESG 策略及相关目标，定期向公司董事会汇报 ESG 事宜与进展。

2. 谋划发展战略，明晰目标实施路径

结合自身绿色发展实际，编制“十四五”ESG 专项规划，从转型发展、监管合规、资本市场等多维度进行梳理研究，分析公司内外部 ESG 治理现状，明确公司远景规划目标及未来五年 ESG 工作的重点方向，构建具有自身特色的 ESG 战略模型。以党建引领、气候变化、商业道德等十余项实质性议题为抓手，以管理、体系、行动、绩效四个一流为着力点，夯实 ESG 管理基础，保障战略目标实现。

3. 健全制度体系，确保高效规范运行

不断完善 ESG 制度体系，着力推动建立覆盖业务全域、ESG 全系的体制机制。通过制定《ESG 管理办法》，明确 ESG 工作原则、治理架构、职责分工、管理界面和运行机制。根据 ESG 管理实际和监管评级要求，公司陆续制定应对气候变化、供应链、本地采购、商业道德、举报控告人权益保障等专项制度性文件，确保治理体系规范运行。

4. 梳理指标体系，率先开发信息系统

面对 ESG 多方管理要求和海量数据，实现数字化、信息化是做好 ESG 工作的基础。根据上市监管要求和国际权威评级标准，全面梳理 ESG 治理相关指标，自主开发央企第一套 ESG 治理信息系统，统一管理流程和数据标准，深入推动 ESG 数字化管理，有效解决数据采集、共享、存储和分析短板，提升数据权威性，高效推动公司 ESG 治理工作规范化、标准化、智慧化。

5. 探索评级研究，助力发出中国声音

主动与国内外 ESG 评级机构沟通交流，归纳各类评级规则、指标，加强对标分析，形成评级研究报告，有针对性地完善内部管理、提升披露水平，将公司 ESG 优秀实践转换成全球投资者可以理解的语言。同时，公司还积极探索将国外评级研究成果本土化，参与《企业 ESG 披露指南》《企业 ESG 报告编制指南》等国家标准的编制，为推进国内 ESG 评级提升提供宝贵经验。

6. 加强主动披露，提升 ESG 治理成效

建立高效的 ESG 披露和沟通机制，通过参加行业论坛、提供精选案例、编制 ESG 报告、召开业绩说明会等多样形式，加强经验总结交流，主动披露 ESG 绩效，拓宽信息传递渠道，有效回应各方期望，得到利益相关方的高度肯定和资本市场的积极反馈，取得经济效益、环境效益和社会效益的协调发展。

四、进一步提高董秘履职能力建议

随着国内资本市场的改革推进深化，上市公司面临着新的发展机遇与竞争态势，身为“超级管家”的董秘们更是任重道远，需要不断提升自身专业能力，以帮助企业应对更高挑战。结合优秀实践经验，以下几方面可成为关注重点：

（一）注重信息披露战略属性，提升信息“含金量”

为应对日渐加剧的市场化竞争，企业更需要强化自身影响力、获取投资者的认可。作为低成本、广覆盖、高效率的传递渠道，信息披露越来越

受到上市公司的重视，其管理目标也从“合规性”转向追求“合规性”与“有效性”兼得，基于此，董秘们更需要从战略视角开展信息披露工作。

要实现这一目标，董办制定信息披露计划时需注重结合公司发展规划，重点梳理投资者关注的信息诉求，可以通过加强自愿性信息披露的方式提升信息含金量，将信息披露的内容聚焦于企业经营、战略规划、行业政策等投资者关切的领域，增强企业的信息透明度，帮助投资者更充分理解企业价值；在资本运作、定期报告等重要时点，可通过丰富、灵活的形式强化传播效率，实践证明图文并茂、行文生动的内容更易获得投资者的认可；在设置披露计划时应充分考虑前后信息关联度，围绕投资者决策相关信息诉求，有序实现“树立预期—兑现预期”的正向循环，构建良好的市场形象。

（二）“走出去”加强双向沟通，构建投资者关系管理矩阵

传统观点认为投资者关系管理的重点在于上市公司单方面输出信息，然而实践案例显示，双向交流更有助于上市公司满足投资者的信息诉求、提升沟通的精准度，亦有上市公司因投资者反馈意见改善经营管理而获益。因此董秘们可主动加强双向沟通，在增进投资者对企业了解的同时，注重反馈投资者对企业的评价和看法。

此外，随着资本市场改革开放推进，越来越多的上市公司开始重视提升投资者关系管理的国际化水平。在团队配置方面吸纳同时具备中英文交流能力的人才、输出信息及报告同步制作中英文版本、主动了解外资机构风格并相应梳理关键信息等方式都能够帮助上市公司扩大“投资者交流圈”，提升企业影响力。

在开展形式方面，上市公司开展投资者关系管理的常见做法包括召开投资者说明会、路演、参与分析师会议、接待来访、安排座谈交流等，随着新媒体平台的蓬勃发展，采用新媒体矩阵的形式强化宣传亦渐成新潮。

信息时代下上市公司要在众多竞争对手中脱颖而出，更需要强化宣传。不同于传统交流方式，新媒体矩阵的构建能够实现更为“短、平、快”的触达效果，通过多维度、多渠道的宣传更容易实现广泛传播。而官微、官博、微信企业号、媒体视频号以及财经媒体渠道用户偏好各有千秋，因此

考虑到渠道特点，在内容呈现方面也需注重主题突出、简明清晰、通俗易懂，包括长图、H5、短视频等方式的灵活运用或助益。

（三）充分运用数字化工具，实现“智能管理”

数字化技术的进步为企业提供了更为便利、高效的管理手段，数字化工具的使用能够帮助企业提升信息管理效果及规范运作水平。

从强化信息管理的角度来看，企业内部需要建立畅通、高效的信息渠道，数字化管理工具能够提供强大助力——工作台账及 OA 管理系统的建设都有助于提升信息管理水平。尤其是针对关联交易、日常交易等高频重点事项，数字化流程的搭建更便于统筹公司内部各层级组织的信息管理，快速实现信息传递，以保障信息披露的“真实、准确、完整、及时、公平”。

在提升“三会”规范运作水平方面，数字化工具的运用亦能够发挥重要作用。无论是会议文件的发送还是决策文件的签转，数字化平台的传递及归集效率显著优于传统方式，对于流程管理亦能有强化信息保密的作用，有利于提升企业管理的规范水平。

（四）完善薪酬证券化机制，强化人才竞争力

在市场竞争加剧的背景下，人力资本的战略意义显著提升，如何提升核心人才竞争力、强化人才梯队建设已成为众多上市公司重点关注的问题。为了更好地吸纳、稳定人才，平衡好企业管理成本与人才需求的关系，越来越多的企业选择建立激励机制以实现股东、企业、员工三方利益共享，薪酬证券化已成常态。

以股权激励为例，上市公司通过设置具有挑战性的考核目标，能够将员工个人发展目标、公司发展目标有机结合，通过股权预期收益充分调动激励对象的积极性，共同推动企业发展。因此在方案设计中，应当充分结合公司战略制定合理目标，审慎考虑市场环境设置合理定价、综合评估激励对象的作用及贡献分配合理的股权比例，保障方案的可执行性及实践效果。

与单一激励计划相比，长效激励机制的构建或更有助于企业提升人才管理水平。随着企业发展阶段、战略目标、治理效能的变化，对于人才的

需求也会发生相应改变，且在此期间亦会不断吸纳新增优秀人才，因此长效机制的构建更有助于树立明确、稳定的预期，加强企业与核心人才之间的融合关系，提升企业的核心竞争力。

（五）建设 ESG 长效机制，推动实现可持续发展

伴随着社会各界对可持续发展的关注度不断提升，做好环境保护、践行社会责任以及增强治理效能已逐渐成为资本市场的共识。

从现行市场实践来看，很多上市公司通过报告披露的方式主动向外界传递企业践行 ESG 发展理念的情况，监管规范亦提供了指引——以深市主板为例，《深圳证券交易所上市公司社会责任报告披露要求》明确提出，上市公司社会责任报告内容包括且不限于股东和债权人权益保护、职工权益保护、供应商、客户和消费者权益保护、环境保护与可持续发展、公共关系、社会公益事业和精准扶贫工作等方面情况。上市公司的报告编制除遵循相关要求外，同步制作中英文版本亦能够便于国外投资者获取相关信息，有利于增强信息传播、提升企业市场形象。

随着对 ESG 的理解不断深化，已有上市公司着力于将其融入治理体系、助力企业战略升级。

从企业发展层面来看，ESG 理念的应用须作为一项长期战略，与企业产品、服务和业务运营有机结合，以增强发展效能与韧性。这要求企业在进行战略规划时就将 ESG 管理目标及实施路径纳入考量，建立相应组织架构用以实现目标管理，建设制度体系用以保障目标执行，健全考核机制用以强化实践效果。上市公司 ESG 体系的构建将有助于增强企业发展韧性、扩大企业社会影响力；随着 ESG 投资理念迅速发展，企业践行 ESG 理念的行为亦有助于获取市场的支持与认可。

1. 宝钢股份（600019. SH）：守本创新　真诚沟通

董事会秘书　王娟

作为宝钢股份的董秘，王娟女士始终坚持以“真诚、认真、专业、创新”的态度对待董事会秘书工作，推动宝钢股份公司治理水平的不断提升，确保信息合规、高质量披露，站在投资者立场，倾听资本市场各个层面的声音，向投资者讲述“真实可靠的故事”，向市场传导正确的信息，引导投资者发现价值。

一、公司治理

作为董事会秘书，王娟女士不断推动公司治理深化，建言公司在“背景、性别、国内国外、境内境外”等多方位实践多元化董事会，确保董事会成员外部董事过半、新老结合、各专业组合。紧跟资本市场发展和国家改革方向，建议董事会成立战略、风险及 ESG 委员会，审计及内控合规管理委员会，配合专门委员会职能，合理组合内外董事。创新治理措施，实施董事会预报告模式、外部董事沟通会制度、董事会务虚会，组织独立董事赴各基地及重要子公司实地调研，助推董事会决策和关注事项 PDCA 闭环，在原有治理体系中融入党的管理以及特别观察员体系，公司董事会邀请纪委书记、审计部、纪检监督部列席，充分发挥了纪检监察、内控的监督作用，有效保证了董事会运作依法合规，达到良好的效果。

此外，在公司相关主管领导的带领下，王娟女士和团队积极促成公司 ESG 管治体系的系统性优化工作，推动 ESG 管理提升，参与多家第三方

ESG评级调研，包括CSA、CDP和ECOVADIS等，并加大与MSCI ESG评级机构的接触和交流，助推公司ESG的外部评价改善；公司可持续发展报告通过了第三方机构SGS（通标标准技术服务有限公司）的独立验证，并完成公司首份碳专题报告的编制，不断提升公司ESG相关信息披露的水平。日常工作中，王娟女士与团队编制《董事信息月报》《董秘专递》《信息摘编》等信息资料，及时向董事、监事、高管汇报外部资本市场动态、公司股东结构分析、投资者关系工作情况、公司生产经营情况、钢铁行业动态等信息。

自2014年开始，宝钢股份已实施两期股权激励。实践取得的成效充分印证了股权激励这一中长期激励机制的连续、滚动实施，有利于建立健全激励约束机制，丰富激励举措，保留核心人才；有利于进一步规范公司治理结构，构筑利益共同体，调动骨干积极性；有利于企业可持续发展，牵引经营业绩不断提升，促进资本保值增值。顺应公司董事会对股权激励持续开展的建议，响应国家对股权激励全面铺开的精神。王娟女士积极参与第三期股权激励工作前期工作，会同相关部门进行公司股权激励方案的设计与讨论，反复斟酌，认真审核，从资本市场角度对股权激励方案的绩效指标、锁定解锁、审批程序等方面提出了修改意见，为新的股权激励持续推进建言献策，保驾护航。2021年年末，在第二期股权激励到期之后，公司顺利实施第三期A股限制性股票计划。

王娟女士重视市值管理工作，积极推进各项市值管理工作。2021年1月，公司启动股份回购计划，回购股份4.86亿股，达到公司总股本的2.18%；根据资本市场热点变化，响应投资人诉求，即时开展多次非交易路演：走访了上海的多家基金机构；在新冠疫情的特殊时期，积极借助视频会议，与多家投资机构在线交流；经股东大会审议批准，推进公司2021~2023年股利分配周期调整为半年度，使股东更早获得现金投资回报，对于保险、养老金等注重稳定回报的投资机构更具吸引力；强化与媒体合作，王娟女士接受同花顺邀请，完成了“对话碳中和，布局新未来”的专题访问，通过同花顺终端推送，经过同花顺财经、雪球App等渠道广泛传播，引发众多投资人热议，数日内点击量突破19万。

二、信息披露

王娟女士坚持“公开、公平、公正”的信息披露原则，秉承“告诉投资者真实的故事”的理念，认真、严谨地做好信息披露工作，在做好合规披露的同时，增加自愿性信息披露，以满足投资者深度了解公司的信息需求；不做选择性披露，在信息披露中坚持“既报喜也报忧”；在投资者关系交流中，将投资者利益放在首位，交流沟通中全面揭示风险，保障投资者获得准确的信息，避免市场投机风潮或炒作给投资者带来不必要的损失。公司的信息披露工作多次获得了监管机构“信息披露A类公司”的评价。

王娟女士紧密关注证监会和交易所的监管动向，认真学习研究法律法规，积极参加监管机构现场调研和意见征询，建言献策，对《环境信息依法披露管理办法》《中国上市公司ESG发展白皮书》、二季度经济金融运行形势、与控股股东及其他关联方资金占用与违规担保问题的自查等方面内容向监管机构提供反馈、意见和建议，配合监管部门确保规范运作、完善法规建设，助力资本市场改革。

王娟女士与董秘室团队关注监管机构培训动向，根据培训预警表协助安排各位董监事参加相关培训，助力董监事勤勉尽职，合规履职。

此外，王娟女士同时还担任中国上市公司协会董秘委员会委员，日常积极参加协会和委员会组织的各项活动，献言献策。

三、投资者关系

王娟女士十分注重与投资者的沟通，坚持“所有投资者一视同仁”，认真倾听投资者的诉求，带领公司投资者关系团队，协同各相关部门，回复投资者的每一个问题，力求专业、客观，得到多方好评。经过多年的摸索和改善，公司形成了针对定期报告发布后的IR活动套餐，第一时间与资本市场开展信息沟通和交流，以“线上＋线下，中文＋英文”的创新形式发布，全面覆盖了各类投资人的需求，受到市场高度肯定，业绩发布会累计回看突破 30000 人次，影响力不断扩大。2021 年 9 份，中上协召开上市公司 2020 年报业绩说明会经验交流会，王娟女士代表宝钢股份向与会代表分享业绩发布会经验及感想，并获得“最佳实践案例”荣誉。

信息时代的节奏越来越快，对投资者关系工作提出了更高的要求。王娟女士与投资者工作团队积极利用 Zoom、腾讯、Webex 等视频会议工具，与资本市场保持高频互动；做好自愿性信息披露与投资者关系交流活动，举办视频业绩发布会、网上路演、投资者接待日活动等，并针对国际投资人安排年报和中报后的视频路演交流；多年来坚持实施投资者关系问卷调查，收集资本市场从业人员对钢铁行业、公司资本市场表现以及投资者服务的看法，不断完善投资者关系管理工作；日常设专人维护微信公众号“宝钢股份董秘室”、19 钢丝圈微信群以及上证 e 互动和全景网投资者关系平台，面向资本市场，积极传递公司价格调整、业绩发布、公司新闻等重要信息，受到投资人的好评。

“不积小流，无以成江海”，只有日常工作的涓涓细流，才能汇聚成公司发展的波澜壮阔。2021 年度，宝钢股份的公司治理及投资者关系工作持续获得高度认可，入围“央企 ESG · 先锋 50”，位列第七；获评首届中国上市公司投关价值经纶奖“年度最具投关价值公司”；入围中国上市公司协会“上市公司 2020 年报业绩说明会最佳实践案例”；荣获中国上市公司百强高峰论坛——中国百强企业奖、中国百强最佳管理运营奖。

2. 华能水电（600025. SH）：夯实公司治理基础　争创一流清洁能源企业

董事会秘书　邓炳超

邓炳超，现任华能澜沧江水电股份有限公司（以下简称“华能水电”）董事会秘书、总会计师、总法律顾问、党委委员。自 2016 年担任华能水电董事会秘书已满 7 年，拥有十分丰富的财务管理、资本运作和法律相关工作经验，荣获第十八届新财富金牌董秘。华能水电荣获国资委 2021 年“国有企业公司治理示范企业”称号，自 2017 年 12 月 15 日华能水电上市以来，连续四年荣获上海证券交易所信息披露评价 A 级，工作成绩获得上海证券交易所和云南证监局的一致好评。

一、积极开展资本运作，助力公司高质量发展

（一）助力华能水电 IPO 主板成功上市

华能水电主板 IPO 是中国华能集团落实国资委国有企业改革的重要举措。董秘作为 IPO 项目负责人，全面统筹领导上市项目攻坚，做好 IPO 上市工作方案，积极与中国证监会、云南证监局做好上市沟通协调工作，先后向中国证监会报送了 2016 年度、2017 年 331、2017 年 630 上市申报材料。围绕上市过程存在的同业竞争等问题与中国证监会进行沟通说明，开展中国证监会、云南省政府和云南证监局的多层级沟通，充分说明华能水电上市的重要意义，最终取得云南省政府的全力支持，以及中国证监会的理解和认可。经中国证监会第十七届发审会第二次会议，无条件通过华能水电首次公开发行

A股股票上市。2017年12月15日，华能水电登陆上海证券交易所主板。首次公开发行18亿股，募集资金39.06亿元。华能水电上市IPO历时五年，过程曲折艰辛，成功登陆资本市场，成为为中国华能集团水电融资的唯一平台，增加了权益资本、降低了水电资产负债率，在华能水电历史发展进程中具有里程碑式的重大意义，为华能水电未来高质量发展奠定了坚实基础。

（二）创新股权转让方式

为提高资本收益率，2018年华能水电将持有的云南华电金沙江中游水电开发有限公司（以下简称“金中公司”）23%股权转让，在项目评估过程中，克服了项目时间紧、任务重、协调问题多等重重困难，确保金中项目审计和评估报告按期出具，为项目顺利实施提供保障。在评估过程中，吸引了来自外部投资者三峡集团、川投能源等多个意向竞争者，为提高股权转让价格发挥重要作用，同时重点与股东方云南省能源投资集团有限公司对接，将金中公司23%股权的估值从40亿元调整到48.921亿元。

在产权交易过程中，华能水电积极与上海产权交易所、中介机构商定交易实施细则，对交易过程中可能出现的合同签订时间、违约责任、次高价受让、再次挂牌转让差额补足等情形进行提前沟通解决。充分利用金中公司股权结构分散的特点，创新股权转让方式，通过金中公司老股东竞价大幅提高控股权溢价，经过多轮竞价，最终以61.171亿元价格成功转让金中公司23%股权，较评估值48.921亿元增加12.25亿元，交易实现利润36.88亿元，资金投入年化收益率高达41%。金中公司股权转让降低华能水电资产负债率2.06个百分点，收回资金用于偿还带息负债，每年可节约财务费用3亿元。持续增强了华能水电资本运作的效益贡献能力。

（三）积极探索对外股权投资

华能水电积极探索固定收益产品模式，研究并参与设立能源类股权投资基金。研究金安桥水电站股权司法拍卖相关事宜，研究黄河上游水电公司和新华水利引战投事宜。积极开展二级市场证券投资标的研究和项目投后管理工作。为保障投资效益，防范投资风险，持续做好项目投后动态跟踪，通过参与公司治理，开展现场调研，股价异动提示等方式，多措并举防范和化解投资风险。2018年，华能水电投资2.4亿元参与云南铜业非公开发行项目，以7.48元/股的最低价格，获配3200万股，累计获得盈利约2.05亿元，浮盈比例85.56%。

二、加强信息披露管理，全面提高上市公司质量

自2017年上市以来，华能水电持续加强信息披露管理，实现信息披露真实、准确、完整、及时的“零差错”披露质量。2018～2021年连续4年荣获上海证券交易所信息披露工作考核A类（优秀）评价结果。通过提高信息披露质量，全面提高上市公司质量。一是遵章守纪，规范运作。严格遵守中国证监会、云南证监局和上海证券交易所等监管机构的上市监管要求。严格履行重大事项及时、真实、准确、完整的信息披露义务，扎实有效开展定期报告和临时报告的信息披露工作，规范公司信息披露管理。二是进一步完善上市公司信息披露管理制度。公司根据《证券法》《公司法》《上海证券交易所股票上市规则》等法律法规和制度规定，相应制定了公司《信息披露管理办法》《信息披露管理实施细则》等一系列信息披露管理制度，并严格按照制度履行信息披露义务。三是加强新《证券法》等法律法规学习。在公司全员范围内，及时开展新《证券法》学习培训，加强《证券法》宣传，提升公司董事、监事、高级管理人员和全体员工的上市公司信息披露意识，维护公司股东和投资者合法权益。

三、“走出去、请进来”方式，创新投资者关系管理

上市以来，华能水电高度重视投资者关系管理，全力提升“华能水电”品牌知名度和资本市场影响力。一是以“走出去、请进来”的方式，与投资者增信释疑，构建良好投资者关系。不断探索更加有效、更加丰富的投资者关系管理方式，常态化召开业绩说明会、现场调研、反路演、投资者热线、“上证e互动”等多种方式，打造“华能水电”资本市场品牌，开展“投资者进上市公司”活动，构建投资者互联互通机制，赢得市场和投资者的信任与支持。二是培育和谐共赢的企业文化。构建内外部信息传导战略枢纽，在

主动向市场输出公司价值的同时，不断把投资者合理化建议带回公司，积极向公司输入，反哺业务，双管齐下，相得益彰。三是坚持以保障财务信息质量、提升信息透明度为目标，充分保证投资者信息知情权。四是坚持以提升公司内在价值为核心的市值管理理念，公司持续以优良的业绩为股东创造回报，提振市场对华能水电未来发展信心，为公司市值管理工作奠定坚实基础。

四、全面对标世界一流清洁能源上市公司

华能水电作为国内第二大流域水电公司，在市值管理、公司治理、战略投资和财务体系建设等方面，持续对标世界一流清洁能源上市公司。一是高度重视市值管理。公司市值很大程度上取决于其内在价值的核心管理和市值维护能力。华能水电高度注重实体经营和主动市值管理的意识。从业绩品牌战略等方面主动发声，积极开展正面媒体宣传。二是持续加强公司治理。华能水电构建以《公司章程》为核心的中国特色现代企业制度体系，持续推动制度优势转化为治理效能。建立党委会前置审议、股东大会和董事会按权限决策、监事会监督、经理层执行的“四会一层”治理结构，制定各治理主体《议事规则》，形成了所有权、决策权、监督权、经营权之间权责分明、各司其职、相互促进、协调发展的运行机制。三是持续增强战略投资。华能水电是国内第二大流域水电上市公司，战略布局具有很强的前瞻性，受到资本市场高度认可。华能水电围绕产业链布局的股权投资是公认的业界领先企业，投资已成为战略业务板块之一。华能水电注重实体经营，专注于水电和新能源资源的开发建设，在产业链延伸战略布局方面持续增强投资能力。四是全面推动财务体系建设。华能水电持续构建完善的财务组织架构和精细化财务管理，为提升信息披露质量提供了强有力的支持。创新实施财务管理集中模式，极大提高了财务管理效率和财务价值创造能力。

未来，华能水电必将成为我国清洁能源开发的主力军，争创世界一流清洁能源企业，不断夯实公司治理基础，将治理能力与业绩发展并重，提升公司价值创造能力，做大、做强、做优“华能水电”品牌。努力将华能水电建设成资本市场最具投资价值和具备国际竞争力的世界一流能源企业！

3. 中国石化（600028. SH）：聚焦价值创造　践行合规理念　助力中国石化提高上市公司质量

董事会秘书　黄文生

作为大型央企控股上市公司的董事会秘书，黄文生先生认真学习贯彻党的十八大、十九大和二十大精神，跟进学习习近平总书记关于资本市场的重要指示批示精神，坚持“两个一以贯之”，践行合规理念，做到“四个敬畏”，致力推动中国石化坚持规范运作、完善公司治理、提高信披质量、强化 ESG 管理、密切资本市场沟通，探索央企控股上市公司最佳治理实践，为提高上市公司质量、提升公司价值作出了积极贡献。

一、当好规范运作的“守门人”，促进公司治理能力提升

合规治理是上市公司的底线。中国石化于 2000 年和 2001 年分别在香港、纽约、伦敦和上海四地上市，需要遵守四地监管规则。自 2012 年担任董事会秘书以来，深刻认识到自身在规范公司治理方面担负的重任，致力推动探索符合四地监管要求的最佳治理模式。一是在完善公司治理中坚持党的领导。坚定“四个自信”，积极推动“党建入章”，牵头组织制定一揽子工作方案，做好与监管机构、投资者的充分沟通交流，“党建入章”议案以 99. 96% 的支持率获得境内外股东高票通过。中国石化成为首家完成“党建入章”的境内外四地上市公司，实现了完善公司治理结构的重大突破。二是推动完善公司治理。加强境内外监管规则研究，针对董事会及专门委员会建设提出建议，优化董事会及五个专门委员会的设置和人员构成，

积极推动董事会背景、能力、性别多元化，赢得投资者广泛认可。三是加强基础性制度建设。搭建起符合四地监管要求的公司治理制度体系，督促完善内控体系，打牢规范治理的制度根基。2022 年年初，境内监管规则大规模修订后，组织专门工作组，持续攻坚两个月，完成公司治理制度的全面梳理和修订完善，并将有关要求落实到公司内控制度流程中。四是促进“三会”规范高效运作。严格执行公司章程及董事会相关议事规则，统筹董事会、股东大会等审议程序，优化工作安排，高效组织会议，所有议案均顺利通过审批。保障独立董事知悉权和决策权，对国家管网重组、境内外重要合资合作项目、股份回购等重大事项均组织专项汇报，得到独立董事高度肯定。五是稳慎推进美国存托股份退市。牵头组织公司自美国和英国自愿退市工作，聚焦防风险，制定退市方案和风险应对预案，并立足资本市场稳定大局，在依法合规的基础上综合运用价值管理工具，维护公司价值，实现平稳退市。

二、当好资本资金运作的“工程师”，推动公司价值提升

价值创造是董事会秘书工作的出发点和落脚点。董秘在准确把握企业发展战略、盈利模式和市场发展机遇的基础上，发挥专业优势，用好资本市场平台，在董事会的领导下推进实施一系列资本资金运作项目，促进公司发展壮大和转型升级。一是牵头完成全球最佳闪电配售。2013 年初，抓住资本市场稍纵即逝的机遇，向境外 10 家投资者配售 31 亿美元 H 股股票，当时被国际资本市场评为全球最佳闪电配售。二是组织实施股份回购，维护公司价值。落实国务院《关于进一步提高上市公司质量的意见》精神，推动中国石化在境内外市场同步实施上市以来首次股份回购。中国石化成为首家以提升企业价值、维护股东权益为目的在 A 股、H 股市场同时实施股份回购的大型央企控股上市公司。股份回购助力公司价值回归，取得了较好成效。三是积极组织参与销售业务混合所有制改革、重大项目重组和引资、可转债和分离交易可转债发行等项目，助力公司改革发展。

三、当好信息披露的“质检员”，致力增强公司透明度

信息披露是上市公司与资本市场、股东及其他利益相关方沟通对话的主渠道。任职以来，董秘一直坚持信息披露“从严不从松，从多不从少”的原则，以高质量披露为己任，建立完善公司信息披露制度机制，指导董事会办公室高效完成信息披露事务，不断增强公司透明度。一是守正笃行，尊重敬畏资本市场。坚持实事求是，不夸大其词，客观传递公司实际情况；重视披露内容的有效性和可读性，注重提炼重点，向投资者精准传达信息。二是守住底线，实现信息披露“零差错”。严守公平披露原则，统筹境内外披露安排，保障投资者公平获得信息；信息披露内容实行“三级审核把关”，确保真实、准确、完整、及时披露信息。三是提前介入合规研判，为公司改革发展保驾护航。指导董事会办公室将合规研判关口前移，主动介入资本资金项目，对方案设计、审批内容和程序提出建议，为项目实施提供合规保障。多年来，中国石化在境内外保持着良好的合规信披纪录，自2013年上海证券交易所开展信息披露分级评价以来一直保持A级评价。

四、当好企业价值的“传播者”，助力资本市场形象提升

长期以来，董秘始终坚持尊重股东、敬畏投资者的治理理念，加强投资者关系管理工作实践探索，在境内上市公司中较早搭建起投资者关系工作制度体系，围绕市场关切加强资本市场沟通。一是常态化组织业绩说明会和路演推介。定期报告发布后，均牵头组织全球业绩说明会和路演推介，邀请董事长、总裁等管理层与投资者充分交流，会后梳理资本市场情况和投资者意见建议送管理层参考，多项建议被采纳，促进了管理水平提升。二是用好股东大会沟通渠道。会前主动征集投资者问题，为股东特别是中小股东提供更多提问机会，邀请管理层认真回答股东提问，会后组织与股东及分析师座谈，保证高质量互动交流，公司股东大会成为投资者沟通的重要途径。三是构建多元沟通工作模式。向各上市地派驻投资者关系人员，

实现投资者沟通全覆盖；畅通沟通渠道，采用接待来访、线上会议、参加资本市场会议等方式，与机构投资者保持良好沟通；畅通投资者热线、邮箱、上证 e 互动等途径，加强与个人投资者互动。邀请投资者、分析师走进所属企业，开展反向路演，回应投资者关切。四是创新沟通方式，提升沟通效果。关注投资者特别是中小投资者的沟通需求，注重运用数字化技术，通过视频、语音、数据可视化报告等多种方式，向投资者生动展示转型发展、科技创新、ESG 等方面的最新进展，提升沟通质量，受到广大投资者欢迎。在新冠疫情防控特殊形势下，中国石化以网络视频方式召开了 2021 年年度股东大会，坚持“线上会议与现场会议一个标准”，保障了境内外参会股东的合法权益和健康安全，赢得了参会股东好评，为多地上市公司在特殊情况下合规召开线上股东大会提供了有益参考。

五、当好 ESG 理念的“倡导者”和“践行者”，助力公司可持续发展

积极推动中国石化于 2004 年加入联合国全球契约组织，于 2007 年披露首份可持续发展报告，于 2011 年设立董事会社会责任管理委员会，并于 2021 年推动该委员会更名为可持续发展委员会，加强 ESG 战略管理和措施落地。一是加强 ESG 信息披露，增强投资者信心。注重 ESG 议题沟通，增进利益相关方交流，充实 ESG 报告内容，率先多维度披露温室气体排放量、污染物排放量等信息。二是以 ESG 信息披露促进管理提升。以报告编制为抓手，开展可持续发展培训，及时将管理建议传递给下属企业，促进管理能力提升。三是引入第三方鉴证，主动接受监督。组织聘请专业第三方为公司多项 ESG 关键绩效指标出具独立鉴证意见，对标提升数据披露质量，获得资本市场认可。四是主动参与 ESG 国际评级，了解国际评级话语体系，传播中国企业可持续发展理念和成效。五是积极推动 ESG 本土化发展。2011 ~ 2018 年，董秘在担任全球契约中国网络秘书长期间，着力推动中国企业和中国石化积极践行可持续发展理念；现担任中国上市公司协会 ESG 专业委员会主任，致力于搭建 ESG 沟通交流平台，引导上市公司积极

践行 ESG 理念，不断提高 ESG 管理水平，探索构建具有中国特色的 ESG 工作体系。

中国石化是国内资本市场的重要参与者和建设者，一直以来积极支持和参与资本市场改革发展。作为董事会秘书，全力配合中国证监会、国资委、上海证券交易所的工作，指导董事会办公室结合公司实践围绕行业信息披露、行业发展数据、独立董事履职等提出多项建议，积极为我国资本市场改革发展建言献策。

打铁还需自身硬。上市公司只有不断提高自身质量，经受住资本市场和投资者的检验，才能抓住中国资本市场发展壮大的历史性机遇。作为中国石化与资本市场、监管机构沟通的桥梁和纽带，董秘将始终牢记职责使命，践行合规理念，发扬专业精神，致力推动提高上市公司质量，为中国石化和资本市场改革发展作出新的贡献。

4. 中信证券（600030. SH）：以高质量履职助推公司高质量发展

董事会秘书　王俊锋

作为中国第一家 A + H 股上市的证券公司，中信证券股份有限公司（以下简称“中信证券”）深入学习宣传贯彻党的十八大、十九大、二十大精神，高举习近平新时代中国特色社会主义思想伟大旗帜，面向国家重大战略需求、面向经济体系优化升级、面向资本市场改革前沿、面向社会财富保值增值，坚持以践行国家战略、服务实体经济为己任，切实履行社会责任，努力促进共同富裕，服务新发展格局。

作为中信证券的董事会秘书，坚持将“高质量履职”作为中信证券董事会办公室开展各项工作的第一标准，将公司治理、资本运作、信息披露、投资者关系管理、ESG 等重点工作作为着力点，持续提升工作标准、优化工作产出，以高质量履职助推中信证券实现高质量发展。

一、保障规范运作，实现公司治理的协调高效运转

作为在中国境内和中国香港两地上市的公司，中信证券严格按照境内外上市地的法律、法规及规范性文件的要求，规范运作，不断致力于维护和提升公司良好的市场形象。公司根据《公司法》《证券法》及中国证监会相关规章制度的要求，不断完善法人治理结构，公司治理情况符合相关法律法规的规定，形成了股东大会、董事会、监事会和经营管理层相互分离、相互制衡的公司治理结构，使各层次在各自的职责、权限范围内，各司其职，各负其责。

在确保公司治理合规运行、规范操作的基础上，中信证券进一步推动党的建设与公司治理深度融合。率先推动党建入章程，通过在公司章程中明确“坚持和加强党的全面领导，发挥党委把方向、管大局、促落实的领导作用”，切实发挥党组织在公司治理中的领导作用。在此背景下，董事会办公室扎实做好“三会”及董监事服务工作，2022 年内完成百余项议题的审议，就公司配股、新业务资格申请、对外投资、制度修订等重要事项与董监事进行充分预沟通，有效提升决策效率。

同时，我们不断加强公司治理相关工作的统筹管理，由董秘协助公司主要领导统一管理党委办公室、董事会办公室、总经理办公室、党委宣传部、党群工作部，通过对公司党委会、股东大会、董事会、监事会及经营管理层重要会议的全程参与，实现了重要经营决策信息的协调高效运转，形成了具备中信证券特色的公司治理模式。

二、强化资本运作，为公司高质量发展注入长久动能

在中信证券的发展历程中，公司多次通过资本市场开展再融资，紧抓资本市场深化改革机遇，应对行业竞争，缓解资本约束，支持战略实施。

2022 年，中信证券完成了 A + H 配股，为公司高质量发展注入了长久动能。此次配股项目中，中信证券董事会办公室牵头推进了各项工作：配股方案提交中信集团讨论，并按穿透管理要求完成中信有限董事会及财政部审批；完成董事会、股东大会审议及披露；与监管沟通，向证监会机构部报送申请，并顺利取得监管意见书；组织尽职调查、立项、中介机构选聘签约等工作；参加申报文件和反馈回复撰写、复核申报文件和信息披露文件；组织机构投资者路演，并获得股东大力支持，配股方案高票通过股东大会，并顺利获得证监会发审委审核通过。

通过上述工作，本次 A 股配股认配率达 97. 17%，H 股配股实现约 3. 5 倍的认购，合计向原股东配售 1893770800 股股份，融资规模超过人民币 273 亿元，完成了公司历史上最大规模的股权融资。

三、提升信披质量，向资本市场全面展现公司发展质效

中信证券始终将信息披露作为与资本市场高效沟通、全面展现公司发展质效的重要途径，从提升信披内容质量、确保信披合法合规、合理创新信披方式等多个维度出发，全面优化信息披露工作的质量和效果。

我们确保及时、合法、真实和完整地完成公司信息披露，中信证券于2022年内完成临时公告及相关披露文件200余份，其中，A股、H股各100余份，完成定期报告披露4期，实现了信息披露内容的“零差错”。同时，我们合理创新信息披露的形式，在证券行业内率先编制彩色版A股定期报告，大幅提升了投资者的阅读体验并获得市场一致好评。

同时，我们严格落实关联交易审批制度和信息披露制度，保障公司、客户及投资者的合法权益。按照《上海证券交易所股票上市规则》《香港联合交易所有限公司证券上市规则》中的相关规定，落实关联交易审批程序，并通过编制年度关联交易预算、监督预算执行情况，持续关注董监高兼职情况变动、公司重要子公司的其他重要股东变动，按月报送《证券公司关联方专项监管报表》，落实内部信息知情人登记等举措，深入细化关联交易管理。

凭借信息披露工作的优秀表现，中信证券连续四年获得上海证券交易所信息披露A级评价。

四、打造投关体系，尊重、回报并保护广大投资者

中信证券致力于打造开放、透明、互动的投资者关系管理体系，通过构建专业化投资者关系管理团队、搭建高效投资者沟通平台，确保与全球投资者、分析师及媒体保持充分、及时、透明的沟通交流。

一方面，中信证券立足于合规性原则，严格按照《上市公司投资者关系管理工作指引》等法律法规，依法、合规开展相关工作，指定本人组织和协调投资者关系管理工作，于2022年10月修订并发布公司《投资者关

系管理制度》；另一方面，中信证券高度重视保护股东、投资者，特别是中小股东、投资者的合法权益。通过股东热线、电子邮件、上证 e 互动等网络平台，采取股东大会、投资者说明会、路演、分析师会议、接待来访、座谈交流等方式，全方位听取投资者意见建议，并及时回应投资者诉求。

同时，在日常投资者关系管理中，中信证券根据自身特点，进一步扩大投资者关系管理工作的涵盖范围，建立并完善了与包括股东及投资者、政府及监管机构、客户、员工、供应商及合作伙伴、社区及公众在内的主要利益相关方的沟通机制，以确保公司与各利益相关方之间能够及时传达关键信息。

为持续优化投资者的沟通体验和沟通效率，中信证券不断创新沟通平台与沟通形式，并将年度业绩发布作为向投资者全面展示经营状况、及时听取投资者宝贵建议的核心途径，围绕透明互动、全面覆盖两个重点，优化年度业绩发布会的沟通形式和传播方式。在新冠疫情防控导致无法现场交流的情况下，中信证券率先以中英双语在线视频直播及实时电话会议的形式召开 2020 年度业绩发布会，并以此为基础，进一步扩大 2021 年度业绩发布会的传播覆盖范围。凭借优质的沟通体验和高效的问题反馈，业绩发布会收到投资者及相关监管机构的一致好评，并荣获包括“上市公司业绩说明会最佳实践案例”在内的多个奖项。

五、形成 ESG 工作特色，践行企业社会责任担当

中信证券从稳健运营、可持续金融、员工发展、环境友好、回馈社会等方面，持续完善 ESG 管理体系建设。在董事会层面搭建 ESG 管理架构，将公司董事会“发展战略委会”更名为“发展战略与 ESG 委员会”，并在该委员会议事规则中增加了 ESG 相关职责，制定了 9 项 ESG 相关管理政策，经董事会发展战略与 ESG 委员会审议通过后对外发布。

在业务层面，中信证券以服务绿色经济为目标，持续推广发行绿色债券、绿色投资等业务，推动传统产业向高端化、智能化、绿色化转型，助力企业改善治理结构。在公司日常运营层面，中信证券倡导节能环保，采

取多种节能减排措施推动绿色办公，积极倡导员工环保行为，有效降低碳排放和能源消耗，促进可再生能源使用和可再生资源利用。

同时，在境内外机构大力提倡服务社会、回馈社会的公益理念，做好教育医疗养老等民生领域的公益支持，组织并鼓励境内外员工参与公益事业。通过多样化举措，中信证券积极履行企业社会责任，努力为客户、股东、员工、社会等利益相关方创造价值。

六、积极支持监管部门相关工作，为资本市场发展建言献策

作为中信证券董事会秘书，积极配合财政部、中国证监会、上海证券交易所、中国上市公司协会、中国证券业协会等监管部门的各项工作，指导董事会办公室结合公司实践，落实好监管部门交办的政策建议、行业研究、课题支持、专题调研、课程讲授等工作，积极为我国资本市场改革发展建言献策。

党的二十大提出了“以中国式现代化全面推进中华民族伟大复兴”的宏伟目标，实现中国式现代化，必须坚持高质量发展，证券行业在此进程中肩负着重要使命。中信证券将坚定初心，向着成为全球客户最为信赖的国内领先、国际一流的中国投资银行奋勇前进，不断提升发展质量，发挥上市证券公司的作用和价值!

5. 保利发展（600048. SH）：打通业务经营与资本运作　助推公司高质量发展

董事会秘书　黄海

保利发展是房地产行业的龙头企业，主营业务为房地产开发与销售，并以此为基础构建成涵盖物业服务、全域化管理、销售代理、商业管理、不动产金融等在内的不动产生态平台，综合实力连续多年稳居行业前五，央企第一。公司长期注重业务经营与资本运作相结合，自2002年股份制改造初期，公司便提出“三个为主、两个结合”的长期战略，要求将“资产经营与资本运营”相结合，强调资本运作在公司发展战略中的重要地位。公司在坚持严格遵守规则的同时，积极探索创新，用好资本市场资源。

黄海先生2002年加入保利发展，历任公司证券部副总经理、董秘办主任，自2012年起任职公司董事会秘书，负责公司资本运作、投资者关系管理、信息披露及公司治理等工作，在助推公司战略落地、实现高质量发展上取得了突出成果。

一、分拆保利物业至H股上市，突破产业发展新格局

2015年公司确立“一主两翼”发展战略，强调相关产业在经营发展中的重要地位，并匹配适当的资本运作路径，倒逼经营管理提升。保利物业作为公司相关产业中市场化程度较高、业务发展较为成熟的板块，被选作首个试点。

黄海先生带领团队，把握市场机会，以分步上市助力保利物业实现业

务结构升级和规模快速扩张。2017 年，推动保利物业初步完成规范整改，确立第三方业务发展路径，并成功分拆至新三板挂牌。紧接其后，把握港股物业管理板块日趋成熟的历史性机会，全面筹备 H 股上市工作。对内，牵头指导保利物业梳理重难点问题，策划资本市场定位：一是创新同业竞争问题的解决思路，以尊重及保护业务市场化运作为原则，分类处理潜在同业竞争风险，对控股股东、实际控制人等采取划清边界、签署承诺的方案；而对受同一控制的其他上市公司则充分论证同类业务均为市场化竞争，有效消除监管疑虑，获得证监会和香港联交所的理解和认可。二是理顺物业管理估值逻辑，组织行业知名研究员与公司团队从不同角度拆解行业收入成本结构，率先明确住宅、商办和公共服务的价值模型，进而从业务获取、项目运营、标准化建设等环节深入剖析核心竞争力，打造估值亮点。对外，统筹调动各方中介开展上市发行工作，取得资本市场高度认可：项目从立项到敲钟上市不到一年，时间紧任务重，董秘率领团队搭建完善高效的项目组织架构、会议机制及中介合作竞争机制，组织二十多家中介分工合作，抢抓关键节点，有效把握港股物业板块估值窗口。发行阶段，借助保利发展的市场知名度和资源，提前安排物业板块专题沟通，以央企稳健可靠背景与积极进取发展的双重优势，取得绝大部分知名投资机构的认可，开簿前已实现高倍数订单覆盖，公开发售部分认购规模高达 1355 亿港元，超额 223 倍，成为港股 IPO 又一标杆性项目。保利物业亮相国际市场，再度打响“保利”品牌，为公司“打造不动产生态发展平台”战略迈出坚实一步。

二、主动开拓多元融资渠道，匹配公司各阶段发展诉求

多次紧抓股权融资窗口，加快资本积累，引入重要长期战略股东。公司 2006 年上市后，充分把握房地产企业股权融资窗口，完成了 2 次非公开发行、2 次公开发行，累计实现股权融资 261 亿元。其中，2016 年在市场环境整体低迷的条件下成功完成 90 亿元非公开发行，创下同时期地产行业规模最大股权融资，为公司增厚资本储备。同时，还引入泰康人寿保险有

限责任公司作为重要长期战略股东，进一步丰富公司股权及董事会结构，在公司规划发展战略、研判宏观经济形势、剖析资本市场动态等方面提供了重要建议。

拓宽融资渠道，丰富多元化融资方式。在国内房地产企业暂停股权融资审核、行业融资持续收紧的环境下，公司积极挖掘境内外备选融资工具，积极补充资金来源。2013年，把握境外美元债券市场流动性改善、美国国债利率及市场溢价收窄的窗口，完成首次美元债发行；2014年，将融资渠道从传统交易所市场延伸至银行间交易商协会，首次发行中期票据；2018年，突破传统公司债券发行限制，开拓住房租赁专项公司债。2008年至今，公司累计发行公司债券441亿元、中期票据495亿元、美元债15亿美元。

发挥融资优势，持续降低融资成本。2022年以来，公司积极利用自身稳健的经营形势、突出的抗风险能力和资本市场偏好，加大直接融资规模，2022年上半年发行的中期票据和公司债平均融资成本仅为3.09%。8月发行的3+2年期公司债票面利率均仅为2.80%，创公司同类产品的历史最低利率。

三、快速建立股权激励方案，兑现长效激励效果

公司充分把握央企股权激励试点扩大的机遇，结合地产行业特点和公司发展实际，于2012年、2016年连续建立两期股票期权激励计划。以引领公司发展、严肃考核激励为原则，公司的激励方案均以高于行业平均的净资产收益率、净利润增长率等作为考核目标，并严抓激励对象行权资格及年度考核，取得保利集团、国资委大力支持，也助推公司实现了连续跨越式增长。

激励计划设立后，董事会秘书带领团队有序组织行权事宜，克服行权对象范围广、数量多等难点，综合考虑股价、个税政策等多方因素，以短周期、多窗口、高精度顺利开展十余次行权，在批量行权的机制下，更大限度提供行权窗口，激发激励对象主动性。

2021 年，公司控股上市公司保利物业首次设立限制性股票激励计划，截至目前已完成授予，进一步推动完善全方位的激励机制。

四、高度重视投资者关系管理，推进市值与内在价值统一

2021 年，受行业调控政策持续收紧、市场观望情绪加重的影响，行业主要公司市值均出现大幅回撤。董事会秘书带领团队完善市值管理方案，一方面，邀请公司领导参与重点机构、核心股东及中小股东沟通，充分交流行业观点、经营思路，大幅提高信息透明度，降低市场疑虑与恐慌，取得市场对公司的信任。另一方面，8 月份股价跌破净资产时，在公司领导支持下，建议实际控制人保利集团及管理层实施增持，在市场阶段性底部大力彰显对公司未来发展和长期投资价值的坚定认可，有效提振市场信心，带领公司股价筑底，赢得市场高度评价。首次增持后一周，公司股价上涨 26%，涨幅领先行业指数及主要可比公司。

2022 年以来，结合市场观点多变、信心不足的背景，公司有的放矢加大主流机构、境外资金沟通，核心股东持股基础进一步夯实，公募基金持仓数量及市值、沪港通持股占比保持 A 股地产行业第一，涨幅领先行业龙头企业，实现公司市值与内在价值的动态均衡，进一步彰显央企龙头形象和投资价值。

五、深度参与分行业披露标准制定，多项特色做法获认可

公司坚持以提高信息披露有效性为目标，深度结合行业经营特点，持续优化经营信息披露方式，积极参与交易所分行业监管改革。上市不久，公司即启动经营信息自主披露，销售、拓展等临时公告格式成为房地产行业标准蓝本。年度报告中管理层讨论分析结构、项目汇总表等充分介绍行业及公司情况，大大提升信息透明度，曾作为先进典型获得公开表扬，董事会秘书也作为特邀嘉宾参与授课分享。凭借扎实的信息披露和公司治理基础，公司已连续第 9 年取得上交所年度信息披露工作评价 A 级，位居上

交所公司前列。

2022 年以来，针对监管规则的全面修订，公司全面梳理了关联交易、对外担保、财务资助等重点事项的商业逻辑和风控要点，结合实际业务需要及其他交易所的管理细则，及时反馈了明确管理边界、按年度预算决策等操作性建议，得到上交所的支持和推广。同时，积极参与监管交流会议，系统分享行业发展、市场变化和公司经营等最新信息，做好企业经营与市场监管的桥梁。

展望未来，公司将进一步提升公司治理水平、提高信息披露质量，打通资产经营与资本运作的关键通道。在行业的新阶段，继续借力资本市场资源，盘活资金、优化资产，实现促发展与防风险的高度统一，推进可持续的高质量发展。

6. 中国联通（600050. SH）：规范治理运作　做好服务保障　提升企业价值　持续推动中国联通治理能力现代化和高质量发展

董事会秘书　李玉焯

李玉焯女士自 2022 年 2 月起担任中国联合网络通信股份有限公司（以下简称“中国联通”）董事会秘书以来，勤勉履职、积极探索，不断推动多元化董事会高质量建设，有效完善公司治理、信息披露和投资者关系工作机制，持续推动中国联通治理能力现代化和高质量发展。现将有关情况报告如下。

一、“三会”运作方面，坚决贯彻两个“一以贯之”，推动健全公司治理机制，持续完善公司治理体系，有效发挥多元化董事会治理优势，董事会建设连续两年获优秀评价

担任中国联通董事会秘书以来，李女士坚决贯彻落实习近平总书记关于坚持“两个一以贯之”、建设中国特色现代企业制度的重要论述，全面落实党中央、国务院关于国企改革三年行动的决策部署，持续推动多元化董事会高质量建设，积极探索中国特色现代企业制度“新治理”模式，促进了公司治理与中国国情更加契合、与市场经济更加融合的新格局。

一是科学构建治理架构、持续完善治理制度。提高站位，深刻领会健全公司治理机制工作重大意义，明确目标定位，有效协同党组、董事会、经理层各治理主体，积极探索创新治理机制，持续完善治理制度体系，守好合规防线，为充分发挥多元化董事会优势奠定制度基础。

二是保障董事会规范协调运转、促进董事高质量履职。第一，围绕发挥董事会“定战略、作决策、防风险”作用，有效保障董事会充分落实决策职权，持续强化董事会决策的独立性，确保重大经营管理事项党组前置把关权、董事会充分行使决策权均得到落实。第二，持续落实董事会战略研讨、党组复议、专门委员会会议及董事沟通、重大事项事前沟通等机制，促进董事为公司战略发展赋能。2021 年，董事会立足“十四五”新起点，厘定公司新时期新定位，升级战略为“强基固本、守正创新、融合开放”，将“大联接、大计算、大数据、大应用、大安全”作为公司全面发力数字经济主航道的主责主业，实现发展动力、路径和方式的全方位转型升级。第三，高质量服务董事履职，配备专职支撑团队，强化资源协同和信息畅通，并通过开展多维度培训、对重大事件多番次提示、购买履职责任保险，确保董监高合规履职和高效决策。

三是协调保障董事会等各类会议顺利召开。统筹全年工作，做好预案管理，保障各类会议顺利召开；创新应用手段，积极利用技术优势，通过自主研发云视频会议系统和“董事会文库”App，保障董事高效高质、安全便利参与公司治理；持续精进细节，以表格固化流程标准和细节，不断精进支撑能力，提升会议体验和效果。

二、信息披露方面，确保高质量信息披露，持续优化 ESG 体系，连续多年获上交所最高等级评价

一是依法合规组织完成各类信息披露工作。统筹两地上市公司披露或报备超过 200 份文件。连续多年获上海证券交易所信息披露工作“最优等级”评价。

二是落实新战略，着力传递公司发展新空间。2022 年，围绕新战略、新定位，主动优化自愿信息披露指标体系，打破行业二十余年传统，在“泛在智联、创新应用、智慧服务、科技创新”等多个经营关键领域提升市场透明度，努力将月度自愿信息披露向更聚焦公司战略引领、更尊重行业规律、更符合市场关切、更有利于提升投资者价值的方向转变，让投资

人清晰了解联通面向数字经济的新能力、新体魄。

三是贯彻落实高质量发展理念，持续优化完善 ESG 体系。高度重视 ESG 建设，将 ESG 理念与贯彻落实党中央总体要求有机结合，作为数字信息基础设施建设运营服务的国家队主力军，积极承担环境、社会及公司治理责任，夯实数字经济发展基石底座，入选国资委“央企 ESG · 先锋 50 指数”。

三、投资者关系方面，强化积极有为的投资者关系管理，争当资本市场尊重投资者的典范，持续提升公司和股东价值

各监管部门 2022 年以来加大力度指导上市公司投资者关系工作，为上市公司加强投资者关系管理指明了方向。根据要求，董秘带领团队积极向市场传递行业和公司的新发展和新价值，打造积极有为的投资者关系，增强公司资本市场竞争力，多次获监管机构表彰。

一是贯彻新要求，持续完善投资者关系管理体系。国资委、证监会、上交所及相关监管部门近年来发布的一系列文件对投资者关系管理工作提出新的要求。公司第一时间组织学习落实监管新要求，坚持以推动高质量发展为主题，以改革创新为根本动力，在稳健经营创造价值的同时，持续强化投资者关系管理工作的顶层设计和制度建设，尊重资本市场运行规律，强化合规有效的信息披露和积极有为的投资者关系管理，争当资本市场尊重投资者的典范，持续提升公司和股东价值。

二是借助新技术，积极打造投资者交流新体验。公司积极践行全面数字化转型要求，依托多年积累的创新应用能力，自主打造业绩推介短视频；推出 3D“云上展厅”，并专门设计“5G 应用扬帆行动云展厅”网页，展现联通科技创新实力及深化数字技术为千行百业赋能赋智的发展成果；推出“动态一图读懂业绩”长图，围绕五大主责主业，生动展示联通业绩增长新引擎；充分发挥上证 e 互动平台、投资者热线电话和邮箱等多种渠道作用，解答投资者疑问，持续提升投资者感知。

2022 年以来，借助各类数字化手段，会见近 500 名分析师、投资者，

在上市央企中首个回应“中国特色估值体系”，明确呼吁投资者今天的中国联通已经不再是传统意义的管道运营商，而是自身就已经先行成为数字化的企业并对外提供数字化服务的科技创新公司。党的二十大召开以来，联通 A 股股价六次触及涨停，累计上涨超过 50%，两年多来首次高于每股净资产，日均成交额达到 2022 年前 10 个月的近 4 倍。

三是把握新形势，合力营造行业协同新氛围。2022 年 7 月，公司联合中国移动、中国电信召开了主题为“拥抱数字经济新蓝海，共话电信行业新未来”的电信行业上市公司投资者交流活动。这是上市公司联合举办具有行业属性的投资者沟通交流活动的首次实践，也是电信行业上市公司运用最前沿虚拟现实技术提升投资者沟通交流质量的首次尝试。三家公司董事长直面投资者，围绕电信行业在数字经济时代下释放新潜能、助推企业数字化转型、赋能经济社会高质量发展进行了深入探讨，向市场传递行业广阔发展前景和投资价值，展现了通信央企在资本市场的担当作为，受到市场广泛好评。

四、资本运作方面，稳步实施 A 股最大规模之一的限制性股票解锁工作，组织上市以来首次二级市场回购，连续中期分红，配合发行融资券，为公司改革持续深化做好支撑

近年来，董秘带领团队在员工激励、股份回购及股东回报方面，持续深耕，取得良好成效。

一是员工激励方面，公司限制性股票激励工作难度在 A 股罕见，公司通过认真筹划，与监管机构深入沟通，积极提出合理化建议，周密安排，顺利完成股份解锁工作。

二是股份回购方面，2022 年 3 月完成公司上市以来首次集中竞价回购，共回购约 5.13 亿股，传递公司对未来发展的信心。

三是股东回报方面，考虑公司的良好经营发展，连续实施中期派息，并发行多期超短期融资券，助力公司改革发展。

未来，中国联通将坚决以党的二十大精神统领全局工作，强化网络强

国、数字中国建设的担当作为，全面推进新战略落地实施，在以中国式现代化全面推进中华民族伟大复兴的新征程中贡献联通力量。公司董事会秘书也将持续从战略高度强化公司治理、信息披露、投资者关系管理工作，积极保障投资者合法权益，努力为股东创造更大价值，为中国特色现代资本市场高质量发展作出应有贡献。

7. 宇通客车（600066. SH）：结硬寨　打呆仗　科学履职促进公司高质量发展

董事会秘书　于莉

“结硬寨、打呆仗”，是传统兵家战术智慧。“结硬寨、打呆仗”运用在董秘工作上，就是构筑董办工作的坚硬壁垒，踏踏实实、稳扎稳打。2022 年是于莉女士从事董办工作的第 26 年，是担任董秘的第 12 年，也是任职公司——宇通客车连续获得上交所 A 级评价的第 11 年。多年来，于莉女士在做好本职工作、助力公司发展等方面做了一些工作，积累了一些经验，为资本市场贡献了一份微薄的力量。

一、创新工作方法，提升治理水平

（一）标准化规范化，保障合规治理

完善的公司治理是上市公司持续健康发展的基础。多年来，公司始终坚持合规治理，建立健全标准化、规范化工作机制，已形成由《证券事务操作手册》和专项备忘录构成的证券事务工作管理体系。

（1）《证券事务操作手册》。该《手册》由董秘与董事办工作人员结合多年工作经验编制，其中包含投资者关系管理、“三会”运作、内幕信息管理、重大信息报送、信息披露、独立性、关联交易、违规担保、资金占用等内容。针对每个维度，《手册》详细列明了管理原则、执行程序、注意事项等，并创新提出多种风险管控方式。

（2）专项备忘录。针对非常规公司治理事项，公司制定了适合公司股份回购、计提资产减值、业绩预告等各项业务的专项研究备忘，并根据监

管要求及时更新，目前已形成专项备忘录 13 项。

通过《手册》和专项备忘录的形式，固化了工作方法和标准，使证券事务工作标准化、规范化，有力保障公司治理合规开展。

（二）创新投关工作，传递公司价值

投资者权益保护是资本市场健康发展的永恒主题。公司始终努力构建顺畅有效的投资者关系管理工作机制，不断创新投资者关系管理工作。

（1）完善投关手册。公司制订并不断完善《投资者关系管理工作手册》，设置礼仪篇、基础篇、问答篇等多个篇章，明确投资者接待流程、商务礼仪、电话接听规范等内容。其中，对投资者提出的问题，IR 经理会进行分类和记录，针对共性问题形成投资者问答库，从而切实了解广大投资者最关心的问题，确保公司对外传递信息内容的一致性，提高沟通效率。

（2）创新沟通方式。随着交易所提供的投资者交流平台和方式越来越多样化，公司积极响应，大胆创新。2021 年年度业绩说明会，公司首次采用“视频 + 文字互动”方式与投资者进行互动交流，我也通过视频讲解方式生动解读公司经营业绩，从行业、公司、国内、国外等维度，为中小投资者立体解读行业和公司信息，传递公司价值。

（3）主动沟通信息。针对关联交易、股权激励计划等重要议案，为使广大投资者对议案内容和必要性充分理解，公司在议案中对目的、必要性和影响等做了明确阐述，并主动联系投资者就议案做充分的事前沟通，帮助股东更好地理解。

公司通过这些创新性投关工作，逐步构建“尊重投资者、敬畏投资者和回报投资者”的投关工作体系，不断提升投关工作效果。

（三）借助公司力量，保障董秘履职

高效完成董秘工作，离不开公司各方面的大力支持和董事会对合规治理工作的重视。

（1）人员方面，除本人外，还配备 5 个专业岗位编制，人员专业背景包括财务、工商管理、金融等，为保障董秘履职提供坚实基础。

（2）制度方面，公司三会制定了《董事会秘书工作制度》《对外信息报送和管理制度》等，明确公司各部门应积极配合董秘工作，为董秘获取

重大信息、参加重要会议提供制度保障。另外，在公司内部制定并施行的《重大信息报送管理制度》等文件中，还专门设定了考核机制，为保证公司各类重大信息及时报送，对相关部门设定相应的奖惩措施，保障了董秘履职效果。

（3）培训方面，近年来，公司每年聘请外部专业律师团队为公司中高层领导及重要岗位人员授课培训，内容涵盖内幕信息泄露和内幕交易防范、信息披露、对外担保、关联交易、资金占用等监管重点内容，并积极参加证监会、交易所或上市公司协会组织的各项培训，提高关键岗位人员合规意识，保证了公司各部门能够更好的配合董秘履职。

二、积极发挥作用，助力公司发展

（一）传递外部信息，支持业务合规开展

上市公司离不开资本市场，董秘作为上市公司中离资本市场最近的人员，须及时为经营层和决策层提供资本市场有效信息，支持公司业务发展。基于此，于莉女士组织建立了信息收集机制，自 2019 年 3 月起，每个工作日在公司层面发布财经新闻简报，包含宏观、金融、产业、相关行业上市公司公告等内容，并将简报通过邮件发送至公司经营层以供查阅；月度搜集、整理首席宏观经济学家的最新观点，包含国际经济形势、国内货币政策、消费分析、相关行业形势等内容，整理成宏观经济月报后发送至公司管理层，支持其更科学地进行业务决策；坚持关注汽车及零部件上市公司收到的监管问询函、监管部门发布的监管动态、最新法规修订情况等，并及时将信息推送至公司财务、法务等相关部门，指导公司相关业务合规开展。

（二）内外多措并举，助力公司高质量发展

（1）主动邀请媒体了解上市公司。通过媒体主动发声来提升公司资本市场形象，是作为董秘的应有之举。2022 年，公司主动举办“走进宇通品牌”媒体行活动，热情接待了《上海证券报》《21 世纪经济报道》等多家财经媒体。活动座谈会上，董秘和公司其他管理人员与媒体面对面交流，详细讲解并回答关于公司经营情况、企业发展转型、技术转型和海外市场

战略等问题。此次媒体交流活动，使参会媒体对公司经营发展有了进一步的了解，活动结束后，参会媒体主动积极宣传公司的软、硬实力，发布并带动形成主流舆论200余条，进一步提升公司资本市场形象。

（2）编写《豫股百家》，展现河南资本市场风采。2022年5月，于女士联合资深媒体人士组织河南五十余位董秘，编著《豫股百家——中部崛起中的产业力量》一书，该书获得了业内外人士的高度认可，最终由新华出版社出版发行，全国政协委员、中国证监会原主席肖钢，中国上市公司协会会长宋志平分别为该书作序。本书既有对河南资本市场的整体回顾，也有对河南资本市场中不同行业、不同领域上市企业筚路蓝缕发展历程的专业解读，同时让读者能直观感受河南上市公司风采，读懂河南经济的巨大潜力和蓬勃活力，在一定程度上提高了河南资本市场形象。

另外，董秘还带领团队积极参与中国上市公司协会、河南上市公司协会等主持编写的书籍、公众号文章等，通过多种途径分享公司治理实践经验，为公司品牌添光彩。

三、承担社会责任，为资本市场贡献力量

（一）组织参与交流活动，与董秘同行共同进步

在担任董秘期间，董秘始终坚持“引进来”和“走出去”，积极组织参与各项交流活动。

（1）行业沟通。董秘连续多年参加中国汽车工业协会上市公司委员会沟通交流活动，并积极邀请委员到公司参观交流。过程中，带领团队不断与董秘同行就监管实践进行探讨，不断学习行业公司好的工作方法，并将其运用于自身工作，提升自身履职能力。

（2）董秘交流。为加强河南上市公司之间沟通交流，积极参与河南上市公司协会组织的各项交流活动，并多次牵头组织开展省内董秘交流会；为更好地展现省内各上市公司动态，协同省内董秘一道创立了资本市场信息分享机制，并在河南董秘微信群中分类发布“豫上荟萃”（公告摘要）、“豫上三省”（处罚案例）、“法规速递”（规则更新）等栏目，这些举措也

拉动了河南董秘同行们更主动关注身边人、身边事，开阔视野，不断提升董秘履职能力。

（3）手拉手活动。2022 年，在河南省地方金融局、证监局等单位主办的河南上市公司与拟上市公司“手拉手结对子助力上市”活动中，积极响应河南上市公司“五年倍增”号召，担任“手拉手组长”，通过“老带新”“传帮带”等形式，将自身工作经验毫无保留地分享给帮带公司，尽量让他们少走弯路，做到“帮忙不添乱、到位不越位”，助力其早日实现上市目标。

（二）积极担任社会职务，用心分享工作经验

（1）担任社会职务。在做好本职工作的同时，还担任上海证券交易所复核委员会委员、中国上市公司协会理事会员代表、中国上市公司协会新能源与智能汽车委员会副主任委员、中国汽车工业协会标准法规工作委员会投融资专业委员会委员、河南上市公司协会董秘委员会副主任等职务，积极承担社会责任，传递自身价值。

（2）分享工作经验。2021 年 7 月，受邀在河南证监局举办的董事、高管培训班上，分享了董事如何勤勉尽责履职相关话题；2022 年 5 月，在河南证监局组织的投资者网上集体接待日活动中，受邀分享了投资者关系管理方面工作经验。这些分享是董秘多年来工作总结，更是大家对董秘工作的认可，也会鞭策董秘不断提升，努力做好后续工作。

（三）积极参与制度修订，为行业发展建言献策

上市公司制度的编撰和修订与董秘工作息息相关。近年来，董秘受邀参加了中国证监会投保局组织的关于《公开征集投票权》的意见修订讨论，也积极参与了《上市公司行业信息披露指引第六号——汽车制造》《财务类退市指标——营业收入扣除征求意见》等相关规则的意见征集和反馈，作为上市公司代表，从促进公司治理提升角度，为资本市场健康发展献言献策。

“结硬寨”，必须以科学之策，应对非常之难；“打呆仗”，必须以坚韧之心，做好日常之功。回望担任董秘的十余年，亲历了大有能源（600403）、宇通重工（600817）借壳上市，也主持参与了不少资本运作项

目，更有幸与宇通客车共同发展和成长。过程中，始终把握和围绕“价值”主线，用合规信披传播价值、适度投关传递价值、资本运作重构价值、顶层战略创造价值。后续，董秘将继续坚持高标准履职，在支持公司更好发展、承担更大社会责任、助力资本市场合规建设等方面尽绵薄之力。

8. 国金证券（600109. SH）：青衿之志　履践致远　传递金融温度全方位开展投资者关系管理工作

董事会秘书　周洪刚

国金证券股份有限公司（以下简称“国金证券”或“公司”）前身为成都证券，经中国人民银行批准，成立于1990年12月，注册地在四川省成都市，是一家资产质量优良、专业团队精干、创新能力突出的上市证券公司，是中证500、上证公司治理指数成分股。

国金证券肩负“让金融服务更高效、更可靠”的使命，以“成为举足轻重的金融服务机构”为愿景，秉承客户至上、视人才为公司最重要的资本、以开放的心态真诚沟通、团队合作、专业规范、持续优化、追求卓越的核心价值观，致力于为客户提供证券交易、投资银行、资产管理、财富管理等全方位金融服务。

国金证券董事会秘书周洪刚认为，董事会秘书应该带领董事会办公室积极探索、创新工作方式方法，进一步支持公司对内治理、对外宣传以及投资者管理等工作。他表示，公司建立了完善的制度体系、搭建了详细的工作流程，支持并促进董事会秘书履职。近年来，国金证券步履不停，在投资者关系管理方面狠抓实干，取得了一定的成果。主要有以下几个方面。

一、借助投资者关系管理工作助力公司市值认可度提升工作

董事会办公室在日常工作中常常会接触到各项投资者调研工作，上市公司在投资者调研工作的信息互动方式往往是单向的，即投资者要来公司

调研，公司才开展调研路演工作，投资者问什么，公司就答什么，上市公司常常把调研路演作为对外宣传或展示公司经营情况的一种渠道。其实，对于投资者关系管理工作的态度可以更加主动一些，即应当主动地去了解投资者对行业及公司的关注和看法，并把这些看法整理反馈至公司的经营层或者业务部门，形成双向的信息互动。因为市场投资者尤其是机构投资者关注的问题往往是行业的发展热点以及发展趋势，对这些信息的双向反馈以及吸纳，对于公司的市值认可度及经营能力提升都具有积极的促进作用，董办在这项信息互动工作中将充分发挥桥梁作用。2022 年，国金证券董办通过定期的研究报告分析及更加主动的投资者沟通等方式，不断提升部门对于市场关注点的了解，并通过内部访谈及投资者沟通工作相结合的方式，将市场信息在公司内部充分流转，进而转化为公司可能的经营举措或发展规划，同时在未来的投资者沟通中将此变化作为积极的沟通反馈，实现投资者沟通信息的良性循环，进一步扩大了投资者管理工作的内在及外在意义，这将对公司市值认可度的提升发挥积极的影响。

二、充分借助 IT 信息手段支持关联方信息管理、其他信息采集工作

关联交易管理是董事会秘书工作的重点内容，而关联方信息的维护工作则是有效关联交易管理的重要基础。公司各个业务部门常常由于需要判断某事项是否属于关联交易向董办申请关联方名单，同时关联交易名单中常涉及关联自然人个人身份证信息，关联方名单的流转又面临着个人信息泄露的风险。因此，为了提升各个部门获取关联方信息的便利性，保证关联方信息的流转的安全性，国金证券董办会同公司 IT 部门自主开发了一套关联方信息管理系统。董办与 IT 部门作为该系统的管理员，组织各部门专岗人员系统权限的开立，保证系统使用的规范性；董办将通过该系统定期上传及更新关联方数据，并实时邮件通知各业务部门，保证了关联方信息管理的实时性；各业务部门可通过导入待核查人员信息进行关联方识别，避免了查询人员直接接触关联方名单；各业务部门却因外部报送需要使用

关联方名单的，可通过 OA 流程申请关联方名单的下载，尽可能地保证了关联方数据使用的安全性和规范性；同时，该系统还支持与其他业务系统的数据对接，可直接内嵌入业务部门系统便于其系统操作时进行关联方判定及关联交易管理。公司关联方数据库自 2021 年上线以来，月均操作频率保持在数百次，已成为各部门开展关联交易管理的重要工具。

此外，为了进一步提高董事会办公获取外部信息的便利性，提高外部信息时效性，特别是各监管机构、自律组织下达的通知、重要文件、培训文件等，国金证券董事会办公室会同公司 IT 部门，利用 RPA 爬虫技术，根据不同信息类型和信息使用频率，按照每日和每周的频率对爬取各类监管机构及自律机构的通知文件、培训文件，证券行业新闻、上市券商公告等内容进行爬取处理。减少了信息采集人工操作，提高了工作效率。

三、多渠道开展投关工作

公司通过定期报告、临时公告、专项报告、公司官网、微信、抖音等官方平台及创新平台，通过短视频、图文等创新方式开展投关工作，如通过抖音号、视频号、B 站号、百度号、财富号、雪球号等，将公司动态以及业务发展进行系统发布，增进投资者对公司的了解。

2021 年度，公司采用了一图读懂年报、视频音频等形式强化临时公告和定期报告的宣传与解读。2021 年度社会责任暨 ESG 报告为长图展示，2021 年度报告、2022 年度半年报通过文字、图形、表格、视频等多种形式强化了定期报告的宣传与解读。2021 年度，公司还将“社会责任报告”升级成“社会责任暨 ESG 报告”，在和投资者沟通交流的内容中，增加 ESG 等创新内容。

2021 年度，公司举行了“2020 年度业绩说明会”“2021 年半年度业绩说明会”，出席人员包括公司董事长、总经理、独立董事、董事会秘书、财务部总经理等董事、高级管理人员以及相关部门工作人员，通过图文并茂的形式与投资者沟通交流。

投资者日常还可通过上证 e 互动平台、邮件、传真等方式与公司互动交流。2021 年度，公司举行回复“上证 e 互动”约 110 次，接打热线电话百余次。

四、全角度主动发声，开展媒体宣传

（一）公司及业务发展的媒体推广工作

首先，除了日常媒体的采访接待以外，董办有针对性地对公司的业绩发展进行了有计划的宣传，如针对公司定增计划的完成、2021 年度业绩大增、基金投顾业务进展、做市交易业务的筹备情况等内容，在接受媒体采访的同时，也自主撰写相关新闻稿件，进行正向发布。扩大正面舆情效应，或者较好市场反响。

其次，把握重要时间节点，进行相关推广。如，在苏州、无锡、南通三地营业部的抗疫工作的宣传；上海疫情期间的系列推广，公司防疫的整体安排报道，联系《中国证券报》发布专题报道；接受二十余家媒体有关防疫的采访，对公司封控情况以及各业务部门、分公司、子公司的防疫工作进行推广。同时，联系重要媒体对信息技术部、财富委、资管和自营现场值班同事进行人物专访，并且配合公司内部的防疫视频拍摄，与各个业务部门进行对接，安排参加拍摄的人员以及拍摄内容协调等。

第三，重视高管的形象推广。如，接受中证协和第一财经电视节目对高管的访谈，借此机会，安排公司董事长、总裁和董秘联合受访，录制专题节目，节目播出后获得较好的市场反响。同时，积极参与重要媒体的约稿工作。根据现有的材料和媒体的要求，进行文章撰写，媒体发布和转发效果良好。新年公司参与媒体新年寄语的撰写、视频录制工作。安排公司董事长、总裁在专业媒体上进行寄语的撰文和视频录制。

（二）对公司各项业务发展的品牌推广

首先，按照各项业务发展的需要进行有侧重的推广，同时融入业务品牌的宣传上。如，财富委基金代销业务、基金投顾展业方面的推广；投行业务在北交所开板 3 周年、全面推行注册制、科创板做市商业务推进方面进行重点宣传；研究所的 3.0 改革、金牌分析师访谈等方面进行宣传；资管在“固收 +”、ABS 项目方面均有推广，同时，对资管旗下的定制家、同行家两个服务品牌进行了品牌维护等。此外，如指数业务、做市商业务也针对市场关注度进行了专题性质的推广。

其次，积极参与媒体举行的各类评选，在参与中扩大品牌推广力度。如新财富、《证券时报》君鼎奖、《中国证券报》金牛奖、《证券市场周刊》水晶球奖、《每日经济新闻》金鼎奖、《进步国际观察报》卓越奖、《华夏时报》金蝉奖、财联社最佳董秘评选、新浪金麒麟奖、金融界金智奖等业内知名的评选活动，通过活动的参与，对公司的品牌形象、业务发展都进行了正面传播，提升业界口碑。

最后，公司的内刊矩阵进行主动宣传。目前，国金证券旗下自媒体包括官网、官微、企业微信号、金声内刊、抖音号、视频号、B 站号、百度号、财富号、雪球号等，通过公司自主运营的自媒体将公司动态以及业务发展进行系统发布，在获得市场关注的同时，也借助现有流量对公司业务进行推广。

（三）通过公司以及业务部门的活动、会议进行主动宣传

公司积极组织新产品发布会、策略会、私募年会、同业金论坛等系列活动，活动邀请广大媒体参与，一方面对会议本身的报道，另一方面对公司相关领导进行专访等，有效推广公司业绩以及业务品牌。

9. 中国东航（600115. SH）：守正创新　专业尽责　助力东航加快建设世界一流航企

董事会秘书　汪健

中国东方航空股份有限公司（以下简称“东航股份”）是国内三大主要航空承运人之一，在上海、香港、纽约三地上市。董事会秘书汪健自2012年任职以来，在公司董事会和党委的领导下，带领董事会办公室工作团队严格遵照法律法规，恪尽职守，勤勉履职，通过高效顺畅的公司治理、严谨规范的信息披露、专业尽责的投资者沟通，突破创新的价值管理，推动搭建了一座公司与资本市场共同成长的互通桥梁，助推东航在加快建设成为世界一流航空运输企业的新征程上砥砺前行。

2019～2022年期间，东航股份不断提升公司治理、信息披露和投资者关系管理水平，创新资本运作实践，持续推进深化改革，积极履行社会责任，获得投资者、监管机构和社会各界的高度认可。2019年获得“上市公司高质量发展论坛”金质量·公司治理奖；2021年度纳入上海上市公司治理和内部控制“最佳实践”案例；荣获央广网“2019年最值得信任的上市公司奖”和《中国证券报》“投资者关系管理金牛奖”；年报封面设计获得2019年国际ARC（被誉为“年报奥斯卡”）“全球年报设计金奖”及LACP（美国传媒专业联盟）“2019 Vision Awards”最佳年报银奖。公司连续9年获得上交所信息披露工作A级评价。在国际知名指数公司MSCI（明晟）ESG评级中公司连续两年获评国内航企唯一的A级。

一、完善公司治理制度体系，推动制度成果转为治理效能

密切跟踪新《证券法》、上交所、香港联交所规则的修订情况，及时修订完善公司章程等系列规章制度，持续优化股东大会、董事会决策事项清单及董事会授权总经理决策事项清单，进一步厘清股东大会、董事会、经理层等治理主体的权责边界，健全完善以公司章程为核心的“1 + N”公司治理制度体系，不断夯实董事会规范运行的制度基石，促进了各治理主体权责清晰、有效制衡、协调运转。

二、助力打造多元国际化董事会，健全董事会运作机制

一是进一步优化董事会结构。组建专业背景多元、能力结构互补的国际化董事会。董事会成员在企业管理、审计内控、风险合规、金融财务等方面拥有丰富经验，战略股东达美航空、吉祥航空通过派出董事会观察员，积极参与公司治理，为公司发展出谋划策。

二是增强董事会运作的计划性。每年底制定董事会年度工作计划、独立董事参会调研计划，以及董监高培训计划，有效提升了董事会的运作质效。

三是加强董监高履职支撑。重大投融资事项上会前，组织经理层提前向独立董事汇报，听取意见建议；每年组织独立董事与经理层定期沟通交流，邀请独立董事参加公司年度战略研讨会，帮助独立董事深入了解公司发展战略和经营管理情况；通过每日报送晨讯、每周报送全球行业发展动态、每月报送董监高资讯月刊，强化董事履职信息支撑；配合董事做好董事会决议执行情况的监督检查，组织经理层每半年向董事会汇报董事会决议和授权决策事项执行情况；组织董监高参加监管机构开展的各类上市公司履职专业培训；邀请上交所专家为董事会全体成员开展新《证券法》现场培训；组织中国特色现代企业制度专题培训以及投资企业董事会建设暨外部董事培训交流会，推动提升董监高合规守法意识和履职能力；每年为

公司董监高办理责任保险，努力保障公司董监高履职的合法权益。

三、提升信息披露透明度，积极防范监管合规风险

一是合规履行公司信息披露义务。按照上市地监管规则的规定，严格把好信息披露“规范关”“质量关”，及时向资本市场传递公司经营动态，加强 ESG 信息披露，持续提升信息披露的有效性；推动完善公司重大风险事项舆情监测、媒体发布与信息披露协同联动机制。

二是重点防范“三类”风险，包括重大关联交易风险，系统识别和梳理关联人及关联交易项目，强化关联交易的管理和监控，定期维护日常关联交易框架协议并及时对外披露；上市公司董监高违法违规风险，加强对新《证券法》等国内监管政策宣贯培训，高度重视内幕信息日常提醒和监控；境外上市监管风险，紧密跟踪境外监管机构政策动向，审慎评估潜在风险，及时向公司提交多份专项研究报告，建立防范境外上市监管风险工作机制及应对预案。

四、构建投资者关系管理双机制，深入发掘公司市场价值

一是搭建多层次投资者沟通机制。围绕业绩发布、重大事项和资本项目，聚焦投资者关注热点，开展形式多样的投资者沟通交流，及时将公司生产经营情况传递至资本市场，以互动促互信。定期沟通战略投资者和重要法人股东，专项交流公司生产经营、改革发展成效以及重大经营事项，力争获得理解支持。畅通中小投资者沟通渠道，通过上证 e 互动平台、投资者关系邮箱、电话等方式，倾听中小投资者关切，主动维护中小股东权益。强化与机构投资者和潜在股东的沟通，疫情期间通过召开线上年度、中期及季度业绩线上路演，增强其对公司经营发展的深入了解和信心认同，不断挖掘公司市场价值。

二是完善股价敏感信息处理机制。公司持续关注市值变动及资本市场动态，适时制定价值管理方案，通过研究各类市值管理工具、定期分析投

资者关系及市值管理情况，有效推动公司价值管理。

五、创新资本运作实践，服务国家战略和公司决策部署

一是服务国家“引进来”“走出去”战略和公司国际化战略，扩大公司全球范围的“朋友圈”。2015 年策划引入达美航空作为战略投资者，建立全面战略合作伙伴关系。2017 年策划完成东航产投入股法荷航集团，开启“股权合作 + 业务协同”的合作新模式。汪健同时担任法荷航集团董事，也是该董事会中唯一一名中国董事。

二是服务上海航运中心建设和公司枢纽化战略，完成国内首次上市航企交叉持股。2019 年，积极响应中央“国民合作”号召，策划推动东航集团、东航股份与均瑶集团、吉祥航空交叉持股。双方以股权为纽带，开展深度战略合作，做大做好上海主基地市场“蛋糕”，有力推动公司以上海和北京为主的双核心枢纽战略落地，更好地服务长三角一体化高质量发展和上海航运中心建设。

三是服务国家大飞机战略和民航强国建设大局，推动公司实现可持续发展。新冠疫情暴发以来，航空业经营受到极大冲击。2021 年，策划完成公司非公开发行项目，通过向东航集团定增 108.28 亿元，实现公司资产负债率由当期的 82.80% 降至 79.01%，既优化了公司资产负债结构，又提高了公司抗风险能力。2022 年，受新冠疫情持续影响，策划启动新一轮资本强化计划，采用“集团募资 + 市场化融资”路径，非公开发行 150 亿元，募资用于引进国产大飞机 C919 与 ARJ21，有力支持了国产民机事业的发展，也为公司实现可持续发展增强了资本实力。

在公司董事会和党委的坚强领导和经理层的大力支持下，汪健任职十年以来，积极策划推动重大资本运作 6 次，为公司募集资本累计 361 亿元，其中集团募资 146 亿元，市场化融资 215 亿元，积极帮助公司改善和强化资本结构，防范经营风险，不断增强公司国有资本的市场竞争力。

六、加强监管政策研究，强化监管机构的沟通协调

一是紧盯境内外监管政策动向、资本市场发展趋势以及全球行业走势。密切关注新冠疫情对行业及公司的影响，关注“碳达峰”“碳中和”给公司带来的机遇与挑战，持续开展相关领域的研究。

二是加强与证券监管机构和上市公司协会的沟通交流。向中国证监会、上交所、上海证监局、中国上市公司协会、上海上市公司协会等及时报告疫情给航空业生产经营发展带来的影响，呼吁加大纾困力度或寻求非公发、注资和发债等政策支持。

三是积极向证券监管机构建言献策。通过公开征求意见、调研问卷、座谈会等渠道，向证券监管机构提出证券监管政策修订的“东航意见”。在上交所修订退市规则时，提出“建议不再以单一净利润指标作为退市指标，而是综合设计财务类指标作为退市衡量指标，更加关注“上市公司是否具备持续经营能力”，该建议最终为上交所采纳。

此外，自2020年6月起，汪健担任天合联盟执行委员会轮值主席，并于2021年连任至今。任职期间，积极参与全球行业治理，负责召集联盟执行委员会会议，积极促进联盟管理公司与各成员间的合作与对话，充分发挥了东航作为天合联盟核心成员的主导作用，维护公司在联盟的核心利益，为公司国际化发展营造良好的外部条件。

10. 中国船舶（600150. SH）：专业、高效、创新　赋能企业高质量发展

董事会秘书　陶健

近年来，中国船舶工业股份有限公司（以下简称“中国船舶”或“公司”）全面贯彻习近平新时代中国特色社会主义思想，贯彻新发展理念，通过完善公司管理机制，加强规范治理，提升上市公司治理水平，推动上市公司高质量发展。公司董事会秘书陶健先生承担了上市公司规范治理、信息披露、资本运作、投资者关系、市值管理等重要工作，多年来始终诚信勤勉、尽职守则，带领证券事务部、规划运营部等部门积极探索、创新工作方式方法，构建起公司高质量发展的特色实践、创新举措和解题思路。

一、高水平的公司治理

（一）“三会”工作规范开展

2022年，受新冠疫情的不利影响，公司创新举措突破难题，在董秘的带领下，首次采取视频连线方式召开年度股东大会，在规范履行会议程序的同时，加强与律师的沟通协调，及时将有关情况与上海证券交易所等监管部门进行沟通，高效地完成各项会议重点工作。截至目前，公司共召开6次股东大会，审议18项议案。

本年度，公司还召开了11次董事会会议和8次监事会会议，分别审议了定期报告、利润分配预案、日常关联交易框架、聘请年审会计师事务所等常规内容，以及涉及股权交易、关联担保、计提资产减值准备等非常规事项。公司董事会四个专门委员会共召开了11次会议，其中审计委员会会

议5次，提名委员会会议2次，薪酬与考核委员会会议3次，战略委员会会议1次。

（二）管理制度严格执行

作为公司与上海证券交易所等监管部门之间的指定联络人，董秘带领公司相关部门持续完善董事会管理制度体系，先后制订《董事会议事规则》《公司独立董事制度》《总经理工作细则》《公司所属企业重大事项报送管理办法》《投资者关系管理制度》《公司关联交易规则》等30余项规章管理制度，并根据最新法律法规、监管要求和实际情况变化予以适时修订、完善，特别是修订了《公司“三重一大”事项决策规则》，实现了公司投资决策、生产经营和监督管理的制度化和规范化，构建了有效的控股型上市公司风险防范机制。同时，公司严格按照相关制度执行，有力保障了公司“三会”运作、信息披露、资本运作、投资者关系管理等公司治理工作的规范、有序。

二、高质量的信息披露

恪守证券市场相关法律法规的规定，持续探索控股型上市公司信息披露管控模式，完善信息披露保密制度，强化监管“红线”意识，以信息披露为核心，做好内幕信息知情人管理工作，严防泄密现象和内幕交易的发生，确保从源头上做好信息披露和内控工作，公司获上海证券交易所2021~2022年度信息披露工作A级评价。

（一）构建完善的信息披露制度

董秘始终把信息披露制度的建设与监管要求、公司业务发展紧密结合，同时，把信息披露制度的执行与公司其他管理制度紧密结合，严格遵守中国证监会《上市公司信息披露管理办法》等法律、规范和监管要求，强化《公司信息披露事务管理制度》等一系列规章制度的执行，做到真实、准确、完整、及时地披露各项信息，坚决杜绝虚假披露、误导性陈述和“蹭热点”等行为，确保所有投资者享有平等获取公司相关信息的权利。截至目前，公司本年度面向证券市场高质量披露了4份定期报告及125份其他公开披露文件。

（二）创新风险防控和合规管理

一是根据公司控股型上市公司特点创新性地建立子公司监管“专管员”工作机制，坚持把风险管理放在重要位置，指定相关人员负责子公司信息披露及规范运作事宜，对风险管理实行“专人专管”，明确工作职责，细化工作任务，突出专业化管理，推进合规管理体系建设。二是鉴于公司市场关注度居高不下的特点持续做好舆情监测工作，通过定期召开规范治理工作会及董秘工作例会，全面梳理有关重大事项、信息披露、规范治理工作、监管法律法规、监管处罚案例和子公司重大生产经营情况，谨记“四个敬畏”，坚守“四条底线”；同时，日常跟踪公司及行业动态，每月形成一期《证券事务月刊》报公司董监高。三是根据公司股东众多、结构复杂的实际情况在回复来电或上证 e 互动平台投资者问题时，始终保持客观理性，做到接待规范、口径统一、披露规范。如遇突发事件，查明事实后谨慎回应并及时公告，澄清影响。

（三）探索出符合央企控股型上市公司特点的信息披露工作方法

一是对涉及上市公司信息披露、规范治理、监管重点、处罚案例的重点、难点问题“立项”，开展“头脑风暴”式“专题研究”；二是提高央企上市公司站位，服务董监事会和成员单位，完成公司信息披露事务，并将信息披露、规范治理延伸覆盖至各子公司。

三、创新的资本运作

为提高公司治理水平，推动公司做优做强，公司自 2017 年 9 月起实施市场化债转股暨发行股份购买资产并募集配套资金的重大资产重组项目（简称“深蓝项目”）。2020 年顺利将中国船舶集团旗下国内最大的百年军工造船企业——江南造船等核心军工资产整合注入上市公司，实现市场化债转股融资 168.9 亿元，并募集配套资金 38.668 亿元。

作为近年来船舶工业行业内规模最大的资本运作项目，本次资产整合充分发挥了上市公司的资本运作平台功能，募集了企业发展所需资金，降低了企业资产负债率，强化了中国船舶股份上市公司的平台定位，实现了由中国船舶集团的核心民品主业上市公司到核心军民品主业上市公司的转变。通过上述一系列管理实践，中国船舶股份的资产、收入规模显著增长，产品布局明显优化，协同效应进一步发挥，抗风险能力进一步提升，核心竞争优势进一步巩固，高质量发展迈出坚实步伐。

此次运用市场化债转股、资产重组、发行股份购买资产、发行股份募集配套资金等多元化资本运作手段，通过制定动态风险管理策略，建立统筹联动管理机制和资产合规化工作标准等一系列管理措施与方法，形成了推动上市公司高质量发展的多元化资本运作管理的创新思路。公司荣获 2021 年度新财富“最具创造力项目”、证券时报第十五届中国上市公司价值评选“中国上市公司资本运作标杆奖”。此外，带领公司充分利用资本市场融资功能，狠抓管理提升，做好风险防控及“深蓝项目”经验总结，推动公司高质量发展，荣获第二十八届全国企业管理现代化创新成果一等奖（国家级）、2021 年度国防科技工业企业管理创新成果一等奖（省部级）、中国企业改革发展优秀成果一等奖（省部级）、2021 年度中国船舶集团有限公司管理创新成果一等奖（集团公司奖）、2021 全国国企管理创新成果二等奖（隶属国资委）共 7 项殊荣。

四、多元的投资者关系管理

投资者关系管理是上市公司与资本市场、投资者沟通的桥梁，是传递企业核心价值理念的纽带，是上市公司向资本市场展示自身形象的窗口。公司始终牢固树立强烈的责任担当意识，积极推动责任落实，努力实现履行社会责任和推动企业可持续发展的有机统一，树立良好的证券市场标杆形象。作为央企控股型上市公司董事会秘书，始终高度重视投资者关系管理工作，带领证券事务部通过“请进来走出去”等多种方式，做好投资者关系工作、市值管理和媒体监测工作，并建立了程序规范、专业高效、具有创新性的投资者关系管理体系。

（一）建立多元化沟通机制

持续优化投资者互动沟通机制，通过与投资者及市场相关方之间的信息沟通与交流，不断完善优化投资者沟通工作机制，消除信息不对称，通过业绩说明会、现场调研、热线电话、上证 e 互动平台、电子邮件、投资者电话会议等多种沟通渠道，对投资者的诉求、咨询和建议进行及时回应，努力与投资者建立长期稳定的良性关系。

同时，加强与投资者及买方分析师的沟通与联系。陪同机构投资者前往公司所属重要企业生产车间、码头实地参观交流，了解公司的重要产品、生产经验及特色管理情况，增强机构投资者长期投资公司的信心。投资者关系管理的全面发力多点突破，树立了资本市场良好形象。

因受新冠疫情影响，公司积极创新投资者关系管理工作内容，利用线上沟通以及电话问询方式主动开展投资者沟通。2022 年，公司线上投资者接待共 19 次/93 人次；举办业绩说明会 3 次，回复上证 e 互动问题 75 个。

（二）建立专业化和精细化服务

密切关注证券市场形势及船舶行业的法律、政策及舆论信息，及时采集所属企业生产经营等重要数据。同时，在业绩说明会召开前或定期报告等重要公告披露后，就投资者可能重点关注的问题提前准备答疑材料，统一对外口径，尽可能详细地向投资者做好说明、解释、答疑工作。在召开现场股东大会时，派专人对接服务，事前做好登记、会前做好联系、当天做好接待。

（三）加强与监管部门交流沟通

始终依法开展好合规治理工作，通过邀请监管部门走进公司展开合规培训、配合监管部门前往所属企业开展党史学习教育现场活动等方式，有效地建立起与证监会/证监局、交易所、国资委等市场相关方的互信关系。

同时，通过参加上海证券交易所举办的有关政策法规和规范治理的学习培训，组织相关人员积极参与涉及上市公司关联交易、对外担保等专题性业务研讨等，将公司投资者关系管理工作提升至更高水平。

11. 建发股份（600153. SH）：合规治理推动企业稳健运行 信息披露传递上市公司价值

董事会秘书　江桂芝

董事会秘书是上市公司与资本市场的桥梁和纽带，是推动公司规范治理的重要力量。江桂芝女士作为厦门建发股份有限公司董事会秘书，勤勉履职，对内加强公司合规治理，推动企业稳健运行；对外以信息披露为载体，不断提高公司的透明度，增进投资者对公司的了解和认同，向市场传递公司价值。

一、优化信披内容，兼顾合规性与灵活性

定期报告是法定信息披露文件的重中之重，年报和半年报的正文是专业机构投资者最关注的信息，因此是最佳的宣传载体。公司董事会秘书每年对公司年报、半年报中“管理层讨论与分析”章节进行重点优化，不断更新、细化公司业务模式表述，针对资本市场对于供应链运营业务存在的一些刻板印象，在定期报告中拆解介绍供应链运营业务服务环节。以服务制造业企业和纸浆、纸张产业链为例，以图文并茂的形式向投资者强调公司的“服务商”形象，获得机构投资者和券商分析师的认可。此外，公司董事会秘书在定期报告中主动披露公司更细化的财务数据和主要业务数据，便于资本市场投资者跟踪公司业务的成长性。同时，结合资本市场的关注热点和公司实际情况，公司董事会秘书不断挖掘公司业务亮点，并以“贴标签”的方式反复强调，在便于投资者理解的同时，不断加深市场对公司

的印象。

二、加强媒体宣传，挖掘宣传深度与广度

在宣传方面，财经新闻的内容与表述相较于法定信息披露文件可以更加灵活，能够有针对性地引导舆论方向，是法定信息披露内容的有效补充。截至目前，公司已入驻新浪财经、雪球网、东方财富、同花顺四大主流财经平台，并与三大证券报和其他财经媒体建立良好合作关系。公司定期在主流财经平台更新公司业务经营动态，便于资本市场投资者获取公司经营信息，了解公司业务发展情况。

在公司披露定期报告及对外投资、业务合作等事项取得进展的关键时间节点，公司董事会秘书组织公司证券部和品牌部围绕相关主题及近期市场关注重点，以更加通俗易懂、吸引眼球的方式撰写新闻稿件在各大财经媒体上刊发，扩大正向宣传声量。

2021 年度，公司年报新闻稿《建发股份 2020 年再创佳绩 供应链运营规模和效益均创新高》在中国证券网首发，获东方财富网、腾讯证券、同花顺财经等各类媒体转发 40 余次；年报新闻稿《建发股份 2020 年营收破 4000 亿元，供应链业务持续高增长》在经济网首发，获同花顺财经、腾讯新闻、今日头条等各类媒体转发 50 余次。

三、稳固沟通桥梁，构建多元化交流渠道

作为上市公司的“发言人”，江桂芝女士十分重视投资者关系管理工作，积极建设专业化投资者关系管理团队，搭建多元化沟通平台，与投资者形成及时有效的双向沟通机制，向资本市场传递公司的价值，增强投资者对公司的认知。江桂芝女士也带领公司证券部积极探索新型投资者关系管理方式，不断创新工作方法，提高工作效率，2021 年董秘工作中主要有以下亮点：

（1）公司业绩可视化传播：2021 年，江桂芝女士对公司年报、半年报

和三季报均个性化制作了“一图看懂”的长图，将公司业绩和经营亮点通过可视化方式解读，转换成通俗易懂的理解方式，以此加大对中小投资者的宣传力度，向投资者传递公司价值。三篇业绩解读长图的阅读量均在2万左右，达到了良好的宣传效果。

（2）举办网络业绩说明会：2021年，公司举办了两次网络业绩说明会，近百名投资者积极提问互动，取得良好效果。

（3）主动披露投资者交流活动记录表：2021年，公司主动披露了6份投资者交流活动情况表，将机构投资者调研情况对外披露，便于中小投资者了解公司调研活动动态及市场对公司的关注情况。

四、优化激励机制，助力公司高质量发展

近年来，党中央、国务院为深入贯彻习近平新时代中国特色社会主义思想和党的十九大精神，积极支持国有控股上市公司建立健全长效激励约束机制，充分调动核心骨干人才的积极性，推动国企实现高质量发展。

2020年，江桂芝女士积极推动公司实施了上市以来首期限制性股票激励计划，制定了合理有效的草案条款和业绩解锁目标，激励计划取得良好效果。2022年，江桂芝女士推动公司实施了第二期限制性股票激励计划，并扩大第二期激励计划的授予数量和授予对象范围。

公司于2020年和2022年分别实施的两期限制性股票激励计划，授予股份数量分别为草案公告时总股本的1%和5%。激励对象除董事、高管外，还涵盖一千多名中级管理人员和核心骨干员工，并将大部分激励股份向业务端中坚力量倾斜，充分做到核心员工重点激励。通过实施限制性股票激励计划，不断优化公司的长效激励机制，公司能够吸引和留住更多优秀人才，凝聚核心人员共同参与公司经营管理，推动公司实现高质量发展。

五、配合监管要求，积极参加行业内活动

公司董事会秘书江桂芝女士在中国上市公司协会中担任会员理事一职，

并积极配合参与厦门证监局、上海证券交易所、中国上市公司协会、厦门上市公司协会组织的培训活动和经验交流活动；积极参与上市公司相关规则的制定和修订工作，提出政策建议和意见。

2022 年，上海证券交易所在修订《上交所上市公司自律监管指南第 1 号——公告格式》时，向公司征求了相关意见，公司董事会秘书结合公司实际情况，对其中担保、财务资助、股权激励等方面的披露格式提出了修订建议。同时，江桂芝女士积极参与上海证券交易所举办的各类线上会议、活动，如参与产业债政策培训班等；积极响应上交所号召，配合华鑫证券和长城国瑞证券举办“股东来了”活动。江桂芝女士还参与了厦门上市公司协会组织举办的公司治理经验交流活动，作为受邀代表进行交流分享。

六、推动 ESG 建设，ESG 评级居 A 股前列

随着 A 股国际化进程的加速，越来越多的投资者关注公司的 ESG 表现。公司董事会已经意识到，随着公司股票被全球几家主要指数公司如 MSCI、富士罗素、标普道琼斯纳入各大指数序列，未来投资者将会逐步按照国际通行规则，以公司的 ESG 指数评价为依据来权衡自身的投资策略。因此，江桂芝女士十分注重企业社会责任方面的信息披露内容，带领公司证券部主动研究学习 ESG 的信息披露要求，加强对 ESG 信息披露的自我要求，致力于推动公司实现可持续发展。

针对 ESG 报告编制工作，2020 年江桂芝女士首次引入外部专业咨询机构协助公司编写中英文版社会责任报告暨 ESG 报告，并在后续年度持续优化公司 ESG 报告的披露内容。该报告参照全球可持续发展标准委员会（GSSB）《GRI 标准》“核心方案”编制而成，并广泛参考上海证券交易所《上市公司环境信息披露指引》及香港联合交易所《主板上市规则指引》附录二十七“环境、社会及管制报告指引”，符合国际各知名 ESG 评估机构的评价标准。

截至目前，国内各评级机构对公司的 ESG 评级大部分位于 A 股前列，

公司 ESG 实践案例被收录于中国上市公司协会汇编的《上市公司 ESG 案例汇编》，并获评“第十届中国财经峰会 2021 企业社会责任典范奖”“第十五届中国上市公司价值评选 · A 股上市公司社会责任奖”“2021 年 A 股公司 ESG 百强榜”。

12. 中国动力（600482. SH）：守正合规范　创新促发展

董事会秘书　王善君

王善君先生现任中国动力副总经理、董事会秘书。近期公司成功完成柴油机业务重大资产重组，解决同业竞争问题的同时，为下一步柴油机业务深度融合奠定了基础。公司信息披露工作连续三年获得上交所 A 级评价，连续两年获得“董办最佳实践案例”。

一、通过资本运作助力公司业务发展

为解决中船工业集团和中船重工集团联合重组后，公司与关联方在柴油机业务领域的同业竞争，公司于 2021 年年底正式启动重大资产重组，整合集团公司的柴油机业务。此次资本运作解决了同业竞争，也进一步明确了中国动力的主业定位，为未来柴油机业务的协同发展奠定了基础。作为项目主要负责人，在项目方案制定、实施和交割等环节主动作为、积极协调，保障了项目的顺利推进并维护了股东权益。

该项目总交易规模达 225 亿元，在对重组适用税收优惠政策仔细研究的基础上，积极开展税收筹划，避免了大额税费支出，实现暂缓缴纳企业所得税 6.4 亿元，减免印花税 1522 万元的良好效果。

项目完成后，公司柴油机业务市场占有率大幅提升。

二、开展形式多样的投关活动

2021 年参加证券公司举办的策略会 3 次；在公司接待机构投资人调研

28 人次；答复上海证券交易所 e 互动问题 53 次；开展业绩说明会三次，其中针对 2020 年年报两次，针对 2021 年半年报一次；积极接听投资者热线，答复投资者关心的问题，就公司和行业的发展情况进行沟通和交流。

2022 年公司业绩说明会除了常规模式外，主动探索在半年报披露后，邀请十余家机构投资者、分析师进行了现场面对面交流，深入沟通公司目前经营情况和未来发展规划。公司在 12 月初组织投资人和分析师赴子公司深入生产车间现场参观交流，更直观地介绍公司业务。

此外，积极响应投资人诉求，配合投资人中国信达接受财政部和银保监会调研，阐明资产管理公司业务对上市公司发展的意义。

三、对证券市场制度建设建言献策

国际可持续发展准则理事会制定了国际财务报告可持续准则（ISSB 准则），旨在促进全球市场信息披露的一致性和可比性，以满足投资者的信息需求。为更好评估采用 ISSB 准则对军工行业公司产生的影响，广泛征集子公司意见，组织公司各职能部门以及两位动力业务领域的专业独立董事对准则的部分条款进行探讨，最终形成了公司的修订意见。应中国上市公司协会邀请，作为主持人，董秘组织部分军工上市公司召开研讨会，形成书面意见，帮助制度制定者更好地了解国内军工企业的实际情况。

四、积极参与行业自律建设

作为中上协并融委委员，积极参加协会组织的“首届资本市场并购重组经典案例征集活动”，担任“产业重组”评选组组长，组织评选了中国资本市场近十年经典的产业重组案例。

五、及时跟进修订制度筑牢合规底线

随着 2019 年证券法的修订，近几年资本市场相关的规则、管理办法、指引等也做了大范围的修订，对上市公司的公司治理、规范运作等提出了更高的要求，积极应对监管变化，多次组织相关部门和子公司相关工作人员开展法规培训，帮助大家及时了解最新的资本市场法规要求，促进各项工作合法合规开展。同时，在2021年年底公司集中修订了证券事务相关的24项内部管理制度，并经过董事会或股东大会审议通过，为公司规范运作提供了制度支撑。

六、不断提高自身修养和履职能力

为了更好履职，董秘通过参加各种培训，不断提高自身的修养和专业知识水平，近两年除参加监管部门和自律组织组织的“刑法修订案”“上市公司治理专项培训会”等培训外，还参加了党的十九届六中全会专题培训班等培训共322学时，通过2022年注册管理会计师（CMA）考试，并与相关业务的同事进行分享。

除了公司内部管理外，董秘与监管机构一直保持紧密沟通，在规范治理、信息披露、资本运作等方面多次与证监会、河北证监局、上交所等机构人员进行交流，促进了公司各项工作的顺利开展。

13. 海立股份（600619. SH）：创新履职　推动国有企业改革与发展

董事会秘书　罗敏

一、策划、协调和实施资本运作项目，助力公司发展

海立股份为国有控股的上市公司，受国资委、证监会双重监督，而行业上下游以及竞争对手方面，鲜有这样的情形。两个方面的监管标准和要求，在一定程度上对公司的转型发展提出了更高的要求。2015 年，随着中央政府对国资国企改革工作的推进，上海方面也出台了国资国企改革 20 条建议，公司率先响应，从战略角度导入民营资本和产业资源，实施了发行股份购买资产并募集配套资金事项。罗敏女士负责主导推进此次重组并购、股权融资，一方面为公司业务发展筹集了资金，另一方面降低了付息债务的比例、降低债务利息成本，多方面提升了企业经营绩效。公司通过兼并收购实现扩大营收规模的同时，也进一步注入活力，有效改善了行业以及员工对国有企业的固有看法，并通过国企与民营之间机制、文化方面等冲突，择优整合，以更能服务市场为目标，提升企业经济效益。通过两者的整合，亦为后续国资国企改革提供了实践依据。

2020 年，根据公司多元化战略发展以及产业布局要求，董秘牵头启动非公开发行的再融资方案。在实施过程中，组织公司职能部门及各相关方全力按拟定的时间计划完成项目中各环节的审批程序及信息披露，迅速组织公司三会审议，推进与国有控股股东等的及时协调沟通，应对及回复证监会、交易所审批、披露关注内容，高效完成了三轮反馈意见的回复。在组织项目尽调过程中，根据各审批机构要求，完成了有关募投的尽调报告

及保荐书，与券商、律所、会计师等中介机构充分有效沟通，及时组织召开多次专项会议，确保项目能够顺利推进。在项目审批过程中，及时启动了意向、目标投资者的交流，积极组织并推进投资者的内部决策程序，组织完成了大量、多种形式的沟通交流，抓住股价窗口期迅速组织发行工作，最终超额认购 1.34 倍，实现足额募集资金 15.94 亿元，为公司产业转型升级的新领域产品产能提升及研发平台搭建提供了资金保障，同时提升了资本市场相关方对公司新领域业务的关注度。该次再融资也是公司自 1992 年上市之后最大规模的一次权益性资金募集，是公司发挥上市公司融资功能的又一重要里程碑。

二、积极建立健全投关管理，加强投关建设与开展模式

2021 年，董秘创新采用了“现场 + 网络”并全程直播的形式召开了 2020 年度业绩说明会，向线上和线下的与会投资者们介绍说明公司经营业绩情况与互动交流，对投资者们普遍关心的问题予以充分解答，倾听投资者对公司经营与发展的宝贵意见。活动现场邀请到多家国内外投资机构参会交流，当天直播页面浏览量 1151 人次，会后 15 家权威财经媒体及自媒体平台联动发布、转载活动相关报道，获得了较高市场关注度。此后均组织召开年度业绩说明会，并响应投资者的期待多次召开半年度、季度业绩说明会。其中 2022 年上半年，在上海地区因新冠疫情静默期间，仍积极召开年度业绩说明会，该次业绩说明会也同时参加了上交所“转型升级”主题周系列活动，说明会全程采用了视频结合文字互动的形式，并单独设置“云参观”环节，生动形象地向投资者展示了上市公司风采。

随着新《证券法》的生效及监管部门对投资者保护工作提出更高的要求，持续加强在投资者沟通与关系维护方面的工作，年接待投资者咨询、调研等 400 人次左右。设置专人负责投资者关系管理，协助在上证 e 互动、投资者邮箱、投资者热线、公司官网投关专栏等沟通渠道上及时响应投资者诉求与建议，保证“上证 e 互动”平台上的回复率保持 100%，并相应提高了各项问题回复的及时性。2022 年上半年上海因新冠疫情静默期间，

依旧做到投关热线能够畅通接听，有助于稳定投资者情绪，积极维护良好、和谐的投资者关系。同时，也积极推动通过公司内部媒体、微信公众号、官方网站、官方抖音号等自媒体方式及广受投资者关注的财经公众号等多种通道丰富与投资者们互动交流的渠道。2022 年 5 月，公司荣获全景网“中小投资者关系互动奖”“业绩说明会创新奖”的投资者关系工作系列金奖。

董秘一贯重视对投资者合法权益的充分保护，每次召开股东大会均设置“股东交流”环节。积极推动实施现金分红回馈投资者，2021 年度现金分红率为 50.37%，已连续三年现金分红率高于 50%，于 2022 年 6 月入围了中国上市公司协会“2021 年度 A 股上市公司现金分红榜单真诚回报榜”。这些荣誉既是对董秘工作的肯定，也大大提升了上市公司在资本市场的良好形象。

三、突出企业品牌价值传播，推动公司履行社会责任

良好的企业、品牌宣传管理可以使上市公司获得更多投资认同，是一项在市场和资本双重维度下实现企业自身价值的重要工作思路。推动开放、积极的宣传策略，围绕公司战略转型发展为中心，从平面、视频、线上、线下全方位立体式地展示公司形象，整合公司内部宣传资源，拓展对外沟通渠道。2021 年举办现场媒体沟通会，邀请外部专业财经类媒体 16 家，中、英、日文发稿、转载逾 400 篇，总曝光量超 1000 万。在对外信息策划方面，组织全面更新公司官网、形象片、PPT、样本对外四大形象渠道，为不同领域的受众打造更便捷的信息获取平台。2022 年适逢公司上市三十周年，策划实施“三十而立，从 XIN 启航”系列主题活动，依托公司发展历程上的重大事项，展望公司产业升级的转型战略，以技术/产品/项目等重要节点仪式、海立之夏等员工活动、企业巡展、活动标识发布等丰富的形式为载体，务实而隆重地庆祝公司上市三十周年，加强企业内部凝聚力和荣誉感，提升海立品牌和资本市场影响力。

在持续增加曝光度的同时，推动企业履行社会责任和践行可持续发展

战略同样是上市公司重要的企业价值展现。2009～2022 年公司已连续 14 年披露企业社会责任报告。2021 年年初，牵头全面开启了 ESG 报告工作，成立了由董秘具体负责的 ESG 领导小组，建立 ESG 管制架构，推动公司从上至下、全员参与的模式推进 ESG 体系建设，旨在探讨绿色低碳高质量发展之路，助力国家“双碳”目标。2022 年 4 月完成披露公司首份 ESG 报告，阐述公司在 ESG 方面的制度建设与工作表现，客观地披露了公司在 2021 年度可持续发展方面的管理和成效，极好响应了利益相关方及社会公众对公司的期望。

四、提升上市公司治理水平，持续完善风险管理

公司董事会设有三名独立董事，占董事会九个席位的三分之一。选聘的三位独立董事均为财务审计、企业管理、行业及法律领域的知名专家或学者，具有丰富经验和战略眼光。积极推动董事会内外部成员结构的进一步优化，自本届董事会开始，1 席股东委派的董事席位调整为非股东委派的外部董事席位，并选聘了资深的行业专家担任。这四位非股东委派董事完全独立于公司和大股东，以其高度独立性和专业性在董事会决策中发挥了充分的制衡作用，公司顶层治理结构得到提升。

同时董秘还负责领导公司内部控制工作，主导建立健全管制体系，明确由公司审计委员会负责监督内控管理政策执行情况，发挥上层作用；设置专职风控管理机构推进公司内控体系持续改进工作，通过明确内控流程、操作、监督和评估，完善内控自评管理规范与工作机制，以控制各类已识别的内控、运营、财务、法律及市场风险。同时，要求风控管理机构定期开展专项审计工作，包括对内控制度的建立与执行进行检查监督，以及内控缺陷的识别与整改。为完善公司治理结构，加强公司内部控制，指导风控管理机构根据实际情况的变化不断修订内部控制手册以及内部违规责任追究制度等内部控制制度，在整个经营过程形成规范的管理体系，保障公司经营管理合法合规，提高经营效率，促进公司实现发展战略。同时，非常注重各项制度的宣贯，通过专会、培训、检查等多种方式确保管理制度

和管控要求均得到有效落实，从机制建立和具体事务层面全方位协助上市公司不断提升内部控制管理。

公司全方位支持与配合董事会秘书履职，形成了公司独有的机制和做法。董秘同时担任公司副总经理职务，全面负责上市公司规范运作、信息披露、内部控制、投资者关系管理、法务管理、品牌商标等工作，能够全面介入公司规范治理的主要工作，及早参与公司重大事项的策划、决策，及时、完整地获取公司重要事项和信息。罗敏女士已任职董事会秘书 11 年，个人专业知识及能力获得了广泛认可，除副总经理、董事会秘书职务外，还受邀担任了华东师范大学硕士专业学位研究生校外指导教师，并独立撰写、发表了《上市公司市值管理和实践》《从顺势而为到乘势而上》《海立股份并购富生电器案例分析》等文；在与监管部门的交流沟通过程中，基于专业知识及经验的积累，积极对证券市场发展规范提出建议，就 B 股再融资、独董履职机制、股权激励税收政策等证券相关实务积极沟通。

近年来，在市场交易活跃，产品创新不断涌现，市场机制逐步发展，监管环境日益完善，参与主体不断增多等多重有利条件的推动下，中国资本市场逐步形成了多层次的市场结构。各方面监管政策不断推陈出新，更要持续加强自身学习，帮助上市公司在涉及资本市场、重大决策和规范运作等方面提出专业的见解与建设性方案，助力上市公司规范治理和价值提升，并获得监管部门的高度认可，已连续三年获得上海证券交易所上市公司年度信息披露考核 A 级评价。

14. 苏美达（600710. SH）：创新超越　行稳致远

董事会秘书　王健

董事会秘书是上市公司与监管机构、资本市场之间的桥梁和纽带，肩负着“三会”运作、信息披露、合规督导、投资者关系管理等重要职责，是上市公司治理机制中的重要环节。董事会秘书是否勤勉尽责、能否有效履职，直接关系着上市公司的透明度和规范运作水平。作为苏美达股份有限公司的董事会秘书，王健先生深知自己肩上的重任，始终坚持以高水平公司治理、高质量信息披露、高标准投资者关系管理，创新超越、行稳致远，助力公司高质量发展。

一、夯实基础，多举措提高公司治理水平

公司治理尤其是董事会运作是上市公司的基石。董秘严格履行“三会”运作、合规督导等职责，切实提高相关人员的合规意识和履职能力，促进公司规范运作水平稳步提升。一是助力打造“学习研究型、科学决策型”董事会。一方面，打造“学习研究型”董事会。积极“走出去”，组织董监高走访行业龙头公司及国机集团内兄弟公司，交流董事会在战略决策、投资管理、风险管控等方面的工作经验。积极“走进去”，带领董事会办公室牵头制定科学合理的调研计划，组织董监高陆续开展对所有子公司的专题调研，为子公司下一阶段的工作明确指导方向。为了更好发挥董监事作用，还组织开展“独董大讲堂”“务虚会”“头脑风暴会”等，广泛

征求意见，群策群力，汇聚众智。另一方面，打造“科学决策型”董事会。牵头认真筹备“三会”，会前安排认真准备会议材料，严控议案质量，积极与外部董事进行沟通并听取意见，会中营造轻松的会议氛围，引导董事们从不同角度发布专业意见，会后监督落实决议，安排董事会办公室制作《董事会月报》，向董事会汇报重大项目进展情况、月度经营情况等。二是推进完善制度体系建设。以证监会“上市公司治理专项自查活动”为契机，对制度修订工作进行了部署，梳理包括《公司章程》在内的公司治理相关制度22项，并制定制度修订计划逐项推进，目前已根据相关法律法规的变化，完成《公司章程》《信息披露事务管理制度》《董事会秘书工作细则》的修订。此外，还主持制定《董事会办公室授权管理办法》，切实规范授权程序，落实授权责任，完善授权监督管理机制，规范董事会授权管理行为，提高经营决策效率。三是大力组织董监高培训。一方面，安排董事会办公室组织公司董监高就相关法律法规、交易所相关规定进行培训，主要内容为新《证券法》、提高上市公司质量、监管形势通报、《股票交易类违规行为》等，以提升董监高的合规知识储备和履职技能。另一方面，积极组织各部门培训、子公司参加培训。带领董事会办公室不断加强纵横沟通，积极开展与资产财务部、战略投资部就公司治理相关制度与规则进行专题交流，为各部门赋能，共同构筑公司规范运作的坚实防线；积极对子公司开展“三重一大”制度与系统辅导，助力子公司提升治理水平。

二、健全体系，多维度提升信息披露质量

一直以来，董秘秉承诚信规范、务实高效的精神，认真做好信息披露的合规把关人。一是重视信息披露工作。积极组织和协调公司信息披露事务，汇集上市公司应予披露的信息并报告董事会，持续关注媒体对公司的报道并主动求证报道的真实情况。公司董事会办公室配备熟悉业务规则的工作人员负责信息披露工作，2020～2021年合规披露公告及各类文件共计202份，并连续两年获得上交所信息披露A级评价。二是推动信息披露协同审核。高度重视信披工作，推动信息披露协同审核，在OA流程中增加

业务核稿人审核，由相关部门负责人专业审核，各部门、子公司积极支持、配合公司信息披露工作的开展，保障公司依法合规履行信息披露义务。此外，在董事会办公室内部，要求每份公告都按照“三查七对”的要求进行双重复核，确保每份公告的质量。三是创新定期报告信息披露思路。针对公司业务非相关多元化、投资者不易理解的痛点，积极安排相关工作，促进董事会办公室与战略投资部、资产财务部协同，结合公司最新“十四五”发展规划，重新梳理公司业务，创新尝试分行业披露，重点突出公司优势与亮点业务，帮助投资者快速发现公司价值，获得来自资本市场的好评。四是加强ESG信息披露。为响应ESG趋势及“绿色发展”理念，履行央企责任，吸引更多优质长线机构关注公司，董秘指导董事会办公室开展相关工作，对接外部中介机构，推动ESG在公司的落地生根。公司于2022年4月12日披露了第一份ESG报告，并以“一图读懂ESG报告”的形式强化报告的宣传与解读。凭借在ESG方面的优秀实践，公司2021、2022年度均成功入选中国上市公司协会“上市公司ESG优秀实践案例”，获得Wind资讯AA评级及ESG评级工业行业分类TOP10榜单第二名、中诚信绿金科技（北京）有限公司出具的AA级评级，评级较以往有了大幅度提升。

三、积极作为，多渠道维护好投资者关系

按照打造备受投资者尊敬的上市公司总体目标，董秘负责组织和协调投资者关系管理工作，加强与投资者及潜在投资者之间的沟通，切实提高公司的透明度，努力做一个积极的资本市场主体。一是积极组织业绩说明会。为进一步加强与投资者的互动交流，维护投资者权益，同时增强市场认同、提升投资者信心，连续多年筹备定期报告业绩说明会，组织董事长、总经理、独立董事等出席，坚定地向市场传递公司声音。如2022年5月10日，精心安排与组织公司通过上证路演中心直播开展年报业绩说明会，对公司经营业绩进行了准确解读，并就发展战略、公司治理、业务布局等问题与投资者进行了详细交流。在中国上市公司协会评选中，公司与中国平安、工商银行、隆基股份等50家上市公司一同入选了“上市公司2020年

报业绩说明会最佳案例”。二是热情接待机构投资者。董秘严格执行《投资者关系管理工作制度》，按照制度化、流程化认真接待投资者现场来访、投资者联合调研。自上任以来，董秘先后与招商证券、申万宏源证券、华泰证券、中信建投、华创证券等机构投资者开展交流，让机构投资者从战略发展、财务经营、管理理念等多维度全方位了解公司情况。通过与资本市场多方面、多维度的沟通交流，近年来公司的市场关注度持续提升。在董秘和董事会办公室全体成员的努力下，公司的投资者关系管理工作也获得了市场认可，获评由证券时报社主办的第11届中国上市公司投资者关系天马奖主板最佳董事会奖及第五届“中国卓越IR”年度评选之“最佳资本市场沟通奖”。三是热心服务普通投资者。安排董事会办公室部署专人负责投资者电话、电子邮箱，做好相关记录并及时反馈，2021年接听热线电话342次，及时妥善处理投资者咨询、建议等诉求，每月汇总后反馈给董事会及管理层，提请关注和改进。同时，通过投资者互动平台，认真负责地回答投资者的问题，消除投资者的疑虑，2021年度共计回复“上证e互动”161次，回复率100%，真正做到了“有问必答”。

四、整合资源，推动产融良性互动

自上任以来，董秘高度重视资本运作，先后推动子公司江苏苏美达集团有限公司成功发行了多期债务融资工具，累计发行金额达到27亿元。一是发行普通债券。组织相关工作，推动子公司完成2021年度第一期中期票据、2022年度第一期超短期融资券、2022年度第二期超短期融资券，募集资金用于偿还存量有息债务，优化了子公司的债务期限结构、降低了子公司的财务费用。二是发行绿色债券。2022年度第三期绿色超短期融资券于2022年6月23日成功发行，募集资金用于支持公司清洁能源板块业务的发展，募投项目的运营有助于推动光伏发电事业的发展，可间接减少温室气体和大气污染物的排放，符合国家“碳达峰、碳中和”的战略。三是加强投资并购。围绕公司主业及战略发展业务，持续推进投资并购、完善战略布局，既扩大了产业规模，又实现了良好的价值释放。如引入团队组建跨境电商平台，打造符合公司实际需要的跨境供应链业务的科技数智化平台，构建外贸领域产业互联网；处置德国 ISH 子公司、光伏电站资产等，优化公司资产结构，促进资金回笼，有效整合资源，为公司拓展市场和业务发展创造良好条件。

为者常成，行者常至。董事会秘书是监管机构和交易所各项业务的联系者和责任者，是投资者和社会公众信息的传递者和沟通者，是公司治理和机制运作的组织者与协调者。未来新的征程中，董秘将从更强的工作能力、更强的规则意识、更多的敬畏之心三个方面出发，持续提升上市公司规范运作水准，加强公司内部控制与风险管理，推动公司高质量发展。

15. 马钢股份（600808. SH）：合规履职　谋定而动　护航上市公司高质量发展

董事会秘书　何红云

一、开展资本运作，助力公司发展

为了深化收入分配改革，健全中长期激励约束机制，与人力、财务等相关部门一起推动公司实施2021年A股限制性股票激励计划。激励计划于2021年12月14日获董事会审议通过，于2022年3月10日临时股东大会、A股类别股东大会、H股类别股东大会上获得非关联股东批准。该等股东大会原定时间为2022年2月28日，会议时间临近时，因新冠疫情等影响，预判H股类别股东大会较难顺利进行。恰好根据《中央企业控股上市公司实施股权激励工作指引》等相关规定，中央企业控股上市公司股权激励计划，经中央企业集团公司审核同意后，应报国资监管部门审批，彼时因疫情、假期及其他因素的综合影响，尚未获批。经与人力部门协商，在相关方的配合及支持下，主要基于国资监管部门的审批进度考虑，延期召开股东大会，即公告“本公司本次股东大会议案均为股权激励事项，现因国资监管部门下达批复的时间有所调整，因此，本公司延期召开股东大会”，从而兼顾资本市场及国资监管的双重需要。抓住股东大会延期的机会调动所有可用资源，多方争取股东支持，H股类别股东大会赞成率约80%。

该激励计划坚持激励与约束相结合的原则，明确业绩考核目标，有助于树立良好的资本市场形象，提振投资者信心，助力投资者对上市公司的价值认可；有助于营造尊重人才、尊重创造的氛围，更好地激发企业创新创效活力；强化定向精准激励，有助于提高聚才引才效果，为公司战略落地提供有力的人才保障。将高管以及核心骨干人员的个人利益与企业发展紧密联系起来，形成“利益共享、风险共担”的机制，提高激励对象的主动性和积极性，既可促进公司业绩持续增长，也可促进公司价值提升和国有资本保值增值。

二、开展“谨慎”信披，助力合规管理

作为 A + H 股上市公司，信息披露方面除了遵守境内相关法律、法规、规章、规范性文件及上海证券交易所规则等规定或要求以外，还需要遵守香港证监会、香港联交所相关规定，定期报告及临时公告需分为简体中文、繁体中文、英文三个版本，信息披露工作量很大，为此，公司搭建以董事会秘书室为核心，经营财务部、规划与科技部为两翼，其余相关职能部门、业务单元、子公司为基础的信息披露团队，调动所有能够调动的资源，充分发挥各方作用，合理筹划信息披露工作，信息披露及时规范并获好评。2019 年公司信息披露工作首次获得上海证券交易所 A 级评价以后，到 2022 年已经连续四年获得上海证券交易所 A 级评价。该最高等级的评价既是对公司信息披露工作的肯定，也是公司多年以来合规管理的外在展示。

三、开展“4R”管理，助力战略落地

（一）关联交易工作

中国宝武重组马钢集团以后，贯彻落实国务院国资委关于央企聚集主业的精神要求，按照“一企一业，一业一企”的原则开展专业化整合。该等整合包括废钢、租赁、保理、水务、原料、工业品、固废处置等领域，涉及大规模、多频次的关联交易。作为公司董事会秘书，从审批及披露的角度，整体筹谋年度一次性关联交易工作及跨期持续性关联交易工作，以“功成不必在我”的精神境界和“功成必定有我”的责任意识，全程重点参与专业化整合工作及其衍生的提高持续性关联交易上限工作：拟定时间进度、讨论工作方案、组聘中介机构、组织相关部门提供资料、尽职调查；

克服境外特别是中国香港疫情轮次暴发带来的困难，以及欧美资本市场环境变化的影响，督促香港中介机构按进度完成通函、独立财务顾问报告，通函、独立财务顾问报告在预期时间内获得香港联交所的审核通过；抢抓一切机会，与国际、国内投资者或相关服务机构进行多层面沟通，获其支持，为关联交易工作获得非关联股东的支持创造了必不可少的有利条件，为集团及上市公司战略落地打下坚实的基础。其中，金融服务协议在2021年11月股东大会上获得非关联股东的大力支持，赞成率71.36%，在公司同类交易中创历史新高。

（二）年度业绩说明会

公司年度业绩发布后，为增进投资者及其他相关方对公司的了解，于2022年4月12日通过全景网络路演平台，以中英文双语直播的方式，召开2021年度业绩说明会，出席人员包括董事长丁毅，董事、副总经理任天宝，独立董事王先柱，副总经理毛展宏，董事会秘书何红云，经营财务部部长邢群力。说明会上，首先，董事长就公司2021年度概况及未来发展致辞。其次，董事、副总经理任天宝解读公司2021年度业绩、ESG情况并对未来发展予以展望。最后，就公司通过公告、互动平台、电子邮件等方式征集到的，涵盖对钢铁大宗商品的看法及公司现金分红比例、2021年四季度亏损原因、近五年生产经营规划、生产、经营、研发、智慧制造、节能减排、信息披露、新特钢项目、股价、股权激励等多个方面的问题，以及参会人员现场的提问，公司相关人员在会议现场均予以耐心及详细回答。亮点：（1）业绩说明会方式。全景网作为平台方，提供非现场全网络直播服务，包括同声传译。依公司与平台方的沟通，会后直播视频在上海证券交易所上证路演中心挂网，该事项没有增加上市公司的工作。（2）增加ESG内容。公司根据国务院国资委及中国证监会的监管精神，在业绩说明会上新增ESG内容，该项举措具有一定前瞻性，与中国证监会新修订的《上市公司投资者关系管理工作指引》之精神契合，广受好评。

四、开展“以案促管”，助力规范运作

充分利用董事会秘书室的法律事务团队，针对境内外上市公司高频发

生的资金占用、违规担保、内幕交易等违法违规情况，结合集团及上市公司实际，组织专人收集整理上市公司经典案例或同行业上市公司案例、本省本市上市公司案例，以编撰马钢证券、专题报告，组织专题培训等形式，组织公司董事、监事、高级管理人员及相关职能部门或业务单主要负责人、业务骨干分析违规原因，对标查摆问题，“以案促管”，持续完善内部控制、强化风险管理，尝试搭建“合规，内控，风险，法治”四位一体的管控体系。

16. 海通证券（600837. SH）：夯实公司治理基石　护航海通高质量发展

董事会秘书　姜诚君

海通证券作为上海市属金融国企，不忘金融本源，融入国家战略，全力发挥金融服务实体经济作用，切实履行国有金融机构社会责任。公司将完善公司治理建设作为推动高质量发展的基石，致力于实现以客户为中心的发展、有效益的发展、共享成果的发展、可持续的发展。

自担任海通证券董事会秘书以来，姜诚君先生认真履职尽责，坚持规范创新，推动公司在资本运作、公司治理、信息披露及投资者关系管理等领域不断取得突破，助力公司在高质量发展之路上行稳致远。截至目前，公司连续七年获得上海证券交易所信息披露 A 类评级，位于国内同业领先梯队。

一、发挥投行专业优势，强化公司资本高效运作

凭借投资银行领域多年的工作及管理经验，通过再融资等资本运作项目助力公司高质量发展。姜诚君先生自 2017 年起担任海通证券董事会秘书，同时担任公司总经理助理、投资银行总部总经理。任职董秘后，充分发挥自身专业优势，积极推动公司再融资项目，于 2020 年 8 月顺利完成 A 股非公开发行，成功募集资金 200 亿元，创造出当时 A 股上市证券公司近十年来融资规模最大的再融资项目。此次发行历经证券公司股权管理新规和再融资新规的推出以及新《证券法》的颁布，面对监管制度和发行环境的重大调整，董秘带领团队不断完善与监管部门持续沟通机制，加大向境

内外投资者推介力度，确保发行方案顺利实施。此次发行完成后，公司资本实力显著增强，净资本、净资产规模排名大幅提升，募集资金为公司各项业务发展和信息系统建设等提供了强力支撑，为公司高质量发展提供了有力保障。同时，此次发行引入上海国资、央企、QFII 等多家境内外具备较大影响力的企业及金融机构，进一步优化了公司的股权结构。

二、完善公司治理机制，推动董事会规范高效运行

加强党的领导与完善公司治理相统一，持续优化现代公司治理架构与机制建设。2017 年，公司认真研究党建工作纳入公司章程的具体举措，率先在证券行业完成“党建入章”；2020 年，公司根据国有企业改革和党的建设有关精神，再次将党委前置研究讨论要求写入公司章程。在先后两次章程修订中，公司党委进入董事会成员，就党委形成意见与其他成员充分沟通，使党委主张在决策中得到充分重视和体现。在此过程中，为推动董事会规范运转，保障董事高效履职，董秘带领团队持续完善董事会战略研讨、重大事项事前沟通、董事会前组织专门委员会讨论沟通、安排审计师专项沟通、管理层与董事专题讨论等机制，确保董事会决策权得到落实。海通证券作为 A + H 两地上市公司，这样的公司治理成果来之不易，同时也为证券行业贡献了经验与智慧。

三、注重信息披露质量，提高公司规范运作水平

通过高质量信息披露传达公司价值，持续提升公司信息披露水平和规范运作能力。任职董秘期间，推动公司持续完善信息披露制度体系建设，秉承“真实、准确、完整、及时、公平”的原则，立足合规，认真履行信息披露义务，持续创新，积极探索自愿性信息披露；深入挖掘强化战略执行亮点，在定期报告中多视角、全方位展示公司战略实施成效；结合宏观经济金融形势，充分考虑投资者关注的热点问题，为投资者价值判断和投资决策提供有效信息。公司致力于践行信息披露最佳实践，不断提高信息

披露的有效性和透明度，切实保障投资者的知情权。公司在上交所信息披露工作评价中连续多次获得最高评级 A 级，彰显出上交所对公司在资本市场合规，尤其是规范运作、信息披露等工作的高度肯定。

四、创新投资者交流方式，增强资本市场沟通效果

主动探索投资者关系管理和权益保护的新方式和新方法，不断丰富投资者沟通媒介。在 2022 年上海疫情防控的特殊时期，公司积极响应监管部门号召，以“网络直播 + 电话会议”的形式组织召开 2021 年度业绩发布会及 2022 半年度业绩发布会，会议面向全市场投资者，在多个平台同步直播，并通过邮箱征集与连线回复等方式加强与投资者的互动交流，进一步提升了投资者的参会体验，扩大了发布会的覆盖面及影响力。在投资者日常沟通环节，以非交易路演为契机，加深境外投资者对中国经济、金融改革发展和证券行业转型的认知；通过反向路演、接待投资者实地调研等方式，有效增进与投资者的互动交流。同时，积极发挥投资者关系管理工作双向传导作用，及时将投资者建议反馈至经营管理层及相关部门，推动公司形成更加关注市场表现、更加注重价值创造的氛围。

五、建言资本市场改革，服务证券行业发展大局

积极建言资本市场改革，为证券市场健康发展、更好服务实体经济做贡献。任职董秘以来，多次组织公司各部门就证券市场发展规范提出意见和建议。此外，曾担任证监会第六届上市公司并购重组审核委员会委员，自 2019 年 11 月起担任上海证券交易所第五届上市委员会委员，为交易所切实履行证券发行相关职能贡献力量。

设立科创板并试点注册制是一项复杂的系统性重大改革，证监会、交易所、证券业协会、中证登曾就相关规则向市场提出多轮征求意见。在此背景下，董秘组织公司相关部门从多维度、多市场、多层次就制度优化提出政策建议和意见，向监管部门提交了《海通证券关于科创板业务规则

（征求意见稿）的建议》《关于中国证券登记结算有限公司规则（征求意见稿）的建议》《关于商请配合开展设立科创板并试点注册制相关情况调研内容回复》等多项征求意见回复。其中，多项建议具有较强实践意义，得到了监管部门的认可，例如“建议降低已境外上市的红筹企业申报科创板市值要求”“建议严格投资者准入，提高询价投资者门槛”等。改革实施以来，各级监管部门多次就注册制深化改革进行业务调研并组织相关座谈会，海通证券亦承担起头部券商责任，以丰富的注册制项目经验为基础，就监管的相关议题如“如何提高审核质量和效率”“在市场服务、项目受理、审核问询、现场督导、投诉举报等核查方面的改进建议”“对于注册制下发行承销制度的建议”等进行讨论回复。其中，海通投行曾就发行定价制度向监管提出三点建议，在 2021 年 9 月询价新规改革中均被采纳。2022 年，证券业协会组织撰写“证券行业高质量发展目标及行动计划”，海通证券作为主要撰写单位主导撰写了“加强投资银行能力建设、增强服务实体经济能力”“协调稳健发展场外业务、丰富多层次资本市场”等章节。

六、深入践行 ESG 理念，传递可持续发展价值

着力提升公司 ESG 管理能级和信息披露水平，在推动经济发展的同时创造环境及社会效益。公司明确作为上市公司、金融公司以及企业公民的角色定位，2011 年 4 月披露上市后首份年度《社会责任报告》（2010 年度），在当时金融行业中仍属于“少数派”。此后连续十二年，公司一直坚持发布《社会责任报告》，成为践行 ESG 理念、打造可持续金融新业态的先行者。高质量的 ESG 信息披露离不开高质量的 ESG 管理，公司在行业内较早设立了董事会发展战略与 ESG 管理委员会，搭建起自上而下的 ESG 管理架构，为公司 ESG 工作的全面推进提供有力的治理保障。公司大力推进 ESG 风险管理体系建设工作，制定《海通证券股份有限公司（集团）ESG 风险管理办法（试行）》《海通证券股份有限公司（集团）客户 ESG 尽职调查指引》，确保各业务在可承受的 ESG 风险范围内有序运作；并按照国

际气候相关财务信息披露工作组的建议框架，开展气候变化风险的识别及管理。公司是较早发布温室气体减排等环境管理目标的证券公司之一，并于近期发布“十四五”期间“碳达峰、碳中和”行动方案，以实际行动助力国家“双碳”目标实现。2022 年，海通证券在明晟（MSCI）ESG 最新评价中获得 A 级，并成功入选地方国有企业社会责任·先锋 100 指数，表明公司 ESG 管理成效获得了资本市场的高度认可。

董事会秘书是公司内部治理的推动者，是公司规范运作的坚守者，是公司长期价值的传播者，是公司股东权益的维护者。在多层次资本市场建设深入推进、董秘角色及价值日益凸显的背景下，将继续立足岗位、履职尽责，不断丰富创新公司治理、信息披露、投资者关系管理、规范运作、ESG 管理等工作的内容和形式，以专业服务助力公司价值提升，为中国资本市场健康发展贡献积极力量。

17. 伊利股份（600887. SH）：因时而进　夯实现代化治理基石　应势而新　加速高质量发展步伐

董事会秘书　邱向敏

作为提升上市公司质量的责任主体，内蒙古伊利实业集团股份有限公司以实业立基，多措并举，持续推动高质量发展。在公司董事长支持下，董事会秘书勤勉尽责，精进探索工作方式，形成高效健全、透明规范、多元协同的合规运作体系，助力公司高水平治理、高质量发展。

一、做公司合规运作的坚守者，夯实公司治理基础

规范运作紧贴政策前沿，持续完善内控制度建设。公司董事会秘书通过研究公司治理政策法规，结合公司实际情况，建立制度更新机制，确保规范运作时效性。2022 年 1 月，监管层发布多项新规，公司全面梳理研究，制定《公司对外捐赠管理制度》《公司对外提供财务资助管理制度》及《公司投资者关系管理制度》，并对《公司独立董事制度》《公司董事会审计委员会实施细则》《公司内幕信息知情人登记制度》等进行修订。

“三会”管理有序统筹，高质量工作流程保障精细化运作。公司董事会秘书以法律法规为准绳，以公司制度为依据，持续完善“三会”审批前置程序，通过重大事项如投资并购、股权激励等动态账目化管理方式，为准确判断“三会”召开节点、有效健全“三会”治理机制提供保障。在“三会”召开中涉及的各项工作流程都会通过“会前掌握规则、会中把控节点、会后跟进复盘”机制开展，确保公司战略决策精准、高效。

坚守合规治理底线，增强全员合规意识。公司董事会秘书积极落实监管规则的宣贯工作，定期组织董监高及相关人员参加合规培训；每逢定期报告、重大事项等，提前向大股东、董监高人员及内幕知情人发送窗口期提示。2022 年，公司董事会秘书根据不同证券市场的参控股公司情况，通过组织沟通会议、监管案例解析等方式，全面提升合规意识。

二、做公司信息披露的管控者，提升公司信息披露质量

健全完善工作机制，筑牢信息披露合规底线。公司通过建立董事会秘书参与经营决策、重大信息报告、外部信息联动等机制，确保信披高质量合规运作。在公司董事会秘书的带领下，董事会办公室以流程化作业、明确化分工、精细化审核方式，高标准、高质量推进信披工作，确保披露内容真实、准确、完整、及时、公平。

积极探索主动性披露，不断提高信披透明度。公司充分考虑信披受众需求及对资本市场影响等，在定期报告中主动披露行业发展趋势、核心竞争力、经营计划等信息，并连续多年发布《可持续发展报告》《生物多样性保护报告》等专项报告。截至目前，公司共主动披露专项报告 20 份。

精准传递公司价值，确保有效性、一致性及可读性。公司高度重视信息披露一致性。公司每年在定期报告中分析业绩增长驱动因素、业绩指引等，便于投资者持续了解公司；定期报告及重大事项披露后会通过长图、短视频等形式呈现；临时公告语言通俗易懂，专业术语以注释形式解释；股权交易、超短融等公告均以结构图、分类表形式增强易读性。

近两年，公司均荣获上海证券交易所信息披露工作 A 级评价。

三、做公司投资者沟通的践行者，有效提高投资者关系管理水平

充分尊重投资者，提升投资者沟通效果。公司与投资者保持高频且高效的沟通。2022 年截至目前，公司通过电话沟通会、业绩说明会等形式进行了 145 场投资者活动，除投资者热线、投资者微信公众号、上证 e 互动

投资者问答等日常沟通方式外，公司还为有需求的投资者免费邮寄印刷版年报。2021 年起，公司创新开展“伊利股份投资者日”活动，让投资者全面、深入了解公司经营情况；同时，通过线上直播，让更多投资者参与。更加开放、多元化的投资者沟通形式，为广大中小投资者与公司交流创造了更多机会，进一步拉近了公司与投资者的距离，提升了投资者对公司的信赖与支持。

切实回报投资者，提升投资者获得感。公司董事会秘书积极筹划投资者回报工作，第一时间安排红利发放，紧凑有序的过程和高额回报受到投资者好评。上市 26 年来，公司分红 22 次，现金分红总额达 365.89 亿元，分红频次、规模、比例均稳居 A 股前列。2022 年，公司同时入选中国上市公司协会 2021 年“上市公司丰厚回报榜单”及“上市公司真诚回报榜单”。

构建可持续发展沟通体系，传递公司可持续发展价值。除专门设计英文版本的年度报告与可持续发展报告外，随着外资投资者对公司可持续发展关注度的提升，公司与外资投资者保持积极沟通。公司董事会秘书持续关注可持续发展政策变化，并与 Sustainlytics、标普 CSA 等评级机构沟通学习。公司 ESG 工作连续两年入选中国上市公司协会《上市公司 ESG 优秀实践案例》。

完善资本市场研究矩阵，有效支撑投资者沟通工作。公司董事会秘书重视资本市场研究工作，定期围绕投资者关注的宏观趋势、供应链动态等方面形成深度报告；同时，通过行业动态追踪、股东分析专项报告等形式，实现多层次研究覆盖。截至目前，2022 年共完成报告百余篇。

四、做公司资本运作的统筹者，积极探索助推公司战略升级

前瞻实施激励计划，助推公司战略目标实现。2019 年，公司董事会秘书深入研究政策法规、市场案例，听取投资者建议，结合行业趋势及企业长远目标推出“2019 年限制性股票激励计划”；2020 年，公司董事会秘书牵头相关部门研究讨论，创新性推出“长期服务计划”，鼓励核心人才长

期扎根服务公司，应对复杂的外部环境和激烈的市场竞争。

围绕中长期目标实施并购，加速完善全球布局。2019 年 8 月，公司成功收购新西兰第二大乳业合作社 Westland，全球布局取得重大突破；2020 年 8 月，公司通过收购中地乳业提高对上游牧业资源掌控度，巩固龙头地位；2021 年 10 月，公司入股澳优乳业，并于次年成为其控股股东，强化奶粉及营养品领域竞争力。

实施超百亿规模定增，蓄势后千亿时代新增长。2021 年 2 月，公司董事会秘书全程策划推动公司再融资方案，并于 2021 年底完成公司非公开发行事项，募集资金 120.47 亿元，不仅是当年 A 股市场消费行业规模最大的竞价定增融资，也是再融资新规以来 100 亿元以上参与申购家数最多、发行折扣最低、认购倍数最高的定增项目，助力公司驶入“后千亿”新增长阶段。

五、做公司对接监管机构的联络者，共建良好资本市场生态

充分发挥头部企业作用，献计资本市场高质量发展。公司积极参与监管机构及自律组织相关制度修订、政策建议、行业调研、问卷调查等工作，积极配合为监管层提供意见支持。如公司为上海证券交易所提供关于统一公告格式指引建议，为中国上市公司协会提供关于《独立董事履职指引》建议、《上市公司高质量发展研究》建议、股权激励个税建议及新金融工具准则执行问题建议等。

主动承担责任，参与监管机构及自律组织各项工作。公司作为中国上市公司协会副会长单位，主动承担中国上市公司协会相关事务，积极配合完成培训学习、案例征集、独立董事人才信息库等工作，为协会提供高质量支持。公司董事会秘书作为中国上市公司协会第三届董事会秘书委员会委员，积极参与相关工作事务，同时，董事会秘书作为中国上市公司协会第一届 ESG 专业委员会委员，后续也将充分发挥专业优势和实践经验，助力 ESG 专业委员会更好发挥平台作用。

近几年，公司参与了上海证券交易所组织的沪伦通 GDR 业务推介会、

“国际投资者线上走进上市公司沙龙”活动、国际可持续披露准则专题调研会、上交所投资者服务周“走进上市公司”以及中国上市公司协会“董办工作实践交流会”等活动。2022年，公司董事会秘书协助内蒙古证监局向辖区上市公司分享投关管理经验，受到监管机构认可。

未来，公司董事会秘书将继续在各级监管机构与自律组织的指导与支持下，充分发挥董事会秘书的职责与作用，创新工作方式、丰富工作内容、落实各级监管层、自律组织的各项任务，持续巩固公司规范运作能力、提高信息披露质量、提升公司治理水平，强化公司可持续发展能力，助力公司加快高质量发展步伐，助推中国资本市场高质量发展新航程。

18. 内蒙一机（600967. SH）：坚守强军首责　提升治理水平　推动高质量发展

董事会秘书　王彤

董事会秘书是上市公司与资本市场之间的重要纽带，是协助公司实现资本市场价值的关键角色。在不断变化的内外部环境中，既要求具有把握基本原则的定力，又要有保障效率的灵活，既要有审慎周全的思考能力，又要有明辨是非的判断能力。在这个充满挑战的岗位，王彤先生经历了资本市场的加速变革和公司的跨越式发展，通过多年的笃学不倦、明辨慎思，在股权激励、信息披露、市值管理、公司治理、改革改制等方面跟大家做一下分享。

一、推进股权激励实施，促进经营机制转变

2020 年公司董秘积极推动公司启动限制性股票激励计划，并为引进人才安排了股份预留。2021 年积极推进股权激励计划实施，经过国资委五轮沟通同意后，及时、高效地组织召开董事会、股东大会修订草案、锁定成本、调整激励对象名单。通过股权激励计划的实施使董高、核心技术技能人员、经营骨干成为公司股东，与公司及股东成为利益命运共同体，参与公司决策、分享利润、共担风险。股权激励的考核业绩指标给市场传递公司未来业绩较高增长的明确预期，将进一步巩固公司稳健增长的良好市场形象。

二、高效提升信披水平，有效传递公司价值

信息披露是投资者了解公司最直接的路径，那就需要上市公司站在投

资者立场使信息披露更充分、更真实地反映公司价值。在披露过程中董秘对信息披露文件确定了三个披露层次：首先，要能呈现产品价值，完整展示公司价值的各方面信息；其次，要通过有效的途径和方式把价值信息传递给投资者；最后，投资者要能认识到信息呈现的价值，将其作为投资判断和决策的重要依据。叙述性披露始终坚持的是，恰如其分地披露企业的发展，依托于对历史数据的梳理，描述一些未来发展趋势的信息，通过有效的披露建立一个有共识的基础，减少信息被误解地传播。通过介绍公司在技术创新、市场开拓、管理提升的重要成果，特别是新增战略客户和新能源产品结构，进一步提升机构投资者的信心，争取将这部分机构投资者转化为持有公司股票的战略投资者，推动市值回归合理区间。

三、推进良好投资者关系管理，提升市值管理效果

投资者关系管理是目前上市公司通用的市值管理方式，也是普遍认为配合市值管理行之有效的方式之一。因此作为董秘要在日常工作中认真做好与投资者、分析师、媒体与监管机构的关系管理与信息沟通。

与行业重点分析师保持日常沟通。卖方分析师的研究报告在资本市场信息不对称的情况下发挥着重要作用，同时对投资者的投资行为也有一定的引导作用。先后邀请各大券商赴公司调研参观，针对订单情况、定期报告、股权激励等特定事件等进行专项点评。

积极邀请股东走入上市公司。为使股东对公司经营情况有更为翔实的了解，先后多次邀请重点股东赴公司进行参观考察，使其对公司由主观判断提升为直观感知。特别邀请股东及研究机构参加了第十三届、十四届中国国际航空航天博览会（珠海航展），增强股东对公司未来长期发展的信心，形成了长期共赢的投资共识。

主动出击融入市场。主动参加各类券商策略会，以一对一、一对多等形式广泛接触潜在投资者，形成统一共识，促使潜在投资者成为公司战略投资股东。

深入细化股东分析。每旬针对重要股东的结构和持股情况变化进行分

析，编写股东名册分析报告，及时分析对比股东持股变化，呈现最新股东结构。特别是对前二十名股东变化情况予以关注，发生重大变化时主动联系对接。

有效维护与媒体关系。做好日常舆情监测工作，尽量避免由于媒体报道引发公司股价波动。关注重点舆情引导，在良好业绩披露后、重大合作发布后，做好利好信息传播工作，维护公司舆情平稳。公司先后获得《上海证券报》“最佳董事会”、凤凰传媒“优秀董事会”奖项。

与监管层保持持续沟通。日常与监管机构做到一个月至少一次电话沟通，一个季度一次登门汇报，积极参与监管局、交易所的各种调研、问卷的编写，通过这种良好的互动与相关部门保持沟通，把握最新的监管动态和最新的监管规则，并及时传递至公司管理层。

畅通业绩说明会沟通渠道。积极响应国务院国资委、中国证监会、中国兵器工业集团公司及上海证券交易所要求，通过云参观等多种形式组织网上业绩说明会、参与兵器集团集体说明会和内蒙监管局投资者交流会，邀请公司高管出席。通过与中小股东网络交流，全面介绍公司发展历史、行业地位、市场布局、研发实力及战略部署，以及公司聚焦高质量发展一系列有效举措。

四、增强内部公司治理效能，同心聚力促发展

持续完善公司运行机制，发挥党的引领作用。将党建有机融入公司治理，完善治理制度体系和运行机制，为各治理主体规范运作、高效运行、有效制衡、科学决策奠定了坚实基础。坚决执行董事会决策重大经营管理事项应当事先经过党组织前置审议的规定，确保党组织发挥“把方向、管大局、促落实”的作用。根据国企改革三年行动依法落实上市公司董事会各项职权，规范董事会授权机制，建立董事履职考核制度等。2022 年公司获评了国务院国资委国有企业公司治理示范企业。

完善决策沟通机制，实现全方位高效沟通。一是确保董事在会议召开前能够通过调研、电话、邮件等形式与相关部门对议案展开深度研讨，并

以专业精神和独立态度发表意见，为董事会科学高效决策发挥重要作用。二是董事会会议决策建立了良好的集体决策机制，在关联交易决策中关联董事进行回避，切实保证董事会决策的独立性。三是对董事会会议内容进行详细的记录，保证会议中的重要发言得到记录，便于将来对公司董事会决策过程进程评估时掌握重要的决策过程信息。四是以现场会议＋视频会议、电话会议等多种方式组织召开董事会及专门委员会会议，确保内外部董事按时参会、顺畅交流，决策意见表达充分、合规、有效。五是确保决策过程、决策内容在第一时间得到如实准确披露，连续两年在上海证券交易所信息披露评级为A。

发挥独董专业优势，助力董事会高效运行。独立董事是上市公司治理结构中的“特别群体”，在董事会中地位和作用尤为重要，因此董秘特别注重独立董事在董事会决策作用的发挥。一是确保独立董事在董事会及专门委员会“有职有权”。独立董事在董事会中占五分之三，董事会提名薪酬与考核委员会全部由独立董事担任主任委员，审计风险防控委员会全部由独立董事占多数且出任主任委员，还专门设置了董事会科技发展规划委员会，由独立董事中的专家学者担任委员，有效提升了董事会科学决策水平。二是充分发挥独董专业优势、起到决策智囊团作用。一方面确保会议召开前深度研讨掌握生产经营管理情况，充分交流提出建议，为董事会科学高效决策发挥重要作用。另一方面在事关公司长远发展的决策中广泛征求独立董事意见。公司职能管理机构调整时，独立董事提出去科设室，避免机构设置行政化。“十四五”规划将“四个一机”丰富为“五个一机”，使实现共同富裕的“幸福一机”成为企业愿景。动议提出股权激励议案，并在指标设计关键环节提出具体建议，增添企业发展新动能。率先提出介入工业互联网领域智能制造产业布局未来发展，深度解读美国对中国“长臂管辖”造成的影响，为科学理性积极应对提供了对策支撑。三是充分保证独立董事决策不受控股股东、实际控制人和其他因素对独立性的影响。注重保护中小股东合法权益，注重中小股东投资者投票情况，并就中小股东投资者关注问题积极讨论反馈经营层。在实施股权激励中，全体董事推举一位独立董事作为征集人向全体股东征集委托投票权，有效发挥了独立董事的作用。

坚持“两个一以贯之”，夯实规范治理根基。全面履行党委把方向、管大局、促落实领导职责，组织修订《党委工作规则》，细化党委研究决定 62 条事项和前置研究讨论 71 条事项清单，建立了以公司章程为核心的制度体系。为公司治理规范化进一步提供了制度依据。持续开展资本市场合规宣传教育活动，通过集中学习、培训、编制“证券信息简报”等传达监管机构颁布的政策法规精神及具体要求，讲解资本市场最新的监管动态及案例，督促董监高人员自觉学法知法，在源头上减少违规行为发生的可能。

五、积极参与政策修订、推广治理经验

积极参与上海证券交易所行业披露规则的制定，特别是对军工行业的特殊性予以深度分析说明，多次参加交易所披露规则讨论。参与中国上市公司协会 ESG 披露标准军工专题讨论，针对 ESG 披露过程中军工企业的涉密问题提出建设性意见。在兵器工业集团公司上市公司交流中，针对公司治理、股权激励进行专题分享，在提高上市公司高质量发展专题会议上就 ESG 披露做专题分享。

六、取得成绩

2021 年、2022 年连续两年在上海证券交易所信息披露评级为 A，2019 年公司荣获行业分析师投票评选的 2019 年“A 股漂亮 100”潜力榜；2019 年、2020 年连续两年获得《董事会》杂志“董事会价值创造奖”；2021 年荣获《证券时报》主板上市公司评选“天马奖”最佳董事会，入选中国上市公司协会 ESG 优秀案例，《上海证券报》2020 上市公司“金质量”奖评选精锐董秘奖，2021 年《证券时报》“天马奖”最佳董秘。

19. 大秦铁路（601006. SH）：勤学慎思稳行　助力公司高质量发展

董事会秘书　张利荣

上市以来，大秦铁路始终高度重视董秘在规范运作、价值创造、战略谋划方面的积极作用，选聘董事会秘书张利荣女士担任董事、董事会审计委员会委员、副总经理等职务，为其依法、规范、高效履行职责创造了条件、提供了保障。任职以来，张利荣女士严格对标履职，切实发挥在铁路运输、资本市场两方面的专业所长，积极推进监管政策落实落地，认真组织落实“三会”的各项决策部署，强化董事会日常事务管理，在信息披露、投资者关系管理、公司治理、资本运作等方面，创新融合、互促共进、持续优化，整体工作得到监管部门、市场和相关方广泛认可。张利荣女士蝉联证券时报天马奖“主板上市公司投资者关系最佳董秘”；荣获新财富“金牌董秘”；在第十五届中国上市公司价值评选中荣获“主板上市公司优秀董秘”；在2022All－Asia Executive Team评选中，获得中国大陆交运行业最佳IR个人排名第三。

一、多措并举开展资本运作，持续助力公司发展战略

作为公司负责资本运营的主管人员，张利荣女士充分发挥专业所长，持续跟进市场发展变化，以发挥协同效应、拓展路网规模为主线，开展多种形式的资本运作，切实助力公司可持续发展战略。

审时度势，合理运用公开增发，中期票据、公司债券、短期融资券、可转换公司债券等市场融资工具，累计募集资金1030亿元。其中股权融资

635 亿元，债权融资 395 亿元，在满足公司资金需求的同时，为推进铁路资产资本化股权化证券化进行了有益实践和经验积累。

牵头组织实施了收购唐港铁路国铁股权事项，进一步增厚了业绩，有效提升了煤炭集疏运体系的完整性和独立性，为大秦线稳量提效奠定了基础；实施了连续两次出资浩吉铁路，成为其持股 10% 股东的重大投资事项，初步构建起“西煤东运 + 北煤南运”的战略格局，切实巩固了大秦铁路在煤炭重载领域的战略地位，为后续提高盈利能力和市场竞争力，满足战略发展需要奠定了基础。组织实施的发行 320 亿元可转债募投项目，创造了 A 股市场非银行业最大规模可转债、交通运输行业最大规模股权融资等多个市场记录。

二、以信息披露为核心，取得上市以来全优成绩

张利荣女士始终把信息披露作为核心和第一要务，结合行业特点和公司经营实际，经过持续修正和反复完善，初步形成一套行之有效的信披管控流程，取得良好成效。其主管的信息披露工作连续 16 年获得上海证券交易所评出的最高等级，取得了全优成绩。

一是重抓信息披露制度建设。结合行业特性和工作实际，在制定《信息披露管理办法》的基础上，建立了《信息披露工作细则》，对各项重大信息源点的确立、收集、筛选、反馈、审核等整个流程进行细化规定。董秘全程参与公司重大经营事项的立项、可行性分析及研究决策，依规参加总经理办公会及与信息披露事宜有关会议，享有充分知情权和信息披露建议权。

二是规范信息披露工作流程。坚持关口前移，在公司内部建立了互控复核、联签审批等专项制度，严把信息出口关，从源头杜绝错报、漏报等问题。对需集中披露事项，组织专题会议，针对性遴选出的需关注重点事项持续跟进；锁定关键节点确定时间表、责任部门，形成“横向到边、纵向到底”的信息披露整体方案。

三是持续拓展信息披露内容。主动披露有利于投资者了解公司经营情

况的重大信息，自2014年起逐月披露核心经营资产大秦线运营指标，受到市场广泛欢迎。主动承责，面对市场广泛关注的安全事故、媒体报道，立即启动应急处置预案，收集事件进展和最新动态，及时公告，正面回应市场关切。

四是致力打造信息披露合力。为避免“信息披露就是董办的事”这种现象，切实保证信息披露工作质量，致力于不断拓展信披“朋友圈”，在各职能部门确定专管人员，构建起以董办为核心、全员参与的大格局。加强相关人员的针对性培训，不断提升全员的思想自觉和行动自觉，形成做好信息披露工作的整体合力。

三、与时俱进，创新推进投资者关系管理工作

做好投资者关系管理工作是资本市场践行以人民为中心发展理念的体现。张利荣女士坚持与时俱进，创新服务理念、渠道和方法，从业绩、品牌、战略等角度主动发声，切实尊重和维护投资者的合法权益，与重要投资者建立了持续、良好的沟通交流渠道，构建了多层次的投资者关系管理体系。

一是健全以定期报告为时点，业绩说明会为载体的定期沟通机制。探索并建立了以定期报告为时点，业绩说明为载体的定期沟通机制，赢得市场和投资者的好评。特别是2020年以来，积极响应监管要求和倡议，进一步创新完善业绩说明会的组织和呈现形式，总经理“出镜”解读经营业绩、管理层全员参加互动交流、向市场征集问题等特色做法，持续提升了业绩说明会的质量及效果。

二是适应新形势，运用新技术，与投资者多渠道互动。编制电子可视化年报，将传统文字、报表“转化”为灵动的智能仪表盘、小动画等，帮助投资者更好进行价值判断。以充分传递价值为目标，参加业内主要券商组织的策略会、沟通会及路演推荐等活动。加强与机构投资者、交运行业主要分析师等市场主体的有效沟通，形成有影响力的研究报告，充分传递公司价值。亲自回复上证e互动问题，及时聆听投资者的咨询和建议。

三是借力专业平台，充分传递公司价值。鉴于铁路行业运输组织的特殊性，多次组织较大规模的现场调研活动，为投资者提供现场参观和实地考察的机会。近两年承办并组织了“走进大秦铁路”“世界投资者周之大秦铁路专题行”等大型调研活动，进一步增强对铁路行业及公司的感性认识，提升股东的获得感。

四、坚持严谨规范，持续提升公司治理效能

诚信规范是资本市场的基石。公司始终把完善治理体系作为主线，把关键制度落地作为公司高质量发展的重要载体。

一是充分落实主体责任，系统完善公司治理制度体系。认真落实证监会开展的上市公司治理专项行动各项要求，抓重点、补短板、强弱项，强化公司治理内生动力，着力形成规范治理的长效机制。结合各项治理规则集中且密集出台的实际，在做好学习领会的基础上，结合公司实际对章程、股东大会议事规则等十余项治理文件及时跟进修订完善，确保公司治理文件及时修订、合规完善。

二是主动参与证券监管部门、证券交易所相关规则的制定及修订工作，提出建议和意见。对证监会及交易所发布的各类规则征求意见稿，组织学习研讨并结合公司实际，提出建议性意见和建议。受邀参加监管部门、行业协会、交易所等组织的“投资者关系管理实践方式及体系建设”“定期报告编制与披露经验分享”“疫情下铁路行业经营情况调研”等专题会议，分享有益实践和经验做法，受到广泛好评。

五、辅助公司业务规划和发展战略的特色做法

对上市公司而言，资本运营和产业经营犹如车之两轮，缺一不可。张利荣女士作为上市公司和广大投资者间的“桥梁”和“纽带”，将资本市场和行业信息及时进行归集、整理和反馈，为公司治理和规范决策提供参考和建议，在公司业务规划和战略制定方面主动发声、积极谏言献策。

一是制定并实施了三年分红规划。积极落实国发 14 号文关于“鼓励上市公司通过现金分红、股票回购等方式回报投资者，切实履行社会责任”的要求，结合公司股东结构、投资者诉求和经营管理实际，在谋划实施发行可转债系列方案中，配套制定并实施了《2020—2022 年三年分红规划》，承诺每年现金分红原则上不低于 0. 48 元/股（含税）。2020 年、2021 年现金分红比例分别为 65. 49%、58. 58%。上市以来首次通过三年规划的方式明确分红政策，为稳定股东持股预期、体现公司长期投资价值发挥了积极作用。

二是积极为独立董事履职创造条件。组织公司独立董事添乘机车和线路，深入控股子公司现场调研。逐月编写并报送情况通报，以公司投资者关系管理、生产经营动态以及资本市场监管动态等情况为主要内容，使独立董事、外部董事能及时、准确了解公司日常生产经营情况，提高工作参与度，更好地发挥独立董事、外部董事在公司经营决策、信息披露中的作用，进一步维护中小投资者的利益。

三是组织相关方全方位参加专题培训。创新工作方式，丰富培训渠道，着力强化董监高的责任、自律、合规意识。在参加中上协、晋上协培训的基础上，将交易所“浦江学院”、全景财经直播频道等加入董监高“培训库”，通过展播宏观经济分析、金融常识、科技热点、市值管理等精品课程，帮助董监高更好获取前沿信息，拓展知识广度。邀请公司律师、审计机构和公司执行董事、经理层座谈，深度分析经营业绩、解读最新监管政策。结合市场高频事件和监管重点，按照信息披露、关联交易、内幕交易和财务造假四大类别，选取了资本市场典型案例，编制学习材料，通过鲜活的案例加强警示、防微杜渐，提高合规履职的意识和能力。

未来工作中，公司董秘将更加严格地落实各项工作制度，勤勉履职、归位尽责，当好“信息披露直接责任人”“规范运作把关人”“内外部关系协调人”“资本经营助推人”，为推进公司高质量发展，维护全体股东利益积极努力。

20. 南京银行（601009. SH）：实干创新　为公司高质量发展踔厉笃行

董事会秘书　江志纯

江志纯先生自2017年起担任南京银行股份有限公司董事会秘书，现任南京银行股份有限公司副行长兼董事会秘书，中国上市公司协会董秘委员会副主任委员兼江苏地区召集人、董事会秘书履职评价专家评审委员会委员、ESG专业委员会委员，江苏省上市公司协会副会长，江苏省银行业协会监事会监事。

一、精心服务严谨运作，提升公司治理质效

一是认真组织精心服务，切实保障董事会和股东大会高效运转。年度内，严格遵循法规、公司章程和“三重一大”决策制度，细致组织服务两会运作，协助董事长主持召开了5次董事会和2次股东大会，并服务组织了22次专门委员会和5次独立董事会议，对公司治理、资本运作等共111项重大事项进行了研究审议和决策，为董事们的专业履职、董事会的决策监督和股东的合法权益提供了有效服务保障。二是完善制度管理体系，持续健全以党建引领的公司治理体系。遵照法规政策和监管要求结合本行的治理和管理工作需要，提请董事会和股东大会决策修订了《南京银行股份有限公司章程》《南京银行股份有限公司董事会议事规则》《南京银行股份有限公司股东大会议事规则》《南京银行股份有限公司独立董事制度》《南京银行股份有限公司高级管理人员履职考评管理办法（修订稿）》共5项重要制度规章，进一步夯实了南京银行以党建引领的公司治理体系，为高

质效治理、科学管理提供了基本遵循。三是及时宣导重大监管制度，有效增强股东和董监高合规意识。年度内，及时宣导重大监管制度，组织董办精心制作《大股东及董监高股权管理法律制度汇编》等公司治理法规制度手册，并定期组织开展《中国金融业 ESG 管理现状和展望建议》《人民银行〈法人金融机构洗钱和恐怖融资风险自评估指引〉相关解读》《大股东、董监高股票交易行为政策法规培训》等法规制度培训，进一步增强了主要股东和董监高的合规意识。四是积极参与权威官方组织活动，充分彰显公司治理和经营管理水平。年度内，积极参与权威主流活动，在境内外公司治理的主流评选活动中保持行业先进水平，持续提升公司的品牌形象和市场影响力。在中国银保监会对全国 1600 多家商业银行的年度公司治理监管评价中，公司被评为最高等级——B 级；由董办牵头完成中国银行业协会主办的商业银行稳健发展能力“陀螺”（GYROSCOPE）体系评价工作，公司位列全国城商行第 2 位。

二、高效完成融资计划，持续推进资本补充

一是圆满完成 200 亿元可转债发行上市工作，创造多项资本市场记录。董秘带领公司相关部门周密计划、高效运作，于 2021 年 4 月 26 日获得中国证监会发审委免聆讯无条件审核通过，完成可转债项目的内外部全部审批流程仅用时 6 个月，成为近几年上市银行获批时效最快的一次再融资项目。临近可转债发行，带领路演团队在北京上海两地进行实地路演，与头部投资机构展开面对面的深入交流，并通过周密安排主要股东优先配售，科学拟定票面利率及赎回价格，准确把握发行时间窗口，促使公司 200 亿元可转债公开发行工作圆满完成。此次发行的 200 亿元可转债是近两年发行利率成本最低、原股东配售比例最高和网上、网下申购规模最大、认购倍数最高、中签率最低的上市城商行可转债。2021 年 7 月 1 日公司可转债在上海证券交易所上市交易，成为近 20 年来上市银行首日交易最佳表现的可转债，创造了再融资项目的多项资本市场记录。二是积极推动可转债转股工作，持续渐进式补充核心资本。在圆满完成 200 亿元可转债发行上市

工作的基础上，带领董办团队前瞻启动、统筹谋划可转债转股管理工作，通过系统梳理近五年上市银行可转债转股的整体情况，研究分析上市银行可转债转股典型案例和公司可转债转股可行性，形成了关于可转债转股的深度研究报告，为公司科学谋划可转债转股工作奠定了坚实基础。2021 年 12 月公司可转债进入转股期后，带领董办团队积极推动可转债转股工作，按照监管部门要求完成公司股权变更及法国巴黎银行和江苏交通控股的股东资格申报工作，并推动法国巴黎银行、江苏交通控股、江苏省烟草公司、紫金投资集团、南京高科等主要股东合计转股 33.44 亿元，持续有力地补充了公司的核心资本。三是高效完成 200 亿元永续债发行上市工作，进一步夯实公司资本实力。在 2022 年 9 月 21 日公司获得人民银行关于公司 200 亿元永续债发行的行政许可后，牵头组建公司路演团队，带领公司相关部门、单位精心组织开展 30 多场实地及视频路演，通过准确把握发行时间窗口，科学拟定利率区间，高效执行各项安排，仅用 18 个工作日，于 10 月 20 日圆满完成 200 亿元永续债发行工作，有效补充了公司一级资本，并创下了多项发行纪录，是 2022 年一次性发行规模最大的城商行永续债，也是股份制银行和城商行中，迄今为止发行利率最低的永续债，同时也是江苏省首单地方法人金融机构余额管理试点债券。两次成功高效的资本运作满足了公司各项资本需求，为公司新一轮高质量可持续发展提供坚实的资本保障。

三、严谨合规信息披露，有效开展投资者交流

在组织南京银行团队工作中，一是切实提升信息披露质量，充分展现公司高质量发展现状。以信息“透明化”为出发点持续做好合规性披露和主动性披露，真实、准确、完整、及时地向资本市场传达信息，在强制披露和自愿披露天秤中做到合法公正，并不断优化年报信息的披露形式，切实增强信息披露的针对性、有效性和可读性，向市场展现了公司的高质量发展现状，受到监管部门和资本市场的一致好评，多次获得上海证券交易所信息披露“A”类评价。二是完成首份 ESG 报告编制工作，有效展现公

司可持续发展能力。带领董办团队结合公司未来战略发展与经营需要，牵头组织开展公司首份 ESG 报告编制工作，从环境、社会责任和公司治理三个维度向投资者和利益相关方全面展示公司的 ESG 管理绩效和可持续发展能力，促使国际权威评级机构明晟（MSCI）对公司的 ESG 评级结果跃升至 BBB 级。三是深入优化沟通交流渠道，展现提升公司内在投资价值。带领投关团队主动创新并持续优化对外沟通渠道，通过深入优化投资者电话热线流程、健全完善上证 e 互动平台交流机制、持续更新专家库的基础信息，强化分析师分层管理，精心筹备业绩说明会和主题开放日等多种方式形式，多渠道与主要股东、机构投资者和与广大中小股东充分开展互动交流，及时回应市场重大关切，全方位、精准化地展示公司发展全貌和投资价值。年内，组织董办团队常态化运用多种渠道和专业手段保持与投资者的交流互动，及时接听热线电话 1000 余次、回复上证 e 互动 74 条、制作专题 H5 及电子海报 8 份、召开业绩说明会 3 次、举行主题开放日活动 2 次，组织参加反路演与路演超 12 场次，接待分析师及专业机构线上、线下调研逾 4000 人次，通过客观全面地宣介公司投资价值，讲好稳健高质量发展的故事，推动股票市场的价格与公司内在价值的有机统一，获得了监管部门和资本市场的普遍认可。在全行上下的共同努力下，2021 年南京银行股票价格走势一直处于上市银行领先位次，全年上涨 15. 18%，位列 41 家上市银行第 2 位，跑赢上证指数 10. 38%，超出上市银行指数 19. 76%。四是认真组织信用评级沟通工作，持续维护公司良好市场形象。通过积极有效的沟通交流和组织安排，组织完成了国际、国内评级机构对公司 2021 年度的跟踪信用评级。国际信用评级方面，穆迪维持公司 Baa3 投资级别评级；国内评级方面，中诚信维持公司主体信用和各债项信用评级为最高等级 AAA，维护了南京银行良好的市场品牌形象，为相关业务开展奠定了坚实基础。2021 年，在中国证监会、国务院国资委指导中国上市公司协会首次组织开展年度上市公司“董办最佳实践案例”和业绩说明会“最佳实践案例”权威评选活动中，公司成为 4700 多家 A 股上市公司中仅有的 8 家同时获得“2021 年度上市公司董办最佳实践案例”和“上市公司 2020 年报业绩说明会最佳实践案例”的公司之一。

四、强化股东和股权管理，深入推进股东合作

董秘带领董办团队持续常态化加强股东和股权管理，一是及时做好政策宣导和监管沟通，规范股东股权管理，通过汇编整理相关制度、组织专业培训、开展专项核查等多种方式持续提升大股东合规高质效履职能力。目前，公司已完成《南京银行公司治理制度汇编》《南京银行大股东及董监高股权管理法律制度汇编》的法律法规整理工作，同时根据监管部署，多次完成股东和股权相关排查，并及时报备各监管机构。二是深入推进股权分层分类管理，着力规范股权管理工作，坚守长期稳定、透明诚信、公平合理三条底线，针对南京银普通股和优先股并存，且南银转债进入转股期的股权结构，实行分层分类化的档案管理机制，定期对股东结构和股权变化等情况进行跟踪分析，同步做好未确权股东沟通协调及确权工作。三是持续完善关联方管理，保障关联交易合法合规，进一步优化南京银行的关联方认定及申报流程，推动实现关联方精细化管理，通过不断完善的关联交易管理系统，配合行内外信息科技主动排查，逐步形成了成熟的内部人线上线下同步申报体系，确保关联方名单的完整性、准确性，同时也提高了申报信息的时效性，持续规范本行关联方管理工作。四是不断加强与主要股东协同合作，助力高质量可持续发展，带领董办团队与法国巴黎银行、南京紫金投资、江苏交通控股、南京高科、中国烟草江苏省公司等主要股东保持密切沟通，持续完善协同合作机制，推动公司与主要股东形成了沟通顺畅、合作共赢的良好局面。2022 年以来（截至 10 月 31 日），主要股东通过可转债转股、二级市场买入等多种方式主动增持公司股份，累计增持股票超 82 亿元，位居上市公司前列和上市银行第一位，向资本市场传递了长期看好公司经营发展和投资价值提升的正向信心。

五、加强与权威机构交流，积极参加各项活动

公司董办具体承接公司作为中上协副会长单位、董秘委副主任单位和

省上协副会长单位的具体工作，切实做到“有呼必应，使命必达”：积极参与中上协《股份合规交易与管理手册》等制度修订、碳中和实施情况和金融人才培养情况等调研反馈、上市公司高质量发展征文等活动；认真组织并带头参加省上协及各专委会的活动，大力协助省上协完成官网建设和沟通展示平台的信息化升级；牵头带领会员单位积极践行绿色金融、消费者权益保护、扶弱济困等社会责任，共同实现高质量发展。近一年来，公司多次获得中上协荣誉表彰，被评为“2021 年度上市公司董办最佳实践案例”“上市公司 2020 年报业绩说明会最佳实践案例”，入选中上协《上市公司 ESG 优秀实践案例》（2022 年）。

六、及时反馈市场期盼，推动公司战略转型

一是全面推动公司五年战略规划实施。董秘牵头相关部室，根据外部环境变化、监管政策调整、规划执行情况及资本市场期盼对战略规划进行了完善与调整，完成了五年规划战略任务分解工作，适时启动 2021 年度规划任务跟踪工作，切实做好新五年战略规划执行的保障监督工作。二是持续推动本行机构发展工作。带领相关团队，在广泛开展市场调研比较后，研究制定《江苏省内分行机构发展规划（2022 ~ 2023 年）》和《南京银行 2022 年机构发展规划》，确立未来三年在江苏省内新增 100 家网点的重大战略目标，并持续督导全行支行筹建工作，目前已顺利完成 25 家支行获批开业和 2 家分行迁址工作，全行营业网点增至 225 家，有效推动了公司战略转型，为公司未来发展注入新动力。

21. 隆基绿能（601012. SH）：借力资本市场平台　助推公司高质量发展

董事会秘书　刘晓东

自2014年担任隆基绿能董事会秘书以来，刘晓东先生筹划完成公司七次再融资、两次股权激励，通过有效信息披露和主动的投资者关系管理，向资本市场精准传递公司价值，在公司高速发展成长过程中，借力资本市场平台，助推了公司高质量发展，近年来荣获第十二届至第十六届《新财富》“金牌董秘”，并入选“新财富金牌董秘名人堂”，获授第十四届和第十五届中国上市公司董事会“最具创新力董秘”、2021年度“金质量奖—优秀董秘”和“金骏马奖—金牌董秘”、2020～2021中国上市公司口碑榜—最佳主板上市公司董秘、2021董秘金勋章奖等诸多资本市场殊荣。

一、顺势而为，以资本运作助力公司快速发展

2014年开始，隆基通过全面推广金刚线切割技术，迅速带动光伏行业成本下降，叠加产业链各环节的技术革新，光伏作为新能源的经济性逐渐凸显，在全球能源结构转型和双碳背景下，公司产能快速扩张，为满足公司持续扩张的资金需求，董秘准确把握资本市场政策导向，顺应监管趋势，2015年至今先后筹划实施七次再融资，包括两次定向增发、一次公司债发行、三次可转债发行、一次配股发行，累计融资金额240亿元。其中，2017年可转债项目为全国沪市上市公司中第二单可转债发行项目，也是陕西省首单可转债发行项目；2018年度配股项目为A股首单转债转股期间的配股发行案例，股东认配率高达99.54%，创下2011年以来A股市场配股

的最高纪录。2022 年，为满足公司全球化经营发展需求，董秘顺应监管鼓励 GDR 融资的趋势，又开始筹划 GDR 发行工作，目前该项目为已公布方案中融资规模最大的 GDR 项目。

正是一系列快节奏、高效率融资项目的实施，有力地保障了公司扩产项目的顺利推进，使公司紧抓光伏发展的历史性契机，促进了公司长期发展战略的落地，以及盈利能力和公司市值的快速提升。2014～2021 年，公司硅片产能从 3GW 提升至 105GW，组件产能已从 2014 年的 0.2GW 提升至 60GW，收入从 2014 年的 36.8 亿元增至 2021 年的 809.32 亿元，归母净利润从 2014 年的 2.94 亿元增至 2021 年的 90.86 亿元。

二、探索创新，建立完善公司长期激励机制

人才是公司高质量发展的基础，董秘践行公司“可靠、增值、愉悦”的企业文化理念，充分利用资本市场激励工具，持续建立和完善公司核心员工长效激励机制。经过积极筹划，公司分别于 2016 年、2022 年启动实施了两期股权激励计划，激励对象覆盖公司董事、高管、中层管理人员及核心技术（业务）人员，激励对象总数达 3600 多人。2021 年公司开始布局氢能业务，考虑到公司氢能业务处于起步阶段，人才紧缺，亟需对优秀人才开展长期强激励的特点，董秘提出并设计了氢能业务合伙人计划框架，最终助力公司推出基于子公司新业务和股权的员工持股平台计划，利用创新性激励工具实现了吸引和保留人才的目的。

三、畅通渠道，打造高质量信息披露

董秘作为连接上市公司与资本市场的桥梁，保障畅通的信息来源和沟通渠道尤为重要。随着公司业务发展和规模扩大，董秘持续优化公司信披流程，尤其注重加强信披工作的流程化、标准化，可获知、可管控，对公司信披工作高标准、严要求，持续提高信披的有效性。2016 年至今，公司已连续 6 次获得上交所信息披露 A 级评价，树立了信披和公司治理的优秀

示范形象。

（一）重视信披组织和流程建设，提高公司信披质量

董秘持续完善公司信息披露流程，在日常工作中强调与各业务部门的顺畅沟通，通过事前提高业务部门信披意识，事中紧密跟踪进展，确保公司重大信披事项的高效收集、传递和及时披露。在信披审核流程方面，公司实施多重校验和审批程序，确保信披质量。在重大信息传递上，组织保障与流程管控双管齐下，建立了公司信披工作小组，确保重大信息内部报告有组织保障，责任到人，同时结合公司近年来信息化建设，对涉及信披等敏感事项设立了董秘或董事会办公室的审批、查阅权限，为及时获悉重大信息、防范信披舆情风险加设流程防线。此外，组织不定期对董监高和关键岗位人员进行信披风险培训和业务合规提示，并通过编制资本市场报告，促进公司及董监高了解资本市场，提升合规意识。

（二）以透明、有效的信息披露呈现公司价值

董秘主张注重透明、有效的信息披露。公司在日常信披和定期报告中，使用简明易懂的语言，以数据、图表等形式多维度呈现公司经营成果，充分披露投资者关注的产能、产量、技术进步等行业经营性信息，通过透彻的行业分析、经营解读和风险揭示，促进投资者充分了解公司，杜绝形式、空洞描述，力求信披内容有价值、易理解，向投资者有效传递公司信息，做普通投资者看得懂、看得透、有信心的上市公司。

四、真诚沟通，与投资者共建公司治理良好生态

近些年来，随着公司关注度的快速提升，公司股东人数从 6 万人上升至 60 多万人，截至 2022 年 9 月，公司海外投资者占比 21% 以上（含沪股通），投关工作面临的工作量和复杂度也随之增加。为适应公司发展和投资者变化，董秘不断提升投关管理的水平，探索公司投关管理的最佳模式，2022 年 6 月，在全球最具影响力和公信力的金融杂志《机构投资者》公布的“2022 年亚洲最佳管理团队”评选中，荣获“最佳投资者关系方案”第一名。

（一）提高投资者关系管理专业化水平

为适应公司和行业的快速发展，董秘通过建队伍、建流程、定标准，提高日常投资者关系管理水平和效率，带领投关团队从日常经营性信息搜集，到行业分析、产业链上下游分析，都建立了完整的信息收集与分析框架，做到实时动态了解公司和产业动态，定期共享信息，统一投关口径，合理引导预期。

（二）以真诚、开放的心态与投资者主动交流

近年来，公司持续与全球各类投资者之间保持长期、稳定、高频的密切沟通，通过公司调研、电话会议、业绩说明会、券商策略会、投资者交流平台、现场股东大会、组织中小投资者走进上市公司等方式，积极主动地向投资者沟通公司经营情况和未来战略方向。在与投资者交流过程中，公司秉持公平、公开、透明的原则，耐心解答每位投资者关切的问题，引导投资者关注公司长期投资价值。2021 年，累计组织参加券商策略会 38 场，接待现场调研 48 场、参加路演活动（电话会议）306 场，举办业绩说明会 3 场。

（三）积极筹划，主动引入长期战略投资者

董秘以开放、共同成长的心态积极探索引入优秀价值投资者。2020 年，在研判战略投资者相关政策的基础上，董秘筹划主动接触潜在长期投资者，寻求引入长期战略投资者的契机，在与高瓴资本的主动交流中，公司投资价值获得了高瓴资本的认可，董秘积极牵线对接，最终高瓴资本以 158 亿元对价取得公司 6% 股权，成为公司战略投资者，进一步优化了公司股东结构和治理结构。

（四）以投资者为中心，创新业绩说明会形式

近年来，董秘充分利用业绩说明会覆盖面广、精准传递的特点，创新业绩说明会模式，提高沟通实效。除辖区组织的集体业绩说明会外，公司主动召开年度、半年度甚至季度的业绩说明会。在召开形式上，采取视频 + 语音问答结合的方式，以视频讲解帮助投资者快速了解业绩情况，投资者可以与管理层直接语音问答，有效拉近了投资者与管理层间的互动距离，使投资者更好理解公司经营的商业逻辑和财报数字背后的经营思路，

提高了投资者参与体验和互动效果，获得了市场的一致认可。2021 年公司入选中国上市公司协会“业绩说明会最佳实践案例”以及全景网组织编写的《上市公司投资者关系工作年度报告（2020）》“上市公司 IR 工作范例”，2022 年公司荣获全景网业绩说明会创新奖。

22. 中信建投（601066. SH）：脚踏实地　精益求精　以良好治理机制助力公司高质量发展

董事会秘书　王广学

作为“A + H”两地上市的国有股金融机构，中信建投坚持贯彻落实提高上市公司质量各项要求，以“提质”为核心，积极探索新方法、新思路，持续完善具有中信建投特色的公司治理机制。回顾过往工作，浅列几项工作实践与体会，与同仁交流。

一、谋定后动、行且坚毅，以多层次资本运作助力公司长远发展

受“一参一控”等因素影响，中信建投上市时间较晚。及至H股和A股上市及再融资期间，受市场环境约束，募资金额有限，导致迄今为止中信建投是国内证券行业唯一一家营业收入、净利润保持行业前十名而净资产未进入行业前十名的证券公司。因此，实现有效的资本补充成为摆在董事会秘书面前的战略任务。在股东单位的大力支持、董事会和监事会的正确决策以及经营管理团队的领导下，公司分阶段实现了资本补充。

一是于2015年在业内首家创新发行永续次级债券。自2005年成立以来，中信建投核心业务排名不断提升，保持了稳健发展的良好势头。随着资本中介及资本型业务的快速发展，公司负债规模持续上升。为满足业务发展和风险管理需要，公司与监管机构积极沟通，在业内创新发行了可作为权益工具核算的永续次级债券，有效拓宽资本补充渠道，并为行业创新作出积极尝试。

二是于2016年完成H股上市。截至2015年年底，中信建投是当时国内营业收入、净利润前十大券商中唯一一家没有上市的公司。经充分论证与积极沟通，公司在获得国务院批复并与主要股东对上市方式、发行规模等基本方面达成共识后立即启动H股上市。公司H股IPO自启动至完成历时5个半月、166天，时间紧、任务重，各项工作环环相扣、错综复杂。公司严格遵守依法合规、精益求精、团结高效的原则，成功组织和执行了H股上市各项工作，创下当年香港联交所H股IPO项目的最快纪录。

三是于2018年完成A股上市。公司H股上市后，杠杆倍数在行业中仍处于较高水平，资本不足仍制约业务发展。公司捕捉到自2016年下半年开始A股IPO审核进入常态化的市场状况，在充分论证的基础上立即启动A股上市。自公布A股IPO发行预案至完成发行，公司A股上市历时14个月，是当时A股上市用时最短的证券公司。

四是于2020年完成A股非公开发行。为进一步提高竞争力，增强服务实体经济能力，公司于2019年年初决定通过非公开发行方式补充长期稳定资本。因当时公司A股股价过高导致估值显著高于上市券商平均水平，该次融资遭遇严重困难，历时一年半得以完成，但再次为公司补充了长期稳定资本。

上述资本补充过程均非一帆风顺，但公司坚持实事求是、攻坚克难，为持续发展争取了宝贵资源。为回报股东，中信建投证券全力做好经营，净资产收益率连续多年位居头部券商第1名，各项业务排名始终名列前茅。

二、变中求新，以真诚引领投资者关系管理实现新发展

自上市以来，中信建投在追求良好经营业绩的同时，积极探索加强与投资者沟通的途径和方式，全力提升投资者的获得感和满意度。除依法履行信息披露义务外，公司在业内较早使用证券交易所网络平台举办业绩说明会，向投资者介绍情况、回答问题、听取建议，形成了具有中信建投特色的投资者沟通风格。

一是以邻为师，主动提高工作标准。A股上市之初，公司主要通过官

网信息展示、接听投资者热线、回复投资者邮箱、回复上证 e 互动平台等方式与投资者沟通。在意识到业绩说明会可承载更丰富的沟通内容后，公司在充分研究其他上市公司业绩说明会优秀实践的基础上，在证券行业中较早使用上海证券交易所“上证路演中心”平台，于上市后第一个完整年度的季度报告、半年度报告、年度报告披露后及时以网络互动方式举行业绩说明会；其后持续优化工作方式，自 2021 年开始，将半年度和年度业绩说明会调整为现场直播方式，进一步提高沟通效果。

二是核心阵容，展现负责任企业诚意。公司 A 股上市后的历次业绩说明会均由董事长和总经理同时出席，直接回答投资者关心的问题，既充分体现了对投资者的尊重，展现负责任企业的诚意，也有助于提升与投资者沟通的深度与广度。除董事长和总经理外，业绩说明会出席人员还包括独立董事代表、财务负责人、董事会秘书、会计机构负责人以及与预征集问题相关的业务线负责人，一切以及时、全面回应投资者为目的。

三是倾听市场声音，正面回应热点问题。我们曾认真思考“业绩说明会的受众是谁”的基本问题，答案是除股东之外，还包括潜在投资者、分析师和媒体。面向受众回应的信息才是上市公司应当披露的有效信息。为倾听市场声音，公司扩大受众范围，在业绩说明会前发布公告，通过投资者邮箱、股东热线、上证路演中心平台广泛征集问题。经过原文抄录、逐一分析、汇总提炼后，确定其普遍关注的热点问题，包括业绩变动、股价波动、核心业务竞争力、战略发展方向等方面。业绩说明会对以上问题绝不回避，条分缕析、真诚回应，这正是中信建投证券业绩说明会取得实效的主要原因。

三、质量并举，用 ESG 理念践行高质量可持续发展新常态

“汇聚人才、服务客户、创造价值、回报社会”是中信建投证券始终践行的公司使命。在坚持稳健经营、为股东和投资者创造经济价值的同时，公司高度重视管理环境、社会与治理（ESG）相关风险与机遇，全方面履行社会责任，始终秉持社会效益和经济效益相统一的发展原则。

在环境方面，公司以服务实体经济、推动绿色发展为目标，充分聚焦具有环境与社会效益的产业领域，为节能环保、清洁生产、清洁能源、生态环境、基础设施绿色升级等绿色低碳相关产业提供融资支持。2021 年，中信建投证券共承销 63 单绿色债券，承销规模人民币 254.20 亿元。其中，碳中和债券 25 单，承销规模人民币 65.32 亿元，募集资金人民币 238 亿元。

在社会方面，公司持续加大对市政公共服务、医疗健康、文化教育、农业与食品、乡村振兴与帮扶等社会民生事业的支持力度，积极参与社会公益捐赠及志愿活动。如 2021 年公司向河南防汛抗灾捐赠 1000 万元；联合中国扶贫基金会成立公益基金、联合设立井冈山市残疾人事业发展基金并已启动捐助。公司还投入乡村振兴资金 1000 万元，消费帮扶 771 万元，派遣 7 名员工开展驻村帮扶，努力确保帮扶措施取得实效。

在治理方面，公司将 ESG 治理提升至公司治理的重要位置，建立起决策层、监督层、管理层之间权责明确、相互协调、相互制衡的 ESG 治理结构。2021 年 11 月，公司在经营管理层下设 ESG 委员会，进一步提升公司 ESG 治理水平。

2021 年，公司持续提升环境、社会及治理表现，获得国际金融论坛（IFF）颁发的“2021 全球绿色金融奖”及中国证券报颁发的“金牛奖证券公司社会责任奖”等重要奖项，公司 ESG 评级位于中资券商先进水平。

中信建投将坚定不移贯彻落实提高上市公司质量各项举措，持续推动公司治理能力、竞争能力、创新能力、抗风险能力、回报能力的有效提升，为中国经济与资本市场发展贡献力量。

23. 中国神华（601088. SH）：主动作为 守正创新 为中国企业贡献神华经验

董事会秘书 黄清

2022年，中国神华以习近平新时代中国特色社会主义思想为指引，坚持“两个一以贯之”，以创建国务院国资委“国有企业公司治理示范企业”为契机，主动作为、守正创新，不断夯实公司治理和合规运营基础，持续改进信息披露和投资者关系，在提升投资者回报、强化董事会决策闭环管理和创建中国企业特色ESG治理体系等方面提出了中国神华方案，贡献了中国神华经验。

一、提升投资者回报：“践行共同富裕的最佳国企”

中国神华管理层高度重视与股东共享企业发展成果，积极回报股东，致力于构建长期、稳定的股东关系，实现公司与股东双赢。

重视回应投资者诉求，综合考虑公司实际和股东意愿，充分考量公司发展阶段、资本开支计划、盈利规模和现金流量状况等因素，在平衡短期利益和长期利益的基础上，连续两次制订投资者回报规划。2019～2021年度现金分红比例不低于公司当年实现归属于股东净利润的50%，2022～2024年度分红比例提升至不低于60%。在实际操作中，2019年度末期股息实际分红比例达60%，2020年度、2021年度现金分红比例均超100%。2005年上市以来，中国神华累计派发现金股息18次、超过3500亿元，是募集资金总额的3.5倍，被投资者誉为“践行共同富裕的最佳国企”。

同时，积极用好股份回购政策和股东大会一般授权，结合市场情况，争取最佳时机，适时开展股份回购，最大程度保护全体股东的利益。2020年公司累计回购H股约2110万股，总金额约港币3.03亿元，回购金额位列港股年度第9位。

二、支撑科学决策：强化议案全过程闭环管理

议案管理是股东（大）会、董事会、监事会和经理层（以下简称“三会一层”）业务的重要抓手，是贯穿决策过程的重要载体。中国神华从决策前的细化分类、清单管理、规范模板，决策中的强化审核、无缝衔接，决策后的督办落实、定期汇报，实现“三会”议案的全生命周期管理。

（一）夯实基础工作，强化计划性模板化

通过梳理历年“三会”台账，中国神华定期事项议案约占全年“三会”议案45%，提报时间和议案内容相对固定。为提升“三会”运行效率，公司重视计划性管理，加强年度“三会”计划编制（包括会议时间、议题安排和重点工作等方面），按照例行、特殊事项分类管理议案和制订模板，制定《中国神华能源股份有限公司“三会”议案编制格式指引》，精准对接决策事项。议案模板分为清单式和框架式，根据沪港两地上市公司监管规则、业务指南、公告指引等最新规定定期完善、动态维护模板库，确保议案内容最大化覆盖决策要素、满足披露要求。

（二）发挥各方主体作用，重视决策要素无缝衔接

一是用好信息化手段。通过“三会”管理系统、无纸化会议系统，将议案模板前置管理，与“三会”相互套用，贯通业务部门议案撰写、党委会总办会前置审议、董事会监事会审批等各环节，确保议案同一事项履行各个审议程序时的一致性，同时规范业务部门审核渠道、加强保密管理、加快议案流转程序。二是强化合规审核。境内外律师、信息披露工作人员提前介入业务部门的议案准备和审核流程，在议案提交公司党委会、总经理办公会之前把好合规关。三是重视发挥各专门委员会作用，重要议案在提报董事会前，对口专门委员会先行审议把关，发挥董事的专业作用和特殊贡献。

（三）分解督办，确保决策事项执行到位

建立健全“三会”重要任务、决策事项分解督办机制，形成闭环管理。业务部门根据会议决议、讲话精神、董事意见建议等分解形成任务清单，明确责任要求，负责部门跟踪督办，动态掌握完成情况，形成专题汇报。

经理层将议案事项落实情况作为第一议题在下一次董事会会议上进行汇报，实现议案全生命周期闭环管理，使董事会决策高效执行到位，解决“三会”业务“最后一公里”难题。

三、重视体系建设：ESG 治理迈上新台阶

通过主动探索实践，公司逐步确立“系统谋划、整体布局，理顺机制、嵌入管理，循序渐进、务求实效、统筹推进”的 ESG 总体工作思路，建立了围绕建设世界一流综合能源上市公司的发展目标，以数字化转型、信息化建设为支撑、ESG 治理与日常管理相融合的公司 ESG 治理体系，全程可管理、可衡量、可追踪。

（一）加强顶层设计，搭建组织管理架构

一是董事会深度参与 ESG 工作，对 ESG 战略承担全面责任，审查可能影响公司发展、业务运作或股东权益的 ESG 事宜，积极推动公司各部门和所属企业将 ESG 理念融入日常生产经营管理。二是董事会安全、健康、环保及 ESG 工作委员会负责监管 ESG 关键议题承诺及表现，评估公司 ESG 相关风险，定期审查制定公司 ESG 管理方针、ESG 策略及目标，定期向董事会汇报 ESG 议题。三是 ESG 工作组（安全环保组、社会贡献组和企业治理组），负责制度建设、风险识别判定、数据收集分析、利益相关方沟通等 ESG 工作，向安全、健康、环保及 ESG 工作委员会汇报工作进度。

（二）谋划发展战略，明晰目标实施路径

编制《“十四五”ESG 专项规划》，分析公司内外部 ESG 治理现状，明确公司远景规划目标及未来五年 ESG 工作重点方向，构建具有中国神华特色 ESG 战略模型，同时制订 ESG 治理年度实施计划，提出组织、机制、资

金、人才、外部沟通和资源等六方面配套保障措施。

（三）健全制度体系，确保高效规范运行

不断完善ESG制度体系，着力推动建立覆盖业务全域、ESG全系的体制机制。公司制定《ESG管理办法》，明确ESG工作原则、治理架构、职责分工、管理界面和运行机制。根据ESG管理实际和监管评级要求，先后制定应对气候变化、供应链、本地采购、商业道德、举报控告人权益保障等专项制度性文件，确保治理体系规范运行，各治理主体高效行权。

（四）梳理指标体系，率先开发信息系统

面对ESG多方要求和海量数据，针对沪港两地上市监管要求和国际权威评级标准，全面梳理ESG治理相关指标，确立了底线、中线、高线3个层次18个主题184个指标，结合生产运营实际，拆分至313个子指标。

自主研发央企第一套ESG治理信息系统，统一管理流程和数据标准，深入推动ESG数字化管理。覆盖公司所属产权单位，实行“三级填报、二级审核、本部管理”的管控模式。以数据抽取、填报方式整合公司环境、社会和治理三方面数据信息，最大限度减少报送量，有效解决数据采集、共享、存储和分析短板，高效推动公司ESG治理规范化、标准化、智慧化。全面提升公司ESG报告质量和编制效率，为信息披露和利益相关方沟通工作的顺利开展奠定坚实基础。

（五）探索评级研究，助力发出中国声音

主动与国内外评级机构沟通交流，归纳各类评级指标规则，对标分析梳理失分点，形成评级研究报告，有针对性地完善内部管理、提升披露水平，将公司优秀ESG表现转换成全球投资者共识。针对不适宜中国国情、央企特点的评级，积极探索国外评级研究成果本土化，公司参加编制的《企业ESG报告编制指南》（T/CERDS 4－2022）团体标准已发布，并将于2023年1月1日正式实施。

（六）加强经验交流，ESG治理成效显著

通过参加行业论坛、提供精选案例、编制ESG报告、召开业绩说明会等多样形式，主动披露ESG绩效，拓宽信息传递渠道，有效回应各方关切。ESG治理工作得到国资委、监管机构、评级机构等多方的高度肯定和

资本市场的积极反馈，荣获中国 ESG 示范企业、央企 ESG 先锋 50、CDP 水安全优秀表现奖、中国碳公司行业先锋等诸多奖项；入选《财富》中国 ESG 影响力榜单、福布斯中国 ESG50 榜单，中证指数沪深 300 成分股 ESG 评级 AAA；相关经验入选国资委《中央企业上市公司 ESG 蓝皮书》、上市公司协会《ESG 优秀案例》；《打造一流 ESG 体系 推动企业高质量发展——中国神华环境、社会责任和公司治理（ESG）体系建设探索》荣获“2022 年中国企业改革发展优秀成果”二等奖，企业社会价值和资本市场影响力持续提升，ESG 治理评价保持行业领先。

24. 东兴证券（601198. SH）：积极履职　守正创新　助力公司高质量发展

董事会秘书　张锋

东兴证券股份有限公司作为境内首家资产管理公司系上市证券公司，自2015年登录上海证券交易所A股资本市场以来，公司始终把规范发展、稳健经营放在首位，严格履行上市公司主体责任，持续提升公司治理能力，首批入选并持续保持在中国证监会证券公司“白名单”，2016～2021连续五年上海证券交易所信息披露评价A级。与此同时，公司积极承担国有上市券商的社会责任，坚持每年以净利润的30%以上的现金分红比例回报投资者；通过发挥资本中介的专业力量，支持实体经济发展；在公益帮扶、乡村振兴、低碳环保等领域贡献力量，并因此入选2021中国企业慈善公益500强，获评“年度社会责任金融机构”“2021最具社会责任感券商”等奖项，实现了经济效益和社会效益的统一。

上市公司的董事会秘书既要承上协调配合董事会履职尽责，又要启下对董事会办公室承担最终管理责任；既要对外沟通投资者、监管、媒体等机构个人，协调保持良好关系，维护公司品牌形象，又要对内深入业务运营一线，及时准确掌握重大信息，参与日常经营管理；既要着眼宏观，研判大势，参与战略谋划制定；又要见微知著，把控细节，指导督促战术执行。一言以蔽之，董事会秘书扮演着把关规范治理的看门人、主导资本运作的牵头人、辅助战略决策的参谋者、沟通多方关系的联络员等多重角色。自2018年担任公司董事会秘书以来，张锋先生带领团队在公司治理、信息披露、投关管理、资本运作等方面有效履职，亲历并推动公司一步步发展壮大。

一、勤勉尽责切实保障规范运作

作为承担公司治理和信息披露工作的直接责任人，心存敬畏、明辨慎思，当好把关规范治理的“看门人”是董事会秘书履职的基本功。

（一）完善公司治理严守依法合规底线

一是坚持党建引领作用。董事会秘书高度重视党建工作，督促董事会办公室积极研究落实把党的领导融入公司治理各环节。推动党建入章，明确党组织在公司治理结构中的法定地位和职能，建立党委会、股东大会、董事会、监事会、高级管理层“三会一层”的公司治理架构。履行“三重一大”事项党委前置讨论程序，切实保障党组织“把方向、管大局、保落实”的核心地位。二是保障“三会”运作规范。董事会秘书作为董事会运作的组织者，积极协调督导董事会会议组织、董事聘任等相关事务管理规范有序开展，确保会议决策程序合规，治理主体权责明晰，充分发挥董事会“定战略、作决策、防风险”的重要作用，提升董事会决策的独立性和有效性。三是强化董事履职服务。一方面，指导相关团队人员精细化做好日常协调支持，并通过组织培训、调研等方式，提升董事履职效能；另一方面，与董监事保持深度沟通，积极征询意见探讨问题，发挥董事特别是外部董事为公司重大决策出谋划策的作用，为董事高效履职促进公司发展创造条件。四是加强关联交易管理。及时修订相关制度，更新关联方清单，整理报送数据信息，合理预计年度关联交易范围并及时跟踪执行情况，不断提高管理有效性。

（二）提升信息披露充分传递公司价值

作为上市公司的法定义务，董事会秘书高度重视公司信息披露质量，要求董事会办公室秉持以法律法规为准绳，以监管要求为指导，以同业经验为参考的工作原则，多复核、广咨询、勤求证、深研究，扎实做好定期报告和临时公告编制披露、内幕知情人信息登记管理以及监管系统信息报送等相关工作。

一是加强规则学习，及时跟踪外部法规修订内部制度，把握监管政策动向，保证信息披露“真实、准确、完整、及时、有效”，扎好篱笆，把好制度关；二是重视信息传导，畅通内部重大信息和外部市场信息双向传递渠道，对可能涉及的重大事项临时公告未雨绸缪，充分预案，提高信批前瞻性；三是完善工作机制，建立覆盖全辖的信息披露联系人队伍，注重培训，以信息披露联系人为抓手，将重大信息内部报告主体责任下沉一线，增强主动性；四是持续提升质效，在保证合规的基础上，以投资者需求为导向，注重信息披露的有效性，提高自愿性披露信息数量，探索简明清晰、通俗易懂的披露形式；五是建立 AB 岗工作机制，具体操作坚持多人复核，降低操作风险。

（三）强化制度建设建章立制夯实基础

2022 年年初，中国证监会会同沪深证券交易所开展了资本市场上市公司监管法规体系 30 年来的首次全面整合修订，密集发布了诸多规则制度的修订、归并、废止，涵盖信息披露、公司治理、并购重组、监管职责等方面，与上市公司规范运作息息相关。公司董事会秘书督导董事会办公室一方面抓紧研究学习，结合行业监管政策、同业动态和公司实际情况，完成相关制度修订完善工作；另一方面组织人员整理形成专门的法律汇编手册，根据文件的效力区别分类，并根据监管机构的最新要求，及时补充更新，保证部门人员的及时查阅使用，提高工作效率。

二、主动作为着力谋求价值创造

在为公司防控风险、稳健运营保驾护航的同时，董事会秘书也在资本运作、战略规划等方面承担着牵头协调和统筹执行的职能，为公司重要决策的制定提供支撑，在助力公司经济效益提升的同时，凸显出董事会秘书岗位的独特价值。

（一）适时资本运作壮大实力助推发展

2021 年，公司审时度势、把握机遇，适时启动定增。面对券商行业定增市场吸引力不强且同质化竞争加剧的不利环境，董事会秘书带领董事会办公室为主力军攻坚克难，并协调公司相关部门及外部中介机构，汇集各方力量，经过半年多的周密部署、精心筹划、高效执行，最终实现了定增股数满额发行。值得一提的是，公司审核阶段即以零反馈问题获证监会发行审核委员会无条件审核通过，创造了证券行业再融资审核的历史最快记录。资本实力的壮大为进一步扩大公司业务规模、增强市场竞争力奠定了坚实的基础。

（二）牵头战略规划谋篇布局引领未来

董事会秘书领导董事会办公室牵头统筹推动公司三年战略规划编制工作。对外充分听取控股股东意见建议，积极调研同业，搜集行业动态；对内与公司高层、各相关部门反复沟通，对内部资源约束多次测算，其间经历若干次的方案制定、修改、推倒重来，完成了整体战略规划报告。在行业头部效应显著、中型券商不进则退的形势下，利用战略规划制定契机，为下一步破解困难瓶颈、明晰发展思路、发掘潜力优势奠定基础。

三、沟通内外发挥桥梁纽带作用

董事会秘书一方面作为公司新闻发言人发挥“传声筒”作用，合理发声回应关切，以稳定市场信心、维护品牌形象；另一方面，也天然地作为政策、市场、行业等外部资讯的“收集器”，各种信息甄别提炼后及时反馈至公司核心管理层、治理层，从而辅助决策制定，助力公司发展。

（一）深化投关管理真诚守护股东利益

针对机构投资者，定增期间，董事会秘书积极参与线上线下路演 100 余家，成功引入战略投资者，并与其保持密切沟通。在公司定期报告发布后，向机构股东说明公司经营计划，增强机构投资对公司信心。针对中小投资者，积极克服疫情影响，利用上证路演、上证 e 互动、腾讯会议等第三方网络平台，加强与投资者的线上沟通交流，成功线上组织召开并亲自参与了公司年度投资者集体接待日活动、年度和半年度业绩说明会，并安排专人接听投资者电话，及时回复中小投资者及媒体提问。

同时，勇于尝试新媒体传播方式，不断拓宽与投资者的沟通渠道，维护良好的投资者关系。一方面，公司聘请专业公司通过微信 H5 的方式对年报内容进行提炼，便于投资者快速、准确把握年报核心要点，反复优化文字表述和图文设计，力求在满足信息披露真实、准确的同时，达到最佳投资者阅读体验。通过公司微信公众号在交易所公告当日同步发布公司年度报告 H5 宣传简报，得到公司员工及中小投资者的广泛转发，对公司树立正面市场形象、增强投资者信心起到了积极推动作用。

（二）积极协调各方营造良好外部环境

董事会秘书作为公司对外交流的窗口，与上海证券交易所、中国上市公司协会、北京上市公司协会等监管机构或自律组织保持顺畅沟通，及时将监管要求和意见传递给公司。同时，积极参加证监会、上海证券交易所举办的各类会议、活动，配合落实相关工作要求。例如，参加“稳增长”的沪市券商专题座谈会，向监管反馈公司相关工作情况和诉求，为证券市场发展建言献策。

未来公司董事会秘书将继续忠实勤勉履职，一方面，深刻贯彻落实监管要求，严守合规防风险，不断提升公司治理效能，提高信息披露质量；另一方面，围绕公司战略规划目标，主动作为促发展，持续优化投资者关系管理，适时开展资本运作，助力公司高质量可持续发展，为股东、为社会创造更大价值。

25. 上海环境（601200. SH）：推动企业高质量发展　打造资本市场示范标杆

董事会秘书　董政兵

作为上海环境董事会秘书，在公司董事会的坚强领导下，董政兵先生认真履行职责，积极推动上海环境承担高质量发展使命，着力打造资本市场示范标杆，在加强企业可持续发展思考、提升信息披露水平、注重投资者权益保护、提升“三会”规范运作水平、塑造企业品牌形象等方面积极谋划，取得了一系列积极成效。

一、以合规为准绳，规范上市公司治理

一是以党的领导为根本，把稳公司前进方向。坚决拥护党组织在公司法人治理结构中的法定地位，把党建工作总体要求全面纳入公司章程，确保党组织作用在决策、执行、监督各环节都能得到有效发挥。2022 年，上海环境首次入选中国上市公司协会会员理事单位，对上海环境在资本市场进一步提高参与度、共建良好市场生态等方面均具有积极意义。此外，总结公司治理、内部控制等优秀经验并编制《公司治理实践报告》，评价期内荣膺上海上市公司协会“上市公司治理和内部控制最佳实践案例”荣誉奖项。

二是以“三会一层”为抓手，推动公司做优做强。统筹协调长江环保集团、三峡资本作为战略投资者的入股尽职调研，与之开展合作洽谈，为公司董事会成功引入第二大股东长江环保集团的派出董事，使其充分参与公司治理，发挥科学决策作用。同时，推进公司三个专门委员会的建立与

合规运作，进一步提高决策的科学性和上市公司的规范运作，强化董事会的科学、民主决策中枢作用。

二、以严谨为保障，强化信息披露体系建设

一是建章立制，全面建立上市公司制度体系。立足于上市公司管控实际，组织建立涵盖公司章程、“三会”议事规则、董事会专业委员会工作细则等29项制度的上市公司基本管理制度体系，为信息披露工作提供全面的制度保障。

二是固本强基，明晰信息披露管理架构。高度重视信息披露事务管理，自履职以来，始终坚持高质量组织信息披露工作，严格执行信息披露管理制度和中国证监会、上交所等相关规定的各项要求。为规范上市公司信息披露程序，建立信息披露管理架构，确保信披工作既有“份量”，又有“质量”。

三是自愿信披，持续提高信息披露质量。在公司2021年年度报告中，主动结合公司所在行业政策和市场动态，分生活垃圾、市政污水、危废医废、土壤修复、市政污泥、固废资源化6个业务领域深入分析并自愿披露了公司所处行业的格局及发展趋势，尤其在生活垃圾和市政污水的分行业披露指引取消后6个业务领域均无指引要求的情况下，公司在年报中围绕上述业务领域仍自愿详细梳理了行业发展趋势以及公司经营模式、核心竞争力、经营计划等经营性信息。

截至目前，上海环境已连续三年荣获上交所年度信息披露工作最高评级A级，在A股上市公司中保持前10%的水平，进入再融资、并购重组的快速审核通道，连续三年荣获“A”级评价对上海环境在资本市场进一步树立国有环保上市公司的品牌形象具有重要意义。

四是履行责任，彰显国企社会责任担当。积极推动上海环境在环境保护、安全生产、股东利益维护等方面积极承担企业社会责任。截至目前，上海环境已连续五年自愿发布上市公司社会责任报告，取得资本市场的广泛关注和良好反馈，荣膺人民日报社《国际金融报》“公司治理责任先锋

企业”奖项。2022年正值上海环境上市五周年，组织自愿编制《上海环境2021年度社会责任报告》暨上市五周年特刊，内容涵盖走进上海环境、响应国家战略、重视环境保护等八大板块，尤其是详细介绍了上海环境在抗击疫情中承担的艰巨任务和优秀经验，旨在更为全面地向投资者披露自身社会责任战略和实践情况。

三、积极回应投资者关切，维护投资者关系大格局

一是注重投关，共建良好市场生态。严格按照信披相关要求，既坚持原则，又耐心细致地为各类投资者进行解答，确保上交所“上证e互动”平台投资者提问回复率100%，同时，组织带领团队接听股民咨询电话共计两百余次。主动响应监管机构关于业绩说明会常态化的号召，定期报告发布后，多次组织在上交所“上证路演中心”网络平台以创新形式召开业绩说明会，与广大投资者进行沟通和交流。

二是接待调研，拓展机构投资者覆盖面。为进一步加强与机构投资者的互动交流，组织筹办“走进上市公司”暨机构投资者交流会，邀请自中信建投、广发证券、华泰证券等机构的30余名行业研究员及机构投资者参观老港焚烧项目，并与公司管理层进行交流互动，倾听投资者的心声，听取投资者的建议，增进了机构投资者对公司的了解和认同，还对公司继续做好投资者保护工作、提升公司治理水平具有重要意义。

三是关注舆情，获取资本市场最新信息。为深入了解资本市场动态，组织团队持续开展上市公司舆情监控及分析工作，每周组织编制舆情周报，每月组织编制《资本市场月报》。内容涵盖行业出台政策、竞争对手重大事件汇总、资本市场要闻、监管动态、公司市值分析、股东分析、舆情分析、研报汇总等。

四、以战略为引领，绘制发展规划崭新蓝图

一是擘画蓝图，创新开展“十四五”规划的编制宣贯。带领团队以问

题导向、目标导向、需求导向为引领，组织开展“十四五”规划的编制工作。针对新固废法实施、国补退潮新政、新基建 REITs、等多项环保相关政策作出缜密的研判分析，针对生活垃圾、污水污泥、环境修复等多个细分领域开展调研访谈和数据搜集，翔实掌握市场供求潜力、主流工艺技术、商业模式和竞争格局，形成战略规划初稿。在广泛征求意见基础上，修订完善战略规划报告，经行业专家初步审核，提交董事会战略委员会审议通过，编制形成“十四五”战略规划。

此外，为有力提升“十四五”规划的宣贯成效，创新宣贯方式，统筹策划“行者恒无涯 梦想再出发”上海环境企业发展论坛，盛邀市生态环境局、市绿化和市容管理局、市水务局等领导就上海环境未来五年发展开展热烈探讨。此次论坛同时邀请广大基层员工直接参与，通过全方位交流、交锋、交融，全面推动全体干部职工对公司“十四五”发展理念、思路、战略目标和定位的理解把握、凝聚共识，振奋上海环境全体干部职工迎战“十四五”的信心决心，并转化为推动规划落地生根的绵延动力。

二是对标先进，研判扬长补短针对策略。为从细微处着眼，向高标准看齐，组织对标研究行业 26 家有代表性的优质上市公司。为更好地加强项目现场的学习调研，带领团队拟定包括建设、运营、管理体系等多方面问题在内的对标学习提纲，并带队深入绿色动力惠州环保产业园区，与对方就项目初期规划设计、项目成本控制、运营流程优化和辅料投放经验等方面进行了全面深入的交流与探讨，对进一步提升企业管理、降本增效具有重要意义。

五、以品牌为焦点，塑造阳光活力企业形象

一是塑造品牌，提升环保行业影响力。为贯彻落实习近平总书记关于生态文明建设的重要指示精神，成功举办首届“聚力同行 合众致胜——一线城市环保产业战略论坛”。来自“北、上、广、深、渝”5 地 7 家国有环保排头兵企业，全国各地的行业主管委办局、行业专家等莅临现场，共话中国环保产业高质量发展之路，致力于推动整个行业向更高标准、更好

水平迈进。

二是创建官微，全面构建公司宣传体系。为从多渠道、全方位向投资者、员工以及行业管理者展示上海环境的核心优势和行业影响力，组织创建上海环境企业官方微信号，实现了公司新媒体宣传平台的从无到有。根据公司业务和文化，组织建立针对性的公众号菜单栏，使订阅者和投资者更直观清晰地了解业务板块、新闻动态和企业文化等，进一步实现了宣传窗口的优化。企业公众号的良好运营进一步加强了公司与投资者的联系，及时传达了公司动态与员工良好的精神面貌，充分展示了上市公司的社会责任与国有环保上市公司的历史使命。

三是深耕基层，紧跟一线宣传要点。面对2022年年初突如其来的新冠疫情“倒春寒”，带领团队在一线用敏锐视角寻找宣传爆点，紧紧围绕企业中心工作，打造了“砥砺前行上海环境医废应急服务对接专班十二时辰”“我们‘清零’了与家人团聚的时间”等一系列优质宣传选题，掀起上海环境对外抗疫宣传的“高潮”，为使公司全面织密“宣传网”，确保宣传引导到位，组织推出全新宣传窗口——“上海环境倾力守护”官方视频号，为夺取疫情防控和生产经营的“双胜利”提供了坚强的舆论保障。

砥砺奋进新征程，扬帆起航再出发。立足“两个一百年”历史交汇的关键节点，公司将紧扣高质量发展的时代主题，坚持以高质量信息披露传递公司价值，持续提升公司治理水平，坚持履行国企社会责任，以“经千难而百折不挠，历万险而矢志不渝”的精神，秉承“为绿色明天 点亮每一天”的使命，踔厉奋发，笃行不怠，踵事增华向着新征程再出发，为助力上市公司高质量发展贡献新的力量！

26. 上海银行（601229. SH）：不忘初心　使命在肩　持续推进价值银行建设

董事会秘书　李晓红

李晓红女士现任上海银行党委委员、董事会秘书，中国上市公司协会理事、上海上市公司协会副会长，曾先后在中国证监会、地方政府金融管理部门任职。自2010年10月任上海银行董事会秘书以来，特别是自2016年11月公司登陆上交所以来，协助公司完善公司治理、信息披露、投资者关系管理、资本运作等工作，获得业界肯定，先后荣获新浪财经“金牌董秘”、《证券日报》“金骏马奖·金牌上市公司董秘奖”、第十五届“新财富金牌董秘”、上海上市公司协会“2017～2018年度优秀董秘”等荣誉。

一、推进落实党的领导与公司治理有机融合

将党的领导融入公司治理，是建设新时代中国特色公司治理机制的重大创新，积极落实相关制度、程序和机制建设。

有效推进党建入章程工作。建立与相关股东一对一沟通机制，获得国有、民营和外资等各类股东的广泛支持，该项股东大会提案同意比率达到99.97%，在上海金融业中名列前茅，从而顺利实现将党建工作总体要求纳入公司章程，确立起党委在公司治理结构中的法定地位。2020年，进一步组织修订公司章程，进一步纳入党的领导融入公司治理的具体要求。

切实执行董事会重大决策事项的党委前置研究讨论程序。组织梳理董事会履职事项，形成较为完备的董事会议案一览表，不断完善议案承办机制，细化董事会议案前置流程，建立履行党委前置研究讨论程序的董事会

议案清单，为党委充分发挥把关定向作用提供支持。

认真履行党委委员、董事会秘书双重职责，积极向董事会及其专门委员会传递党委决策意图，推进重大事项有效沟通和审议进程；协助开展董事会监事会换届工作，组织拟定换届方案，有效落实和深化“双向进入、交叉任职”领导体制。

二、协助董事会充分发挥战略决策职能

近年来，上海银行不断完善战略闭环管理体系。围绕董事会有效发挥战略决策职能，妥善安排董事会、战略委员会会议和组织落实审议议案，为战略管理高效规范运作提供有效保障。

在战略体系方面，推进战略委员会对战略规划的审核论证，协助董事会及时、充分审议各项战略规划，董事会形成了包括总战略规划、分战略规划在内的、较为健全的战略规划审议及决策机制。

在战略执行方面，及时协调落实年度经营计划、高管考核目标提交董事会审议，为健全战略规划、经营计划和考核评价的有效衔接机制提供支持。

在战略评估方面，推进落实向董事会、董事会战略委员会定期报告战略规划执行情况制度，协助董事会战略委员会定期开展战略执行评估，促进董事会有效把握战略执行情况及评估改进方向。

三、有效组织实施再融资方案

上海银行为资本监管型企业，资本充足率要求严格。积极把握市场机会，推进资本运作，有效组织实施优先股、可转债发行等再融资工作。

自担任董秘以来，协助上海银行于2016年成功实现首发上市，创造年度最大融资规模IPO。上市之后，认真组织开展资本工具研究和再融资方式分析，助力谋划中长期资本补充工作及完善多渠道资本补充机制，积极建议选择合适资本工具推进再融资工作。

2017 年年末，上海银行成功发行 2 亿股优先股，募集资金总额 200 亿元，有效填补其他一级资本空缺，资本结构得到完善。2021 年年初，公司成功发行 200 亿元 A 股可转债，推进核心一级资本渐进式补充。再融资工作的有效实施，进一步增强了公司服务实体经济的能力及风险抵御能力。

四、推进一体化信息披露和媒体宣传

上海银行坚持价值创造导向，积极回报股东和社会。持续推进主动发声，积极向社会传递公司投资价值和良好形象。

深化主动披露和合规披露，紧跟资本市场监管变化和投资者关切，强化定期报告和临时公告价值载体作用，加强战略传导和策略分析，完善定期报告逻辑框架，积极回应资本市场关切，健全披露内容，丰富分析维度，加强战略传导和策略分析，对资本市场关注的重点指标有效阐释，持续提升投资价值展示能力和透明度。

探索丰富宣传形式。定期报告披露后，以系列新闻稿、小视频、长图文、微信版 H5 等投资者喜闻乐见的方式组织开展多种形式解读及宣传，有效提升传播效率和效果。自上市以来的 5 个完整年度，上海银行信息披露工作连续获得上海证券交易所 A 类评价。

董事会秘书同时担任公司声誉风险管理委员会副主任委员及新闻发言人之一，围绕服务国家和地方发展战略，推进加大服务实体经济、践行金融为民举措的宣传力度，聚焦绿色金融、普惠金融、科创金融、养老金融、在线金融等业务特色，以及支持防疫抗疫和复工复产、助力乡村振兴、参与慈善公益事业等题材，展现上市金融国企的责任和担当。以 2021 年为例，上海银行刊登报道逾 600 篇次，其中重点报道逾 100 篇次，总转载逾 8000 篇次。

五、积极构建双向良性互动的投资者关系

上海银行重视投资者意见，着力实现与投资者的双向良性互动，把握

投关工作目标和方向，推进与投资者的充分交流。

自公司上市后，推动公司在较短的时间内构建具有自身特色的多层次投资者关系管理框架，搭建起与各类投资者的沟通桥梁，形成路演、业绩说明会、投资者接待日、投资者热线、IR 邮箱、投资者留言板、上证 e 互动等多种投资者日常交流渠道，并建立起跨部门的投关团队。

探索和完善与利益相关者交流渠道和方式。开展反向路演，结合上海银行养老金融服务特色，创新开展养老金融开放日活动，以更鲜活、多元和更具实效的形式与资本市场进行沟通交流。公司所在地区突发疫情以来，根据疫情防控政策完善沟通方式，通过网络视频方式在上交所上证路演中心、全景网召开业绩说明会，高级管理人员出席会议直接交流，并通过中国证券网、中证网、万得 3C 会议等客户端转播，有效提高投资者覆盖面和参与度。

深化信息反馈传导机制。及时传递专业机构投资者对银行发展战略、财务表现、业务增长、资产质量等方面的关切和期望，组织梳理分析证券分析师研报观点及关注问题，及时反馈管理层，促使公司不断完善经营管理分析和经营策略，提升价值创造能力。

上海银行投资者关系管理工作收到较好成效，近年来主要股东主动增持股份，机构投资者持股总体稳定，公司先后获上海上市公司协会“2018 年度优秀会员单位”、入选上海上市公司协会上海辖区上市公司创新案例，以及相关媒体“2019 中国上市好公司”“2019 年度值得信任卓越银行”、2020 年“IR 最佳创新奖”、2019 年和 2021 年“全景投资者关系金奖”等奖项。

六、积极为证券市场及行业规范发展建言献策

上海银行坚持合规稳健经营，积极参与证券市场和银行业规范发展。董事会秘书以丰富的从业经历、良好的专业水准、严谨的工作态度，积极建言献策。

2020 年 9 月，推动上海银行与深圳证券交易所在金融市场投资、企业

上市培育、产品创新、信息共享、科技金融、跨境服务等方面开展合作，促进双方签署战略合作协议，共同推动金融企业与资本市场深度融合，拓宽资本市场服务实体经济和对外开放新渠道。

加强理论与实践相结合，积极研究公司治理前沿问题，2018 年在中国银行业协会主办的《中国银行业》杂志上发表《优化公司治理 推进价值银行建设》署名文章。2021 年 6 月，作为 8 家金融机构代表之一，参加中国银保监会公司治理监管部召开的健全金融机构治理专题调研座谈会，为深化行业公司治理贡献智慧。

积极参与上市公司协会各项活动。自 2017 年加入协会以来，上海银行连续多年参加上市公司投资者集体接待日活动，积极组织董事、监事和行内相关人员参加协会各类培训。同时，利用协会搭建的业务合作、培训、宣传等服务平台，推动公司构筑沟通合作桥梁，扩大与协会会员单位的交流沟通，拓宽宣传渠道，提升影响力。2022 年 7 月，上海银行相关经营管理信息平台成功入选协会《上市公司数字化转型典型案例》。

七、深化社会责任披露工作

上海银行重视维护利益相关者利益，积极承担公民企业社会责任，连续 15 年披露年度社会责任报告。认真组织落实，推动公司形成有效的社会责任信息披露机制。

持续深化社会责任披露内容，响应利益相关方期望，完善金融支持实体经济、促进民生改善、推进绿色发展、支持脱贫攻坚和乡村振兴、提升客户体验、诚信合规经营等领域社会责任披露内容，突出公司经营管理与社会责任融合的成效。同时，主导聘请第三方机构对社会责任报告出具独立鉴证报告，不断增加鉴证内容，持续增强社会责任报告公信力。

上海银行社会责任工作及披露获得肯定。公司获邀在 2021 年上海市国资委系统企业社会责任培训会介绍社会责任工作经验，先后荣获中国银行业协会“2018 年中国银行业社会责任百佳评估最佳精准扶贫贡献奖”、上海市企业社会责任报告杰出企业、上海上市公司企业社会责任峰会企业社会责任奖项及相关媒体“最具社会责任上市公司奖”“最具社会责任银行”“年度杰出社会责任商业银行”“金质量·ESG 奖”等奖项。同时，公司被纳入中证 ECPI ESG 可持续发展 40 指数、沪深 300 绿色领先股票指数、沪深 300 ESG 基准指数、沪深 300 碳中和指数和上证社会责任指数等环境和社会责任相关指数。2021 年年末，上海银行 MSCI ESG 评级为 BBB 级，Wind ESG 评级为 A 级。

27. 中国平安（601318. SH）：提升董事履职能力　优化公司治理水平

董事会秘书　盛瑞生

现代企业公司治理的核心是董事会，其承担着重大事项的决策以及对管理层的监督职能，在公司治理中起着承上启下的重要作用。中国平安是一家受银保监会监管、于上海和香港两地上市的保险集团。公司股权结构分散，无控股股东及实际控制人，主要通过旗下成员公司开展保险、银行、投资、医疗健康等业务。中国平安所处的监管环境、外部环境、自身业务模式和管理模式都较一般公司更为复杂。因此，如何提升董事会的科学高效运作以及推动董事更好地尽职履责就显得尤为重要，这同时也是公司以及我本人作为董秘持续探索和努力的方向，现将近年来在工作中尝试的做法分享如下。

一、持续优化董事会结构，提升科学高效决策水平

随着公司体量的增长和业务的延伸，对于董事会运作水平的要求亦持续提升。董事会作为公司的核心决策机构，决定了包括公司发展战略等重大事项，董事会形成的每一个决策都会对公司产生深远影响，而每一位董事作为董事会的一员，对董事会决策负直接责任。这就需要董事会的组成多元、专业，包括董事类别、董事背景甚至性别。公司也一直在探索现阶段更为合适的董事会结构，以期打造一个更加有活力、能够独立思考、专业科学的决策“大脑”。

（一）提高独董占比，打造“独立思考的智囊团”

独立董事制度是在董事会中设立独立董事，以形成权力制衡与监督的制度。近年来，公司在董事会的实际运作中关注到了两个问题：一是分散的股权结构下，公司董事会决策的科学性及独立性显得更为可贵；二是专业的独立董事团队确实能够带来专业的意见和建议。带着这样的思考，为更好地维护各利益相关方的利益，公司于 2021 年对董事会结构进行了升级——减少一个执行董事席位，新增一个独立非执行董事席位，形成执行董事、非执行董事和独立非执行董事人数为 5－4－6 的结构，独立董事达到 40% 的比例，超过上市公司独立董事人数不得少于董事会人数的 1/3 的要求。

（二）董事多元化“改进”，焕发董事会“大脑”活力

公司从董事专业背景多元化和性别多元化两个角度双管齐下，提升董事会多元化水平。在专业背景方面，考虑到公司近年来在金融科技领域的发展需要，公司董事会除了吸纳会计、金融、法律领域专家外，也选聘了一位科技及人工智能领域的学者出任公司独立非执行董事。他们具备极高的专业素养和丰富的国内外公司治理实践经验，在业界均享有较高的声誉，为公司带来“差异化的声音”。在性别多元化方面，自 2019 年至今，中国平安董事会增补了 2 名女性董事，率先将董事会的女性成员比例从 1/15 提升到 1/5，在 A 股上市公司中达到了领先水平。新任女性董事的加入，为董事会带来了更细致、稳健的思考方式，合力形成更为“平衡的视角”。

正是有了更加科学的董事会构成以及背景更加丰富的董事构成，确保了中国平安董事会能够在波澜壮阔的市场环境下保持独立性、专业性和前瞻性，为公司的高效运作打下坚实基础。

二、提升董事履职能力，襄助董事发挥“光与热”

拥有优秀的董事资源不代表必定能够运用好董事资源，如何协助董事高效履职，充分施展其才能和智慧，是作为中国平安董事会秘书一直着重探索的课题。自任职以来，董秘一直致力于协助董事长搭建公司与董事，

特别是与外部董事之间的双向沟通机制，帮助董事第一时间掌握公司经营管理情况，并能够及时就发现的问题与公司管理层进行顺畅的沟通，确保董事在全方位掌握公司信息的基础上，经过充分酝酿、沟通形成决策意见。

（一）做好“信息传递者”，确保双向沟通渠道顺畅

这里的传递，指的是双向传递——每月将公司的重大信息、行业信息、外部分析师报告和监管政策解读等材料“带给”董事，使董事们可及时获取公司信息及外部资讯。同时将外部董事们关心的问题“带回”公司，督促公司就外部董事关心的议题提供专题汇报。作为董事会秘书，列席董事会及下设各个专业委员会历次会议，密切关注董事们在董事会及各专业委员会举办期间关注的公司创新发展战略、市场案例、合规问题、业务经营情况、监管政策等问题，并第一时间联络公司管理层等相关负责人进行专题汇报。例如，公司管理层今年来多次向董事们汇报金融科技前沿、医疗健康生态战略、绿色金融工作等专题报告，尽力为董事们答疑解惑。如此，董事们便能及时了解决策所需的必要信息，而公司也可知悉并处理董事的关切所在。

（二）做好“落地推动者”，确保董事会决策得到贯彻执行

董事会的决策往往是“上层建筑”，是否在业务一线得到贯彻或执行则需要定期检视。平安董监事履职的一大特色便是一年一度的独立董事联合监事会机构考察，考察的重点在于了解公司各项政策的执行情况以及各级机构员工对公司的意见及建议，并会于考察结束后，将重点问题以及基层员工的心声向公司各级管理层进行反馈，督促管理层对有关问题逐一回复，落实并形成书面反馈报告报董事会、监事会。

（三）做好“文化守护者”，营造良好的履职氛围

独董能否在董事会充分贡献其专业力量，是由不同的董事会文化决定的。独董是公司治理结构优化的推动者，是公司规范经营的监督者，更是中小投资者利益的保护者，董秘应该协助独董将这几个角色充分发挥。

中国平安历来推崇打造开放性的董事会文化，作为董事会秘书，也始终守护着这样的文化，致力于协助董事会为各位独董营造一个充分探讨、畅所欲言、乐于分享、互尊互信的文化氛围，让外部董事们不仅能够“走

近公司”，还要能够“走进公司”；不仅敢于“审视公司”，还要敢于“评说公司”。在重大决策事项上，尤其是涉及重大战略、发展方向性的议案，董事会秘书会提前邀请独董从其自身的专业和工作经验出发，发表专业的意见和建议，从多维度提出观点和思路。例如，在正式召开董事会审计与风险管理委员会之前，会安排一场预沟通会，探讨独董关注的阶段性问题；审计与风险管理委员会正式会议则视议题情况安排一整天的时间，供独董充分讨论。

三、积极组织各项培训，助力提升董事履职能力

为提升董事履职能力，主动就最新的监管政策解读、履职要求、行业专业知识等内容组织董事们进行培训，每年度的培训学时往往高于监管要求的基本学时，协助董事，尤其是独立董事，提升履职所需的基本知识和技能。例如，在2021年年度董事会上，公司就董事们感兴趣的偿二代及保险精算等行业知识举办了相关培训，使新任董事能够尽快对公司所在行业的监管规则形成认知。

以上为董秘为提升董事履职能力、优化公司治理水平所进行的尝试。均衡的董事会结构，是公司治理的基本盘；专业背景多元化、高素质的董事团队，是公司治理的宝贵资源；运用适当的治理手段将宝贵的资源发挥出价值，方能促进公司治理基本盘的全面提升。在未来的治理工作中，董秘还将继续总结探索，时刻遵循国内外监管要求，对标国际标准，继续传承中国平安“专业，让治理创造价值”的理念，推动公司治理结构进一步优化升级，让治理持续为公司的高质量发展创造价值。

28. 交通银行（601328. SH）：持续创新工作举措推动公司治理高质量发展

董事会秘书　顾生

交通银行高度重视良好的公司治理对稳健经营的保驾护航价值，认真贯彻落实《国务院关于进一步提高上市公司质量的意见》，完善公司治理制度建设、投资者关系管理、信息披露相关工作，与资本市场保持密切有效的沟通。持续创新工作举措，完善公司治理、投资者交流、信息披露工作机制，进一步提升公司治理有效性，连续九年获评上海证券交易所信息披露A类公司，保持国有大行在资本市场的良好形象。

一、强化公司治理制度建设，提升治理效能

2022年是交通银行“公司治理制度建设年”，董秘组织修订了公司治理诸多相关制度，公司治理的效能进一步提升。一是修订《交通银行股份有限公司章程》，进一步健全现代金融企业制度，在完善公司治理中加强党的全面领导。本次修订涉及条款199条，占比约68%，是交通银行自2004年股改以来对《公司章程》进行的最大一次修订。二是修订《交通银行股份有限公司股东大会议事规则》，进一步保障股东依法行使权利，保证股东大会依法行使职权，确保股东大会平稳高效、规范有序运作。三是修订《交通银行股份有限公司董事会议事规则》，健全完善董事会议事决策机制，明确董事会职权边界，提升董事会科学决策水平。四是修订《交通银行股份有限公司信息披露管理办法》，进一步夯实信息披露管理制度

基础，提升披露质量。五是同步公司章程修订，在借鉴优秀同业经验的基础上，修订了董事会下设的五个专门委员会工作规则，进一步规范了各专委会的职权范围和决策机制，有效发挥专家咨询以及监督作用。

二、创新疫情防控常态化下的投资者交流方式

近年来受疫情影响，召开大规模现场业绩发布会、与投资者面对面交流的方式不符合防疫要求。为满足分析师、投资者交流需求，保持对外交流热度，交通银行多措并举，创新交流沟通方式，持续向资本市场传递经营管理动态，进一步搭起与外界投资者沟通桥梁。一是首次采用高管多地接入、视频直播方式，举行 2021 年度业绩发布会，在线观看人数超过 45000 人次，提升投资者与公司高管交流的便利度，市场反馈良好。二是按计划圆满完成 2021 年度业绩境内、境外路演。举行 2 场年报线上国际路演，高管与 18 家在港中资投资机构、10 家美欧外资机构开展沟通交流；连续第二年开展境内路演，高管带队组织召开 10 余场线上路演活动，与社保基金会、境内大中型基金公司、保险资管共计 23 家投资机构进行沟通交流。三是常态化开展投资者日常沟通交流。积极参加境内外投行组织的投资者论坛、上市公司交流会等，与近 700 人次机构投资者交流，超过去年全年沟通人次。

三、完善估值管理日常工作机制，扎实开展估值管理相关工作

交通银行董事会、高管层高度重视估值管理工作，2021 年年初，高管层听取了加强估值管理工作的专题汇报，提出了未来主要聚焦的六项重点工作，推动估值管理工作落地。一是按季度定期召开全行估值管理专题会。回顾交通银行阶段性股价表现情况及与大盘、行业走势对比；组织推动业绩发布、境内外路演、与分析师投资者的日常沟通、定期报告编写等工作，明确工作中各部门职责分工；推动落实业绩发布会、境内路演、宣传素材及应对口径等具体事项。二是为进一步提升与资本市场的沟通交流效果，

组织董办牵头建立集团前、中、后台共同参与的估值管理工作机制和估值管理柔性团队。通过相对固定的专业人员与市场沟通交流，有利于提升交流深度、专业性，获得市场广泛认可。三是针对法人股东数量众多、持股量大的特点，不断完善总分行一体的股权管理网络，将股权管理与客户关系维护、业务营销深度融合。总行定期向分行提供最新法人股东名册，服务并协助分行加强与相关单位的股东关系和业务往来。分红派息前，由分行与当地法人股东主动沟通，使分红资金尽可能留存本行。

四、遵循监管要求、围绕市场需求，提升定期报告信息传递有效性

一是在年报中增加披露本行发展战略及推进情况。“十四五”时期，交通银行将聚焦“上海主场”和数字化新交行建设两大领域率先创新突破，打造普惠金融、贸易金融、科技金融、财富金融四大业务特色，建强客户经营、科技引领、风险管理、协同作战、资源配置五大专业能力，推进高质量发展。二是围绕市场关注重点问题丰富披露内容。在年报、半年报中持续披露公司及零售业务客户发展、场景建设，金融科技与数字化转型，线上渠道建设等内容，全方位立体展示发展成果。对投资者重点关注的利息收支、资产减值损失变化、员工成本、关注类贷款大幅减少、房地产与信用卡资产质量趋势等，除披露相关数据外，亦进行简要分析说明，增强定期报告的可读性。完善核心数据披露口径，优化手续费收入分类，将“理财业务”单列，更清晰展示理财业务快速发展对收入的正面贡献。三是完善年报对公司治理的披露。增加董事会及董事会各专门委员会全年履职情况，提高公司治理运行透明度。完善对子公司管理、关联交易等披露。首次在年报中披露对子公司的管理控制情况，完善披露关联交易相关情况。四是主动披露公司遵循绿色发展理念，坚持绿色发展底色，践行绿色金融成效。2021 年首次在年报中披露绿色金融治理机制，绿色信贷（清洁能源贷款、碳减排贷款）、绿色债券、气候变化风险等内容，探索披露租赁、信托、保险子公司践行绿色理念，发展绿色金融的相关举措。五是年报披露的同时，同步推出全年业绩“一张图”和小视频，增强年报宣传效

果。以“一张图”提炼全年战略推进成效和经营发展亮点，讲好交行故事。通过年度业绩小视频，更鲜活展示交通银行服务实体经济成效和经营特色亮点，增强投资者对交通银行经营发展的了解和投资价值的认同。

五、为完善上市公司 ESG 治理水平、信息披露前沿研究贡献智慧和力量

一是 2022 年 9 月，交通银行担任中国上市公司协会第一届 ESG 专业委员会委员，由董秘担任代表。董秘组织参与搭建上市公司 ESG 沟通交流平台，分享公司在 ESG 领域的实践和相关经验，推动上市公司提升 ESG 管理水平。二是参与中国证监会 2022 年 5 月就《国际财务报告可持续披露准则第 1 号——可持续相关财务信息披露一般要求（征求意见稿）》和《国际财务报告可持续披露准则第 2 号——气候相关披露（征求意见稿）》开展的书面调研工作。认真学习上述征求意见稿制定的背景，积极响应市场对更加一致、完整、可比和可验证的可持续性相关财务信息的需求，就上述两项征求意见稿中存在的操作难题，如披露联营企业、合营企业和其他融资投资相关的风险和机遇，温室气体绝对排放总量信息，定期对可持续相关财务信息的重要性进行再评估、气候相关重大风险和机遇的预期未来影响等 30 个问题，以及披露时间和形式、披露收益与成本等提出意见建议。

29. 工商银行（601398. SH）：以中国特色公司治理　谋划高质量发展蓝图

董事会秘书　官学清

工商银行作为全球规模最大的商业银行，始终将服务作为立行之本，截至 2022 年上半年，工商银行总资产已达 38. 7 万亿元，普通股年度分红 1045. 3 亿元，向全球 1028. 7 万公司客户和 7. 12 亿个人客户提供全面的金融产品和服务。工商银行始终把完善公司治理作为新时期实现高质量发展的基础工程，加强党的领导和完善公司治理相统一，持续完善中国特色现代企业制度，推进公司治理体系和治理能力现代化。公司治理和董事会工作受到各界高度认可，连续多年荣获“香港公司管治卓越奖”“商业银行稳健发展能力‘陀螺’评价体系公司治理能力子项第一名”等奖项。

官学清先生担任工商银行董事会秘书以来，认真履行职责，带领团队不断完善公司治理运作，有效发挥与各方沟通桥梁作用，为建立健全中国特色现代金融企业公司治理模式作出积极贡献。

一、坚持党建与公司治理有机融合，持续推进治理体系和治理能力现代化

一是加强公司治理制度体系建设。工商银行继 2017 年完成“党建入章”工作后，2022 年，在深入学习领会习近平总书记关于金融工作、国企党建的重要讲话精神，贯彻落实《关于中央企业在完善公司治理中加强党的领导的意见》的基础上，再次修订《公司章程》。第一，修订党建条款，将“深入学习和贯彻习近平新时代中国特色社会主义思想”写入章程。第

二，主动对接国家“十四五”规划，积极服务国家重大发展战略，将“服务制造业等实体经济、防控金融风险、深化金融改革”等内容写入章程经营宗旨条款，增加贯彻新发展理念、高质量发展愿景等内容，践行“金融为民”宗旨，在治理制度层面进一步强化金融工作的政治性和人民性。第三，进一步明晰“三会一层”职责边界，将公司治理制度优势转化为治理效能和经营发展优势。

二是强化董事会战略引领。工商银行董事会全面对标党的历次中央全会和中央经济工作会议精神，积极落实党中央决策部署，坚定走好高质量发展之路。一方面，坚持战略引领，董事会全面落实金融“三大任务”，充分履行政治、经济、社会职责，全面深入审议服务实体经济、防控金融风险、深化金融改革相关议题。另一方面，监督战略执行，积极推进战略落地落实，董事会围绕金融科技、理财业务、养老保障第三支柱等主题开展课题研究，增强战略穿透和协同。

三是持续完善董事会架构。工商银行以董事会成员多元化为目标，形成结构性优势，有利于充分反映各方观点，促进董事会科学决策。第一，不断加强董事会架构建设，董事会成员具备经济金融、商业银行、监管、审计、资本市场等多领域专业背景和工作经验，其中独立董事成员来自中国内地、中国香港、欧美等地。第二，董事会下设八个专门委员会，各专门委员会依法合规、勤勉高效履职，有效发挥专业优势。第三，董事积极践行“平等尊重、和而不同”的董事会文化，密切跟进监管政策趋势，深刻洞察经济形势变化，科学把握商业银行发展规律，积极为改革发展建言献策。

二、强化董事会运作机制，保障董事会科学决策

一是加强董事会运作机制建设。董秘积极协助董事提升履职效能，带领团队建立“董事会重点工作清单机制”，强化议题“全生命周期管理”，确保董事会对重要议题“应审尽审、应议尽议”。密切各治理主体之间沟通交流，董事会通过参加工作会议、专业条线会议及业绩说明会、战略合

作会等重大活动，不断增进理解、取得共识。

二是不断提高董事履职支持实效。董秘带领团队秉持“尊重、专业、换位、主动、创新、协同”的工作理念，持续完善全链条履职保障机制。精心做好董事入职支持，主动向新任董事提供监履职参阅材料，组织行内有关部门汇报交流，协助新任董事迅速熟悉履职环境。不断提升调研培训质效，协助董事围绕行业发展热点和全行中心工作制订年度调研计划，由有关业务部门组成支持小组，深入开展研讨和调研，形成具针对性、富建设性的高质量调研成果。全方位加强知情保障，主动提供各类参阅信息，邀请董事列席重大会议活动，建立起“常态化信息报送”“个性化信息支持”“增值性信息服务”相结合的信息保障机制。

三是重视科技系统建设。一方面，积极发展金融科技，加快数字化转型，其中，智慧银行生态建设工程（ECOS）获评人民银行金融科技发展特等奖。制定《金融科技发展规划（2021—2023 年）》，加快管理体制机制变革，夯实新型数字基础设施建设，筑牢安全生产运行底线。另一方面，不断完善董事会办公平台场景建设，实现线上审阅材料、反馈意见、参会沟通、审议议案、签署决议、跟踪执行等董事履职闭环管理，董事会信息系统建设始终保持同业领先。

三、保护股东及利益相关者权益，在履行社会责任中展现大行担当

一是举办形式新颖、主题鲜明的投关活动。董秘带领投关团队，坚持“以人民为中心、以投资者为中心”的理念和“全面、主动、协同、精准、有效”的原则，积极做好投资者沟通工作。开展境外投资者 ESG 专场投关交流，讲好践行“绿水青山就是金山银山”理念的可持续发展故事。做好“数字投关”，深入解读投资者决策行为的内在因素，精准画像投资者及其决策流程，前瞻识别机构投资者对应的风险和机遇。对于投资者、证券服务机构及媒体的关切，官学清董秘组织团队主动回应、热情解答，其亲和力得到了广泛好评。

二是以稳定的分红派息展现“工行价值”。工商银行长期以来市值稳

定，致力为利益相关者创造最大价值。2007 年至今，一直是 A 股年度分红金额最高的上市公司，累计为普通股股东创造了超万亿元人民币的现金分红回报，现金派息率均维持在 30% 以上，多次荣获“最佳股东回报奖”“最佳持续投资价值奖”“中国最佳红利分配公司”“最佳派息分红”等奖项。

三是持续加强信息披露和透明度建设。工商银行保持上市 15 年来信息披露“零差错”，在上交所上市公司年度信息披露工作评价中连续 8 年获评最高等级 A（优秀）。本着提升公司治理透明度的原则，自愿披露战略规划、制度建设、风险管理、普惠金融、消费者权益保护等议案和公告，展现了发展韧性强劲、业绩稳步增长、品牌价值提升的大行形象。

四是科学统筹资本补充工作。董秘高度重视资本补充工作，带领团队持续探索、创新多渠道、多层级、多币种的资本补充长效机制，综合考虑服务实体经济发展需要、防范金融风险、经营效益等多种因素，合理设计资本补充渠道，创新资本工具，抢抓有利市场窗口，制定科学合理的量价平衡策略，创下多项境内外市场纪录，不仅是全球商业银行 2021 年其他一级资本工具最大发行规模，也是中资银行 2021 年其他一级资本工具最低平均发行成本。

四、推动行业协会建设，为中国上市公司高质量发展贡献力量

官学清董秘自 2020 年 6 月担任中国上市公司协会第三届董事会秘书委员会主任委员以来，积极带领委员会发挥专业优势，推动协会重点工作和自身建设取得新成绩。一是认真落实证监会《推动提高上市公司质量行动计划》要求，持续提高董监高、董秘群体和上市公司守法、合规意识。二是深入调研并反映上市公司发展相关重大诉求，承办“新《证券法》实施一周年座谈会暨第三届董秘委第二次工作会议”，为生态环境部《环境信息依法披露管理办法（征求意见稿）》《企业环境信息依法披露格式准则（征求意见稿）》提供建设性意见，提交《关于进一步强化我国上市公司独立董事制度的几点政策建议》等多份研究报告和政策建议。三是积极为上

市公司介绍规范运作经验，多次参与为中国上市公司协会等机构主题授课，在《中国银行业》等刊物发表《不断完善公司治理有效途径 有力促进工商银行高质量发展》《关于完善我国大型商业银行独立董事制度的几点建议》等文章，为中国上市公司高质量发展贡献积极力量。

30. 中国建筑（601668. SH）：锐意进取　改革创新为中国特色现代企业制度贡献力量

董事会秘书　薛克庆

董事会秘书薛克庆先生立足企业特点，把握职责定位，充分研判政策形势，锐意进取、改革创新，从公司发展全局高度谋划推动工作，注重价值创造全过程管控，努力推动公司发展取得优异成绩。

一、贯彻“两个一以贯之”，为构建中国特色现代企业制度贡献力量

一是在公司治理中加强党的全面领导。在组织修订公司章程中完善党建内容，进一步明确党组织在公司治理结构中的法定地位。在组织修订董事会议事规则中，明确公司重大经营管理事项必须经党组织前置研究讨论。推动落实党组会100%前置研究讨论重大经营管理事项，积极保障党组织发挥领导作用。

二是推动完善组织建设。结合监管相关要求和工作实际需要，推动调整董事会专门委员会的设置、人员组成和职责，特别是进一步增强专门委员会在投资事项、管理体系建设、董事高管提名、风险管控等方面的职责作用，协调统一专门委员会运作规定。

三是厘清董事会职权授权。完善董事会运行制度建设，组织编制《贯彻落实〈中央企业董事会工作规则（试行）〉的实施方案》，组织修订董事会议事规则、董事会专门委员会议事规则等多项董事会基本管理制度。推动首次制定董事会决策事项清单，共梳理出13类、130余项董事会决策事项，

加强与党组前置研究讨论事项清单、经理层决策事项清单同步更新、动态调整，进一步厘清董事会权责边界。推动首次制定董事会向经理层授权决策方案和授权管理办法，在总结梳理、对标研究的基础上，合理确定授权范围，根据各类事项的风险大小、重要程度、发生概率，分层确定授权标准。

二、强化服务保障，为推进董事会发挥职能作用护航

一是加强会议统筹，有力服务保障董事会决策。加强董事会议案管理，组织起草《董事会议案管理办法》，规范议案申报流程，明确议案编制和合规性审核的责任主体，明确议案内容的标准化和合规性要求，保证会议程序符合规定。强化董事会决议督办机制，将会议决议分解到各责任主体，动态跟踪落实情况，组织定期向董事会汇报决议执行情况，推动董事会意见建议在管理层的执行和落实。

二是强化独董保障，推动董事会更好发挥合力。不断夯实制度基础，组织制定了《独立董事履职服务保障实施管理办法》和《独立董事信息报送清单》，充分梳理保障范围，细化服务举措。推动完善会前沟通机制，组织召开独立董事专题沟通会，保证独立董事充分论证相关议案并提出合理化建议，协助独立董事发表独立意见。组织锁价续签“董责险”，优化相关条款，组织做好培训讲解，为董监高履职担当提供更加完善保障。

三是统筹独董调研，推动董事会履职效能提升。精选调研内容，年初系统谋划年度整体调研计划，精选契合公司年度重点工作安排、董事工作需求的内容开展调研。丰富调研形式，构建专题调研、综合调研与课题调研“三位一体”协同联动机制，丰富了调研的单位、层次和维度。保障调研实施，加强调研过程的领导统筹，组织落实全过程各环节的清单化举措。拓展调研成果应用，组织梳理董事提出的管理要求和建议，形成调研报告，及时反馈给管理层、总部相关部门和各调研单位研习。

三、持续提升信息披露质量，着力彰显公司资本市场价值

一是夯实体系建设，坚守合规披露底线。推动加快信披体系建设，推

动建立覆盖全面、纵向到底的重大信息报送和对外披露管理体系，要求建立完善信披联络专员、推进会和沟通会等工作机制，组织新编《自愿信息披露工作指引》。严把披露合规关，以两类主体（内幕信息知情人、大股东）、三类事项（资金占用、违规担保、股权变更）为重点，全面把控披露信息编制、传递、审核等关键环节，推动业务部门、监管机构和常法律师提前沟通。突出抓好定期报告，提早谋划、科学部署定期报告的编制和披露工作，组织召开定期报告推进会、一对一专题沟通会等，确保工作落到实处、稳步推进。

二是优化内容载体，增强价值传导有效性。提升信披覆盖面，以投资者需求为导向，坚持法定披露与自愿披露相结合，进一步扩大财务分析口径、丰富业务统计数据，突出战略规划、ESG 等方面信息，充分凸显公司竞争优势。增强信披可读性，运用数字化手段展示公司发展亮点，推出“一图读懂”定期报告，发布公司经营情况简报、重大项目公告微文，信息披露的传播广度和影响力显著提升。推进信披国际化，编制英文版定期报告，满足国际投资者和利益相关方需求。

四、强化投资者保护，提升公司价值多元传递

一是创新投关管理，讲好中建资本市场故事。创新开展业绩推介，采取“现场 + 公告 + 文字”形式，吸引百余家机构投资者及中小投资者参会。首次举办年金机构推介专场，首次采取视频直播业绩说明会。丰富投资者交流形式，组织现金分红网络说明会，举办投资者开放日活动等。加强路演全过程管控，前期筹划推介材料全面改版，认真审核把关推介重点；过程中注意总结梳理投资者关注问题，提出改进建议；活动后做好复盘总结，为后续路演做好积淀。

二是密切沟通交流，有效提高投保工作认可。加强资本市场媒介关系，在建筑央企中率先试水新媒体应用，创设投资者关系公众号平台，同时邀请新华社等多家中央主流媒体、证券市场四大报、中上协平台媒体宣传。提升投资者保护认可度，组织 2021 年首度发布《中国建筑投资者保护工作

报告》，创建筑业上市公司先河。证监会专项听取公司投资者保护工作情况，相关成果 4 次在全国投资者权益保护日、中国投资者网宣传活动中亮相，投资者保护广受认可。

三是借力高端智库平台，多渠道宣传公司品牌。受邀参加国资委、中国上市公司协会、全球财富管理论坛、中国财富管理 50 人论坛等举行的专题研讨会，出席财经可持续发展高峰论坛、机构策略分析会等，多层次、多渠道、多维度地做好公司对外品牌形象的宣传推广工作，同时密切关注国内外经济形势，聆听专家学者观点建议，及时获得资本市场信息，并形成材料供决策层参考。

五、强化管理创新，开启公司市值管理新局

一是系统谋划，推动构建市值管理工作体系。明确总体工作方案，组织公司内外部广泛参与的十余场市值管理沟通会，进一步统一思想、凝聚共识，首次发布市值管理工作方案，高规格推动设立市值管理领导小组和工作小组，清晰规划中长期市值管理目标和策略，明确总体工作思路。明确具体推进安排，制订年度市值管理工作计划，推进落实管理举措，压实总部部门、上市子企业有关责任，初步形成了统一协调、各司其职的市值管理工作体系。加强工作机制建设，推动构建了市值沟通会议、季度例会、工作简报、清单管控等机制，为保障市值管理目标实现的重要支撑。

二是关注形势动态，组织资本市场研究分析。做好专题研究分析，关注资本市场前沿动态，聚焦资本市场改革发展、行业发展趋势，组织撰写《年度资本市场报告》《同业可比上市公司分析报告》《中国建筑价值报告》等多份专题报告。做好日常信息跟踪，组织定期编报资本市场每日参考、周报、月报及股东变化快报等，总结梳理形势政策、监管趋势、市场反馈、监管服务等重点信息，及时呈报给公司管理层，为企业改革发展决策提供参考。

三是常态推进，推动市值管理取得初步成效。密切跟踪监测公司股价异动和重大舆情，及时研判应对，有效降低不良影响。组织召开市值管理

季度工作例会、组织编制月度工作简报，推动每半月清单化统计检索工作进展，及时研究重大问题，交流经验做法，扎实落实落细管理举措，工作成效初步显现。

六、强化履职能力提升，不断提高工作专业度

一是加强自我学习提升。坚持规定学习与自我学习相结合，不断汲取最新知识，及时了解政策法规情况。扎实开展董事会秘书履职学习总结，从董秘制度、职责定位、法律责任等方面进行认真研究梳理，对做好董秘工作以及提高董秘履职能力进行系统思考。及时跟进康美药业等资本热点，组织专业团队进行研判分析、提出举措，做好风险防范。

二是深入开展调查研究。研究推动市值管理工作，围绕体系建设、落实举措、工作机制等进行交流学习，组织开展对标世界一流企业调研，组织召开在京百强企业座谈会，邀请建筑类央企共同研究探讨市值管理路径。组织开展公司分红政策调研，充分研究资本市场的企业分红行为，剖析公司深化分红面临的挑战，提出公司深化分红政策并通过分红决策促发展的路径。系统开展内部发展调研，以公司独立董事调研、党史学习教育指导、六专行动督导、基层联系点调研等活动为载体，注重调研系统内单位在公司治理、现金流管控、资本运作等重点领域的情况，从而掌握第一手情况，为更好推动高质量发展提供坚实支撑。

三是积极参加外部活动。担任中国上市公司协会副会长兼房地产行业委员会主任委员、董秘专业委员会副主任、ESG 专业委员会副主任，同时还担任中国税务学会理事等，认真履职协会学会工作职责，积极代表企业行业发出声音，努力建言献策、贡献智慧。同时，受邀为北京市国资委董事会秘书培训班做开班授课，系统分享争做优秀上市公司董事会秘书的体会和思考，向市场推广分享公司规范运作、价值提升等方面的经验，为更好服务支撑董事会建设作出应有贡献。

31. 中国交建（601800. SH）：践行新发展理念　坚持高质量发展

董事会秘书　周长江

中国交建是全球领先的特大型基础设施综合服务商，主要从事交通基础设施的投资建设运营、城市综合开发等业务。周长江先生作为公司董事会秘书，在习近平新时代中国特色社会主义思想的指导下，带领团队立足新发展阶段，完整、准确、全面贯彻新发展理念，按照公司总体部署与要求，全面投入到推动公司高质量发展工作中，在上市公司治理、信息披露、投资者关系管理等多方面取得了较为显著的成效，为全面建成具有全球竞争力的世界一流企业贡献自己的力量。

一、加强资本运作助力公司发展

（一）成功发行高速公路公募 REITs

2022 年通过创新投融资模式，以中交嘉通高速项目作为首发资产申报基础设施公募 REITs 试点，打造高速公路类资产上市平台。公司作为 A + H 上市公司，发行公募 REITs 需要遵从联交所分拆上市的审批程序，通过与联交所多轮沟通，顺利获得联交所分拆上市的同意函。本次发行为首单央企高速公路 REITs，募集资金总额约 94 亿元，成为目前规模最大 REITs。

开展基础设施公募 REITs 是公司积极响应国家号召，践行以基础设施 REITs 业务等投融资模式在创新服务实体经济上迈出的重要一步，有助于公司进一步拓宽融资渠道，同时加快推动公司高速公路投资运营模式的转型升级与运营管理质效的优化提升，赋能公司高质量发展，持续保持行业领跑者地位。

（二）探索专业化整合提升整体估值水平

公司分拆下属三家公路设计院100%股权和大股东下属市政院100%股权，与中国建材集团控股的祁连山（股票代码：600720. SH）全部资产中的等值部分进行资产置换。上述重组交易完成后，6家设计院成为祁连山全资子公司，祁连山成为中国交建控股子公司，并将成为A股规模最大设计公司。目前该事项尚在推进过程中。

稳步推进设计板块分拆上市，实现设计板块的专业化整合，有利于公司在设计领域做精做强，以打造“中交设计”国际品牌为蓝图，统筹整合设计资源，着力提升“中国设计”的全球竞争力。

二、主动发声讲好估值故事

（一）多元化媒体宣传途径，提升资本市场声量

年度业绩发布期间，利用纸媒、网媒、公众号等多种渠道密集宣传，以文章推送、一图说看懂业绩、可视化年报等形式，解读广大投资者高度关注的业绩亮点、战略指引、派息政策、新产业布局等信息，加深投资价值解读，扩大公司利好宣传。

（二）传递公司价值，增进各方认同

2022年受邀参加中国上市公司协会和央广网联手打造的全新融媒体栏目《中上协会客厅》第二期“投资者保护”访谈节目的录制，主要从维护投资者知情权、保障投资者参与权、提升投资者收益权三个维度，交流了多年来持续在重视信息披露、关注投资者关系管理方面所做的努力。该访谈节目在央广网进行播放，引起广大投资者的共鸣。

三、持续提升信息披露质量

（一）严格遵守“真实、准确、完整、及时和公平”的信息披露原则

公司始终坚持上海、香港两地信息披露的一致性和同步性，切实维护

境内外投资者同等知情权，做到法定信息披露与自愿性信息披露相结合。2012 年 A 股上市以来，公司连续获得上交所“上市公司信息披露 A 类评价”，充分体现了上交所对公司在规范运作、信息披露质量、投资者关系维护方面的高度肯定。

（二）持续提高信息披露质量，提升上市公司透明度

结合市场热点和公司战略发展及资本运作的实际情况，与投资者关系工作积极互补，根据投资者需求主动增加披露有助于投资者作出价值判断和投资决策的信息。如在定期报告中不断完善有关投资类项目发展情况、关联交易情况、分红政策等方面的阐述，有针对性地增加定期报告的可读性、全面性。

（三）牢驻信息披露合规防线

以定期报告披露为抓手，构建相关部门兼职信息披露员，在定期报告、重大事件披露前组织共同研究披露内容、投资者问题解答等事宜，提高信息发布准确度，减少合规风险。

四、强基固本创新投资者关系

（一）召开高质量业绩说明会

在行业景气度持续上升的背景下，组织召开 2021 年年度业绩说明会，整理行业关注问题，深入分析 2021 年公司的成绩与不足，借助数字化技术打造全方位推介平台，客观展望 2022 年资本市场机会，全力助推公司高质量发展。

（二）及时召开资本市场运作专项说明会

REITs 发行前后，召开数场沟通会议，向近 1000 位投资者详细介绍项目进展及未来规划，展现公司全力做优资本、产融结合助力转型升级的改革实践成果，市场及投资者反应热烈。发布子公司分拆上市公告后，及时召开专项说明会，向 70 余位机构投资者介绍分拆方案对公司聚焦主业、专注专业，发挥全产业链优势，提升公司和股东价值，强化央企强强联合、合作共赢的作用，解答投资者关注问题。

（三）适时召开投资者专题交流会

根据资本市场关注热点与专业机构投资者进行沟通，公司邀请行业专家对专项问题进行宣讲，并针对问题答疑解惑，增强投资者对行业的深入了解。目前已就新能源发展、智慧交通、“一带一路”东南亚发展、ESG和专项技术地基处理等专题，与广大投资者多轮探讨，不断打造公司绿色低碳、创新智能、布局寰球的良好形象。

（四）平等对待投资者，多渠道完善中小投资者保护机制

公司始终坚持平等对待各类投资者，面对超过13万名的中小股东，公司安排专人负责接听IR热线、处理IR邮件、回复e互动提问，全年共回复各类问题数百件，使投资者逐渐理解了公司的战略愿景、一体化运营模式、各板块业务发展特点等问题。公司也进一步明确了投资者所关注的问题，为保持良好的交流与互动，实现共同成长与发展奠定了良好的基础。

（五）结合市场关注度策划反向路演

根据市场关注度及公司经营亮点，策划并成功举办科技创新+中交城市双主题反向路演活动。活动向投资者展示了公司完善的科技创新体系和行业领先的技术水平，凸显了公司参与新型城镇化建设的投资实力和城市综合开发能力，有效引导投资者发现公司投资价值，认同公司发展理念和战略目标。

（六）主动开展投资者教育

开展证券纠纷特别代表人诉讼制度专项宣传教育活动，提高公司董监高对投资者的保护意识，提升公司内部治理水平和行为规范。活动包括处内自学、编制资料供公司领导学习、邀请常年法律顾问录制视频后面向特定人员通过OA播放、将特别代表人诉讼纳入公司投资者关系管理范围、在公司网站和e互动发布宣传手册等学习文件。

五、深化公司治理做好合规防范

（一）深化落实关联交易证券合规管理

一是制定《日常性关联（连）交易管理实施细则》《一次性关联

（连）交易管理实施细则》，进一步细化管理界面，将逐渐成熟的管理体系流程化、模板化，推广使用。

二是编制《关于中国交建2021年度关联（连）交易合规管理工作的报告》，梳理全公司2021年日常性和一次性关联交易发生情况，对2021年关联交易管理工作进行总结，进一步规范管理措施，确定下一步重点工作思路。

三是根据《关联交易深化方案》，开展对各单位2021年度关联交易管理的考评工作，对各单位在制度体系建设、风险合规管理、系统操作与应用、人才队伍建设、培训交流等方面的工作成果进行了综合考评，并形成书面报告，对各单位下一步管理工作进行了指导要求。

（二）完善投资者关系制度体系建设

2021年根据新《证券法》主要修订内容，以及境内外证券监管机构发布的最新监管要求，为进一步贯彻公司发展理念，对投资者关系制度体系进行系统、全面梳理，修订了《信息披露及重大信息内部报告管理办法》《内幕信息管理制度》《关联（连）交易管理办法》等6项制度，制定了《信息披露暂缓与豁免业务管理实施细则》。规范制度表述、理顺工作流程，以健全、规范的制度保障证券信息披露、关联交易管理等工作的持续良性运转。

2022年根据证券监管机构发布的最新监管要求，结合公司实际情况，继续修订了公司投资者关系管理及信息披露相关制度4项，提升公司投资者关系管理水平，规范信息披露行为，提高公司运行质量。

六、构建高质量发展估值评价监测体系

2022年，根据过往经验积累，从资本市场角度对公司高质量发展进程进行阶段性评估，通过《上市建筑央企业绩对标分析报告》《业绩说明会资本市场分析报告与管理建议》等系列报告，从价值基础、价值创造、价值实现等维度，监测财务和非财务8类、19项指标，探索上市公司价值管理质效，构建上市公司评价监测体系，评估上市公司内在价值，帮助公司

及时掌握宏观大势、行业趋势、竞争格局、市场变化、自身发展挑战与机遇，为经营决策提供有效输入，夯实估值管理基础，推动市值向公司内在价值回归。

长期以来，董事会秘书带领团队在公司治理、运营管理、信息披露和投资者关系服务方面所作出的不懈努力，赢得了广大投资者的认可，今后将继续加强资本市场管理，高度重视投资者关系工作，注重对中小投资者的价值塑造，进一步做好信息披露工作，持续提高公司透明度，将维护投资者关系作为一项持续性战略进行管理，以平等、诚恳、相互尊重为原则，多渠道、多层次与投资者保持良好沟通，致力实现股东回报最大化。

32. 浙商证券（601878. SH）：勤勉笃行　积极探索　开辟创新履职之路

董事会秘书　张晖

张晖先生作为浙商证券董事会秘书，围绕公司战略和董事会工作要求，积极推进部门战略，精准定位发挥信息披露、公司治理、投资者关系、资本运作、市值管理五大功能，提升部门能力完成五大职能。董秘任职期间，牵头董事会办公室，勤勉履职，积极探索，开辟具有浙商证券特色的履职创新之路。

一、快速推进公司股权融资，大幅提升公司资本实力

在任董事会秘书一职后，按照每年“落地一单 + 筹备一单”的融资节奏，牵头组织完成三单再融资项目，合计为公司实现权益性融资 133 亿元（含本年可转债），占公司截至 2021 年年底净资产 238 亿元的 55. 88%，为公司全面迈向行业头部打下坚实的资本保障。

（1）2019 年 3 月，成功发行 35 亿元可转债。2019 年首次发行的可转债是当时中国证监会审核通过并成功发行的唯一一家券商可转债，受到市场高度关注，投资者参与热情极高，社会公众投资者中签率/配售比例仅为 0. 017%。该次可转债进入转股期后，董秘牵头制定了转股预案，协调公司各部门，尽可能推动可转债转股工作。最终，“浙商转债”累计 34. 7 亿元转换为公司股票，占“浙商转债”发行总额的 99. 21%；累计转股数量为 2. 81 亿股，占“浙商转债”转股前公司已发行股份总数的 8. 42%。本次可转债转股后，公司总股本增加至 36. 14 亿股，当期净资产达到 182 亿元，

净资本达到185亿元，其中，净资本排名进入上市券商前20名。

（2）2021年5月，“逆势”发行28亿元定增。为实现公司优化股权结构、扩张资产规模、解决资金瓶颈等战略目标，牵头董办，于可转债发行完毕后立刻启动定增融资项目。最终，在2021年5月完成发行，共计发行A股264124281股，成功募集资金28亿元。本次定增发行阶段，本人牵头组织近98场的线上线下路演活动，引入浙江省内多家知名的国有和民营企业，及上海、安徽、四川等多地的区域国有龙头企业，同时也吸引到中国银河证券、海通证券、广发基金、诺德基金、财通基金等市场活跃机构投资者的认购。本次定增为公司的发展奠定优秀的资金基础，发行完成后，公司总资产、净资产及净资本实力均相应提升，各项风险控制指标将更加稳健，与净资本规模挂钩的业务发展空间也将进一步扩大。

（3）2021年12月，成功完成70亿元可转债申报，并已于2022年6月中旬完成发行。为落实公司“稳步进入全国证券公司第一梯队行动计划”的战略目标，确保到2025年主要经营指标进入行业前20，业务规模、资本实力和核心竞争力进一步提升，牵头董办，充分协调公司各部门，在非公开发行完成后立即启动70亿元公开发行可转换公司债券工作，并于12月取得证监会机构部监管意见函并申报发行部，融资节奏和效率远高于同行业其他企业。2022年6月，浙商证券70亿元可转债顺利完成发行。此次发行现有股东优先认配比例高达81%，认购倍数8493.78倍，中签率仅为0.012%，本次可转债算术平均利率仅为1.62%，创下了同期同类型可转债利率新低，为公司节省了巨额的财务成本。此次发行，是浙商证券上市以来最大规模的权益性融资，实现国有资本的持续有效放大。短期来看，募集资金短期可提升公司流动性，增强抗风险能力；长期来看，随着可转债未来陆续转股，公司资本金将得到大力补充，资本结构逐步优化，可持续发展能力将进一步提升，夯实业务持续健康发展的资本基础，有效加强市场竞争能力。

二、成功完成“首例同业资产收购”，助力公司实现外延式扩张

纵观头部券商的发展历程，除通过再融资补充资本实力后的内生式增

长外，外延式扩张也是迈向行业头部的必经之路。牵头董事会办公室，并积极协调公司各部门、中介机构，根据自身战略发展需要，积极寻找优质的行业并购标的，研究制定并购方案。组织参与多家标的公司的初期洽谈收购，在公司各部门的配合下，启动现金方式收购国开证券公司9家证券营业部相关工作。2020～2021年，历经多轮商务谈判，对收购事宜达成初步一致意见，并签订正式转让合同，完成所有收购商务谈判工作、合同签订和摘牌程序。该项收购是近年来券商完成的首例同行业资产收购案例。通过收购国开证券9家证券营业部，浙商证券业务规模实现快速扩张，各项业务之间产生协同效应，有利于促进浙商证券稳步迈向第一流梯队行列的战略目标的实现。

三、积极推进期货子公司混改，2021年内完成挂牌引战工作，并于2022年6月正式完成

为加快推进浙商期货股权结构和经营机制改革，同时解决其业务快速增长带来的运营资金不足问题，根据集团战略部署，基于浙商证券和浙商期货的“十四五”战略规划，2021年公司对浙商期货展开混合制改革工作。作为公司董秘，牵头董事会办公室积极参与本次混改引战方案的制定和执行工作，协助与外部投资者的沟通对接，推进浙商证券和浙商期货的三会决策程序，协助完成产交所挂牌文件的准备，实现了集团下达的“浙商期货年内在浙江产交所挂牌公告本次混改增资扩股项目”的阶段性目标。同时，历经十几轮谈判，成功引入上海上国投资产管理有限公司作为战略投资者参与本次混改，上国投资管目前持有浦发银行、国泰君安证券、上海证券等多家金融机构股权，拥有丰富的金融与资本运作经验和专业的平台资源，能够助力浙商期货与银行、保险、证券、基金等领域的头部客户实现深度融合，为浙商期货在金融创新领域提供协调政策资源、推进战略协同、对接资本市场等支持。也正是由于其强大的资本实力，引战谈判过程十分艰辛，牵头组织董办与上国投展开十余轮谈判，最终成功引入资金2.3亿元，该资金也是除上三高速以外出资金额最多、资本实力最强的股东。

四、规范开展信息披露工作，连续三年信息披露评级获 A

自开展信息披露工作以来，牵头董办根据法律、行政法规、部门规章及其他规范性文件，及时、公平地披露信息，保证所披露信息的真实、准确、完整。任职以来，公司披露各类公告 450 余份，顺利组织编制、披露公司年度报告、半年度报告、季度报告，未收到上交所、证监局等书面问询。公司在上交所信息披露工作评价考核中连续三年获得最高评级 A 级（优秀）。

五、积极回馈股东开展年度分红，践行上市公司责任

公司为回报股东，同时兼顾公司未来业务发展需要，合理制定年度利润分配方案。2019～2021 年，牵头组织多次利润分配，累计分配利润 8.04 亿元，践行上市公司责任使命，积极回馈投资者，为公司树立了良好的市场形象，也为未来持续融资打下铺垫。

六、加强投资者关系管理工作，树立良好的资本市场形象

近年来，随着公司业务规模和市值规模不断扩大，机构投资者数量持续扩增，公司在市场上逐渐引起投资者的关注，公司与投资者之间的互动与交流也日益活跃。报告期内，加强投资者关系管理作为董办重点任务，在人员方面，设立专人专岗负责投资者关系管理；在具体的管理方面，既强调“引进来”，也重视“走出去”。一方面，通过接待投资者调研、及时有效回答投资者“互动易”咨询等，妥善安排投资者沟通、中介机构来访接待工作，充分尊重并保障中小股东的权益，为公司树立良好的市场形象。另一方面，公司也积极推动“走出去”，主动参加业绩说明会、路演、投资者拜访等，积极与投资者展开沟通交流，为公司资本运作的顺利开展和市值提升提供了较大的帮助。

七、有序开展三会工作，各项会议有序进行

在任职董事会秘书期间，牵头董办组织召开董事会43次会议，共审议通过议案近200项；组织召开监事会第29次会议，审议通过议案近100项；组织召开4次年度股东大会、6次临时股东大会，审议通过议案73项，各项会议有效进行，保障公司治理机制高效运作。

八、市值管理凸显成效，实现国有资产保值增值

牵头董事会办公室通过规范的信息披露、积极的资本运作、良好的投资者关系等措施，市值管理成效显著。2019年年初，公司股价开盘价约7.1元/股，2021年年末公司收盘价13.2元/股，涨幅85.92%，涨幅显著高于同行业年平均涨幅。同时，随着公司股本的增加，公司市值规模也从报告期初的237亿元增长至报告期末的512亿元，市值增长率为116.03%，报告期内市值增长率超过一倍。

九、积极开展股权管理工作，完善公司治理机制

积极推进公司治理机制的完善，根据《中华人民共和国公司法》《上市公司治理准则》等法规的要求，完善公司治理机制，构建符合上市要求的内部控制架构，完成公司章程的修订及相关内控制度的制定与完善。同时，根据《证券公司股权管理规定》的相关规定，牵头董事会办公室加强公司的股权监管，规范公司股东行为。

33. 建设银行（601939. SH）：立足新发展阶段　服务公司治理高效运转

董事会秘书　胡昌苗

建设银行董事会秘书胡昌苗先生始终以习近平新时代中国特色社会主义思想为指导，带领董事会办公室立足新发展阶段，完整、准确、全面贯彻新发展理念，认真落实建行党委的各项决策部署，努力找准职责定位，服务公司治理体制机制建设，提供高质量董事履职支持，依法合规开展信息披露，加强投资者交流，践行 ESG 理念，服务公司治理高效运转，促进全行战略推进和中心工作的开展。向社会各界分享大行实践，助力金融市场良性有序发展。各项工作获得社会各界高度评价。

截至目前，建设银行连续第八次获得上海证券交易所信息披露工作 A 类评价。在明晟（MSCI）2022 年 ESG 最新评级中连续三年保持 A 级，为国内同业最高水平。

一、与时俱进，服务公司治理体制机制建设再上新台阶

（一）促进党的领导和公司治理有机融合

一是切实发挥党组织在法人治理结构中的领导作用。积极探索中国特色大型商业银行公司治理的特色之路，努力把党的领导这一特色和优势转化为完善公司治理的动能。二是组织拟定公司章程修订方案。在章程修订案中明确“重大经营管理事项必须经党委前置研究讨论后，再由董事会或高级管理层按照职权和规定程序作出决定”。三是做好党委会与董事会重

大事项决策沟通衔接的服务保障工作。会同党委办公室共同梳理董事会会议前需由党委前置研究讨论的重大经营管理事项清单、行长办公会议清单，明晰董事会的职责边界和决策流程。四是自觉接受驻建行纪检监察组监督。落实全面从严治党政治责任，邀请驻建行纪检监察组列席董事会及下设各专门委员会会议，确保政治监督无死角。

（二）推进完善公司治理制度体系

优化规范运行的长效机制。一是推进董事会对行长授权方案的修订工作。推动相关部门遵循集团统一授权管理，权责法定、逐级授权，授权差别化管理研究等原则，拟定董事会对行长授权修订方案。二是组织修订信息披露办法。调整临时报告和定期报告内容，规范信息披露流程和发布渠道，以及自愿性信息披露等。三是组织制定股份质押管理办法。规范股东对外质押建设银行股份的登记备案、权利限制、日常管理等事项。

（三）积极配合公司治理评估

配合银保监会公司治理现场评估，组织相关部门全面评价公司治理水平，制定整改方案，定期督促落实；配合证监会上市公司治理专项行动，开展公司治理专项自查；推动全行围绕进一步加强党的领导、强化股东治理与董事会治理等多个方面进行持续评估，以查促改。

二、提供高质量董事履职支持，服务公司治理高效运行

有序推进“公司治理服务提升年”专项活动，引导全行重视公司治理，提升对董事履职支持的服务意识。

（一）优化董事履职和董事会运行机制

一是下发《关于进一步提升服务董事会运行质效的意见》《关于进一步加强董事履职保障及提升董事会运行质效的通知》，进一步明确对董事会议案程序、董事知情权保障等方面的要求。二是创新开展会前问题研究与会议审议相结合模式。适应疫情常态化防控的新形势和建行独董全部来自境外不同国家和地区的现实，以线上线下相结合的方式，组织相关部门会前向股权董事、独立董事分别汇报董事会上会议案、各专门委员会重要

事项等。

（二）发挥桥梁纽带作用，建立多层次信息沟通和报告体系

一是筹办独立董事战略交流会。定期筹办董事长与独立董事战略交流会，就当前国际国内宏观经济金融趋势、银行主要风险、战略推进实施情况等方面，深入交换意见；组织筹办金融科技战略交流会，向董事汇报金融科技战略总体规划、战略布局及未来发展思路。二是不断完善董事会与监事会、管理层的常态化沟通交流机制。经常组织董事们与董事长、行长、监事会和其他管理层成员进行专题研讨交流。涵盖公司治理运作、董监高履职尽责、新金融行动推进、疫情应对及服务实体经济举措等各个方面，围绕当前重要热点问题、全行经营发展、公司治理运作、重大战略推进、风险防控、境外业务拓展策略等方面深入研讨，提出意见建议。三是组织董事专题研究活动。协助拟定董事会年度调研计划，周密组织实施，为董事科学决策提供有利条件。

三、强化信息披露与投资者关系管理，展现建设银行战略优势和发展成效

（一）着力展现新金融成效

依法合规履行信息披露义务，多措并举丰富自愿性披露内容，有效传递新金融行动成效。一是紧密跟踪市场趋势，丰富定期报告和临时报告自愿性披露内容，精心准备投资者交流材料，全面展现新金融行动的内涵、特色和竞争优势。在 LACP（美国传媒专业联盟）举办的年报评选中连续四年获银行业白金奖。二是不断拓展宣介形式。开展“资本市场新金融优秀案例”评选和宣介。推动集团官方投资者关系栏目改版，提升市场关注内容的展现效果。结合业绩发布宣传战略发展与经营业绩亮点，获得广泛传播。

（二）创新形式多样的投资者交流方式

综合运用业绩发布、业绩路演、企业开放日、投资者论坛、调研会议、集团网站、投关邮箱等线上线下方式开展投资者沟通宣介，充分及时回应市场关切。其中，以视频直播形式公开举办年度和中期业绩发布会，线上

参会人数最高峰时超过1400人。

四、坚持ESG理念，致力建设可持续发展银行

（一）推进ESG管理顶层设计

协助加强ESG管理体系机制建设。服务制定、实施《绿色金融发展战略规划》和《服务碳达峰碳中和行动方案》，明确“致力成为全球领先的可持续发展银行”的愿景。进一步推动明确董事会社会责任、关联交易与消费者保护委员会和风险管理委员会专门负责推动ESG治理及相关风险防控等相关工作职责。推进设立管理层环境、社会和治理推进委员会，统筹推进集团整体ESG战略规划、部署及协调工作，将ESG理念融入全行战略发展、经营管理、风险内控和文化建设之中。筑牢ESG管理的风险防控屏障。协助董事会推动管理层将环境与气候风险纳入全面风险管理体系，提升ESG相关要素风险评估和定价能力。推动建立ESG相关风险汇报机制，协助董事会定期听取管理层关于环境与气候风险分析报告等重点工作的汇报。强化对外交流沟通。倾听广大投资者的诉求与建议，向社会各界宣介建行在推进ESG治理、履行社会责任等方面的探索与成效。

（二）打造可持续发展的资产和业务结构

推动资产结构和产品创新绿色转型。优化绿色信贷结构，创新碳排放配额质押等形式，加大对绿色行业的信贷支持力度。探索非信贷领域绿色业务发展，多次发行多币种ESG债券。创新发布“建行—万得绿色ESG债券发行指数和收益率曲线”，有效引导绿色债券市场定价和发展，荣获2021年国际金融论坛全球绿色金融创新奖。2022年，本行荣获国际金融论坛全球绿色金融年度奖。推动日常经营ESG转型。协助董事会引导全行践行ESG经营理念，推动金融服务集约化线上化，网络渠道业务办理量达99%以上。创新打造业内首家“零碳”网点，温情打造1.4万余个“劳动者港湾”，不断丰富网点服务的环境和社会责任内涵。

（三）持续提升ESG信息披露质量

编制发布建设银行首份《环境信息披露报告》。全面披露环境相关治

理结构、政策制度、风险和机遇及管理、投融资活动的环境影响、绿色运营和产品创新等；在定期报告中系统披露绿色金融相关政策；环境相关目标披露同业领先。

（四）加强与相关专业机构沟通交流

密切与中国上市公司协会、中国金融学会等专业机构在ESG领域的交流协作。作为TCFD试点工作组成员，参与编写《2020年中英环境信息披露试点工作报告》。建立ESG投资机构名单。

五、提供政策建议、分享大行实践，助力金融市场良性有序发展

（一）主动参与监管规则修订和外部调研工作

参与股票上市规则、ESG披露标准等监管规则征求意见工作。参与监管机构和行业协会关于银行业、上市公司独立董事制度、上市公司新《中华人民共和国证券法》落实、当前经济金融形势等调研活动，提交大型上市银行角度的实践和建议。其中，牵头撰写了《上市公司关于新〈证券法〉实施中的问题和相关建议》的调研报告，向监管机构建言献策。

（二）积极参与外部活动，向市场分享大行经验

积极参加中上协活动，协助协会举办“2022年第一期上市公司董秘沙龙”。积极参与中国—东盟金融合作与发展领袖论坛等各类活动，就建设银行服务金融开放，以新金融重塑商业银行治理文化等内容发表演讲。先后在《中国金融》《中国银行业》杂志发表等专业文章，系统介绍建设银行服务经济社会高质量发展，坚持可持续发展理念的国际视野、家国情怀和宝贵经验。

34. 中信银行（601998. SH）：胸怀使命　勇于担当　争做公司治理守正创新的先行者

董事会秘书　张青

中信银行是改革开放后率先获批成立的股份制商业银行，2022 年恰逢中信银行成立 35 周年和上市 15 周年，回望过去，中信银行始终牢记国有金融企业职责使命，凝心聚力、勇于创新，在砥砺前行中发展壮大。近年来，面对世纪疫情和百年变局交织、我国进入新发展阶段、银行业发展革故鼎新的新形势，中信银行在银行业和证券市场监管机构指导下，积极探索公司治理特色实践，助力银行高质量可持续发展。

自 2019 年 7 月担任中信银行董事会秘书以来，在监管机构的指导和银行党委、董事会的领导下，张青女士忠实勤勉审慎履职，严守合规底线、积极主动作为，在规范“三会一层”运作、提高信息披露质量、提升公司资本市场形象、维护和稳定公司市值等方面取得积极成效。作为一名 A + H 两地上市公司董秘，在多年实践中形成了严谨的合规理念和务实的工作作风，紧紧把握自身角色定位，积极探索公司治理特色实践，为推动中信银行高质量发展努力工作。

一、做好合规管理“监督员”，促进公司治理规范运作，积极提升治理效能

近年来，中信银行以习近平新时代中国特色社会主义思想为指导，按照习近平总书记关于国有企业“两个一以贯之”的重要要求，牢牢把握党委在公司治理中的法定地位，正确处理加强党的领导与完善公司治理的关

系，构建了良好的公司治理运行机制，公司治理效能不断提升。

一是坚持探索中国特色现代国有企业制度。中信银行传承中信国企与生俱来的“红色基因”，始终牢记国有金融企业职责使命，将党的领导贯穿于银行决策、执行、监管各环节。中信银行董事长朱鹤新同志强调，坚持党的领导和公司治理相统一，纳入是前提，嵌入是关键，融入是目的。董事会秘书坚决贯彻落实党的领导融入公司治理有关要求，指导董事会办公室和监事会办公室抓深抓实抓细各方面工作。在“纳入”方面，最重要的工作是党建入章，中信银行继 2018 年在全国性股份制商业银行中率先完成党建入章之后，2021 年将“坚持党的全面领导”有关内容写入公司章程，再次走在银行同业前列；在“嵌入”方面，关键是回答好党委在重大经营事项中“前置什么、怎么前置”问题，近年来中信银行不断健全完善党委会工作规则，规范党委前置研究讨论要求和程序，更好地发挥了党委把方向、管大局、保落实的重要作用；在“融入”方面，坚持“双向进入、交叉任职”领导体制要求是关键之举，中信银行党委书记、党委副书记和 1 名党委委员兼任执行董事，高级管理层现有 11 名成员中有 8 人为总行党委委员。实践中，党委既支持董事会依法独立决策和监事会依法独立监督，又依靠党员董事、监事参与重大问题的决策，使党委意见主张融入董事会战略决策体系和监事会日常监督工作。通过“纳入”“嵌入”和“融入”，中信银行多措并举确保党委发挥作用组织化、制度化、具体化，构建了“党委全面领导、董事会战略决策、监事会依法监督、管理层执行落实”的良好公司治理运行机制。

二是健全完善依法合规的制度体系。中信银行作为一家 A + H 两地上市的商业银行，须遵循的境内外法律法规和监管规定种类繁多、条文复杂、专业性强。为此，董秘指导中信银行董事会办公室、监事会办公室定期跟踪政策法规及监管制度变化，及时学习监管要求并做好外规内化工作。近年来，中信银行出台了一批具有可操作性的公司治理制度，主要涉及董监高职业道德准则、董监高履职评价、关联交易管理、信息披露规范、内幕信息管理、股东股权管理、并表管理等方面，从制度上保证银行公司治理相关主体各司其职、各负其责、协调运作、相互制衡，为公司治理合规开展打下比较扎实的基础。2021 年，经董事会审议通过的制度达 15 项，涉及“三会一层”治理主体议事规则和工作流程、内幕信息管理、内部控制、负债质量管理、互联网贷款、消费者权益保护等各个方面。在推动内部建章立制的同时，积极组织董监高参加履职培训，认真学习相关法律、行政法规、监管规定及规范性文件，2021 年参加人民银行、银保监会、证监会及上市公司自律组织、交易所等开展的各类培训共约 40 余人次。同年，还牵头组织编制了董事和监事法定职责摘要和履职手册，为董监事合规履职提供保障。

三是摸索形成一套规范高效的运作流程。董秘的重要职责之一是为公司治理主体日常规范运行做好服务。为此，2021 年，董秘牵头推动制定了董事会、监事会议题管理办法，进一步加强上会议题的全流程管理。会前通过及时征集会议议题并对议案材料进行严格把关，确保上会事项“应上尽上”，2021 年中信银行共召开 16 次董事会会议，听取 51 项汇报，审议议案数量多达 101 项，董事会下设各专门委员会共召开 44 次会议，对相关董事会议案进行了严格预审；召开 14 次监事会会议，听取 54 项汇报，审议 29 项议案。会后通过认真整理董事和监事所提意见建议并进行滚动督办，确保董事会、监事会议事成果切实转化为生产力。所谓“兵无常势，水无常形”，在日常工作中注意用发展的眼光看待问题、解决问题，在落实监管政策、确保治理合规的基础上，努力做到活学活用、常用常新，积极探索有效提升公司治理体系运作效能的创新举措。比如，中信银行董事会坚持“三个充分”原则，即所有董事和列席监事均可充分发表意见，充分发挥独董和监事以及审计和法律顾问的监督作用，充分发挥董事会专门委员会的重要作用；又如，研究优化子公司管理模式，制定改革行动方案，建立了总行对附属机构年度公司治理评估机制，积极推动全资和控股子公司建立独董制度，使银行集团整体公司治理质效得到明显提升。这些都充分体现了中信银行坚决落实中央政策和监管要求的政治立场和公司治理积极进取作为的务实态度。2021 年，中信银行首次获得香港上市公司商会颁发的年度公司管治卓越奖，同年还入选中国上市公司协会评选的上市公司董事会办公室优秀实践案例。

二、做好沟通宣传“联络员”，搭建平台、主动沟通，发挥各方关系的桥梁纽带作用

董秘介于监管机构、董事会、监事会、管理层、投资者、媒体公众等一系列关系之中，工作千头万绪，需要内外兼顾，对内要服务董监高，协调业务板块、职能条线，整合各类信息、数据、资源；对外要积极做好与监管机构、资本市场投资者的沟通。一定程度上而言，董秘是连接各治理主体等利益相关者之间的桥梁纽带。日常工作中，董事会秘书注意加强与各方沟通，搭建交流互动平台，全力提升中信银行的市场影响力。

一是做好内部高管与外部董事的“联络人”。作为一家治理结构健全、董事会构成多元化的上市公司，中信银行董事会大部分成员均为外部董事（11 名董事中，4 名为非执行董事、4 名为独立董事，合计占比超 70%）。外部董事的职业经验和履历背景多样化，有利于从不同专业角度为银行战略发展出谋划策，促进董事会更好地发挥战略决策作用。为更好地促进内外部交流，董秘积极协助外部董事了解中信银行发展规划以及管理层提出相关议案和汇报事项的确切意图，同时协助管理层推动落实各位董事的工作意见和建议。为拓宽董事履职渠道，中信银行定期向董事报送参阅件，内容涉及全面和专项审计报告、行办会会议纪要、月度经营数据、关联方情况报告、重要监管规定通报等；同时，每年还结合董事履职重点及关注事项，如支持实体经济、战略执行、风险管理、内控合规、消费者权益保护等主题，组织外部董事开展调研，掌握中信银行经营管理第一手情况，进一步提升履职水平。

二是做好内部管理与外部监管的“沟通桥”。董秘是保证上市公司合法合规运作的监管员。作为董秘，在日常工作中主动加强与外部监管机构的沟通，增进其对中信银行公司治理工作的了解和认可。认真参加银保监会、证监会、交易所以及协会等自律性组织开展的各类会议、培训、调研等活动，同时加强主动学习，及时了解监管最新要求，加深对监管意见的理解，并向内准确传达给董监高和相关职能部门，推动做好外规内化等工

作。为此，董秘创新推动建立了董事会、监事会定期听取中央和监管部门有关公司治理政策最新要求的汇报机制，亲自汇报，确保董事、监事及时了解中央大政方针和监管政策要求，进一步提升履职能力。对于董事调整、并表管理、股权投资等事宜，均提前主动向监管机构汇报沟通，争取监管机构的理解和支持。

三是做好内部经营与外部宣传的“发声口”。信息披露和投关交流是提升上市公司透明度的重要窗口。一方面，中信银行高度重视信息披露工作，董秘带领投关团队根据资本市场关注热点，不断完善定期报告披露框架和内容，主动披露业绩快报、董监高股票增持计划等临时公告，加强信息披露工作的有效性。2021 年，中信银行发布公告文件数量多达 361 份，未发生更正事宜，也未因信息披露违反真实准确等原则被监管问询。截至目前，中信银行已连续六年获上海证券交易所信息披露 A 类评价，有效提升中信银行资本市场形象。另一方面，中信银行以“传递监管要求、反映公司情况、满足市场需求”为原则，在符合强制性信息披露合规性要求的基础上，主动做好自愿性信息披露和投资者宣导工作，进一步增强投资者信心。例如，2022 年通过网络视频直播方式召开年度、半年度业绩发布会，累计观看人数分别超 1.3 万人、2.1 万人；又如，适应互联网、新媒体等新时代发展形势，借助互联网流量优势，举办中信银行“上市 15 周年”系列活动，通过“线上话题讨论 + 线下圆桌会”相结合方式，开展投资者交流活动，拓宽与中小投资者交流渠道；再如，建立专家库，通过授课、培训会等多种形式，听取资本市场专家对本行经营管理的意见建议。通过这些交流活动，主动倾听投资者意见建议，让董事和高管听到资本市场的声音。董秘每日也及时了解市场状况，做好开机“三登录、三关注”，即登录交易所网站查看及其他主要同业公告，关注行业和市场动态；登录投研咨询平台以及主流媒体网站，关注行业分析师和资本市场关于中信银行的最新分析报告和新闻报道；登录上证 e 互动，关注投资者问题并及时做出回复。在银行业整体面临复杂严峻的市场形势下，带领投关团队深入研究投资者关切问题，研提稳定股价、提升市值工作方案，多措并举提升银行市值表现。

三、做好维护股东利益的“服务员”，积极履行社会责任，加强中小投资者权益保护

保护投资者权益是上市公司的法定义务。保护好投资者特别是中小投资者的利益，有利于上市公司价值的提升和长期可持续发展。随着近年来可持续发展和社会责任逐渐成为国际共识，环境、社会及管治管理（ESG）投资理念不断深入发展，统筹系统推动ESG相关工作成为当务之急。

一是公平对待所有股东，积极维护中小股东合法权益。董事会秘书负责上市公司投资者关系管理事务，不但要对所有投资者负责，更要加强对中小投资者利益的保护。2021年，中信银行从落实国家关于加强资本市场建设发展、加强中小投资者合法权益保护、进一步扩大金融业对外开放大局出发，制定了董监事选举累积投票制实施细则，并在当年6月股东大会选举董事会、监事会换届人选时首次采用累积投票制，走在上市银行同业前列。近年来，中信银行还持续加强主要股东股权管理，通过主要股东出具股东承诺函、建立对主要股东承诺管理和评估机制等形式，推动大股东落实监管要求、履行股东义务；每年组织全行开展股权自查和关联交易审计，定期向主要股东征询股权质押情况，确保股东股权质押情况有效监测、合规开展；按照穿透原则及时将主要股东及其相关方纳入关联方管理，合理控制主要股东关联交易规模，切实防范利益输送风险。

二是努力提升投资者回报水平，以实际行动提振市场信心。中信银行一直努力回报广大股东，分红比例及股息回报率总体保持在上市银行较高水平，近三年分红比例逐年提高，分别为25%、27%、28%。行胜于言，公司深知，要让资本市场对银行发展增强信心，首先莫过于管理层自身展现信心和决心。2020年，中信银行实施中高级管理人员自愿持股计划，共332人累计买入金额超2亿元，向市场传递管理层看好中信银行长期投资价值的信号。中信银行用实际行动和良好业绩表现得到股东的认可和支持，年初以来，中信银行A股、H股股价涨幅均持续跑赢银行业指数，在国有大行和股份制银行中位居前列。2022年上半年，中信银行推动实施配股发

行计划，得到广大股东特别是中小股东的积极支持，股东大会配股议案的表决通过率达到99.5%以上，A股中小股东的表决通过率高达99.7%以上。

三是自觉履行社会责任，全面加强ESG工作。中信银行心怀“国之大者”，认真贯彻落实国家经济金融工作部署，不断深化供给侧结构性改革，加强信贷资产精准投放管理，持续加大对实体经济，包括制造业以及受疫情影响较大的中小企业和民营企业等支持力度。2020年，面临突发新冠疫情，董事会第一时间决定捐赠5000万元支持疫情防控，中信银行成为全国首家通过中华慈善总会向疫情防控阻击战捐款的金融机构。董事会积极指导银行发挥金融综合优势，全力支持涉疫抗疫贷款需求，支持企业复工复产。中信银行积极把握绿色发展趋势，创新绿色金融产品和服务，2021年年末绿色信贷余额突破2000亿元，较上年末增长140.75%，贷款增速超过各项贷款增速。中信银行凭借近年来在ESG工作领域内的持续发力和优异表现，取得了一系列亮眼成绩，2021年中信银行每股社会贡献值5.64元，增幅7.43%，在英国《银行家》杂志“全球银行品牌500强排行榜”中排名第16位，被中国年度最佳雇主组委会评为“最佳雇主全国100强”，获评《投资时报》“ESG绿色公司之星”，2022年9月入选中国上市公司协会“上市公司ESG优秀实践案例”。2022年以来，中信银行从推动ESG相关工作考虑，主动将董事会战略委员会更名为董事会战略与可持续发展委员会，增加ESG工作相关职责，进一步优化ESG管理体制机制，更好地促进银行高质量可持续发展。

韶华如过客，岁月不蹉跎。我们无法改变人生的长度，但可以增加人生的厚度。董秘，正是一份可以增加人生厚度的职业。当前，中信银行正处于“发展修复期、能力构建期、争先进位期”的三期交汇阶段，面对当前复杂外部形势，中信银行将切实把思想和行动统一到党的二十大精神上来，完整、准确、全面贯彻新发展理念，持续履行好国有金融企业使命担当，坚定不移全力支持实体经济。作为中信银行的董秘，将继续传承发扬好中信精神，在监管机构指导下，扎扎实实履职尽责，在助力中信银行高质量发展之路中作出更大贡献。

35. 国检集团（603060. SH）：积极创新探索　助力企业持续高质量发展

董事会秘书　宋开森

作为上市公司与资本市场沟通的桥梁，董事会秘书宋开森先生在做好本职工作基本要求，满足信息披露真实、准确、完整、及时、公平等基本原则和相关规定以外，积极探索通过优化公司治理提升公司价值、持续优化投资者关系提升股东价值、落实公司发展战略讲好国检集团故事，为公司持续高质量发展贡献力量。

一、结合企业特点和发展需要，构建企业中长期激励机制

国检集团是在国家级科研院所的检测实验室重组的基础上成立的，上市前后又先后整合了原中国建材集团、中国中材集团旗下国家级研究院的检测资产，具有十分鲜明的科研院所文化和科技创新基因，在过去十多年的高速发展中更重视生产力发展，对公司治理、激励机制等关注度不够。基于这一点，董秘向公司经营班子和董事会积极建议推动股权激励，并提出相关建议方案，目的是以股权激励为切入点推动激励机制创新，优化生产关系，推动公司新一轮发展。

在实际控制人、控股股东的支持和公司董事会及董事长、总经理的正确领导下，经过董秘和董办团队努力，国检集团分别于2019年、2021年连续启动两期股票期权激励计划，通过股票期权方式，对公司高管以及管理、技术、市场骨干共计360人授予股票期权，成为中国建材集团系统内第一家连续两期股权激励方案落地的上市公司。方案实施以来，实现了股东、

公司、员工价值的有机统一，对公司市值的增长和业绩的稳定提升均有重要意义。以第一期激励计划为例，股东层面，因公司达成较高考核指标获得更多回报空间，第一个行权日公司市值较启动激励计划日市值增加36.78%，远高于考核年度归母净利润较基准年度增幅10.86%。公司层面，解决了骨干团队的发展动力以及利益一致性，同时通过股权激励增发，每年获得直接融资约5000万元，筹措了部分发展资金、优化了现金流。员工收益方面，以可行权以来的股价区间测算，本年度员工最高行权收益约为80万元，最低行权收益约为6万元，激励对象平均行权收益约为20万元。目前第一期前两年业绩条件均已解锁，预计第一期最后一年业绩条件也能够达成。

公司股权激励的实施，离不开四个方面的基本要素：一是实际控制人和控股股东对改革和激励政策方向的把握；二是董事会对行业和企业当前发展方位及未来方向的预判；三是经营层共同努力完成股权激励设定的经营目标；四是操作团队对实施股权激励从设计到行权近六年的过程控制，里面涉及时点、成本、税收等一系列问题。

从具体操作看，公司始终把握好以下三个方面：一是牢牢把握激励的根本目的，构建中长期价值成长机制。始终把创造价值作为股权激励的根本目的，通过增发作为股票来源，在公司获得直接融资的同时，避免股价打折进而保护原有股东利益，加强考核指标分解落实与宣讲，通过时间和绩效增长形成增量价值，在整体价值增长中实现股东、公司、员工利益的统一。二是结合发展战略选准工具，精心设计激励方案。激励方案的设计要与公司发展战略相匹配，与公司发展阶段相符合。根据公司及所属行业发展阶段，选择相应激励工具，选择相应考核指标。既要考虑存量业务发展情况，又要考虑未来增量业务空间；既要考虑股权激励考核目标达成可行性，又要结合公司未来战略规划目标；既要考虑股权激励方案的激励效果，又要注重股权激励方案的激约束机制的约定，进而保证股权激励方案设计的有效合理。三是抓好行权关键点，积极稳妥实施激励方案。核心要素有两个：业绩和股价。业绩指标完成情况决定激励方式是否能够落地，业绩指标的考核要求是既要纵向跑得赢自己，也要横向跑得赢对标企业。而股价情况则决定员工收益及公司所需承担股份支付费用，国检集团始终关注市值、维护市值，使市值基本反映企业基本价值，努力减少短期股价脱离基本面对公司各项工作的干扰，进而保证股权激励的顺利实施。

二、高度重视投资者关系和信息披露，使投资者交流与企业发展相互促进

从事董秘工作以来，宋开森先生和各界投资者交流互动率很高，平均每月集中会议一次，各种点对点或小范围的交流 5 次以上，这些交流有利于公司的市值管理。做好投资者交流必须悟透了“真实准确完整及时公平”基本原则，日常交流中不能冷冰冰地完成基本信息披露义务即可，要有温度，更要时时刻刻恪守纪律要求，把握住底线，基于公开信息和发展逻辑去进行每次交流，不越界。在工作实践中，主要从两个方面开展工作。

一是建立投资者关系管理制度，形成定期沟通机制，畅通沟通渠道。董秘带领公司董办团队坚持做到有电话必接、来信必回，有问题必答，以多种方式开展投资者沟通工作。同时，针对不同投资者的需求，采取不同的沟通形式，对于现有的投资者侧重交流公司的发展战略和长期逻辑，引导投资者进行长期价值投资，对于潜在投资者侧重交流行业情况及公司业务。自 2021 年 1 月起，公司于每月中下旬固定时间开展月度投资者交流会，形成定期沟通机制，定期对投资者关心的问题进行分类汇总，针对不同投资者的需求，调整每次交流会的沟通内容重点。2022 年起，公司建立了专门针对证券分析师的定向沟通机制，增加不定期沟通及专题沟通，进一步提高沟通效率，增强沟通成效。

二是把机构投资者的投资逻辑与企业发展战略互动思考，与生产经营实践相互印证、相互促进，将理论与实践的动态情况及时与投资者共享。在每月定期与投资者沟通交流过程中，董秘了解到多家机构的研究员对检测行业的整体分析和认识比较深刻、整体站位高，对行业的成长和发展逻

辑有独到的见解，部分研究员对检验认证行业坚守质量、加速战略联合重组的路径、建工检测领域的周期性、综合型检测机构建设、市场拓展的逻辑、轻重资产与短期长期发展等都分别有独到之处，他们的意见带来了对行业发展、企业运行的启发。一方面，董秘把这些好的意见建议向公司董事会、经营层及时反映和汇报，另一方面，由于董秘同时兼任山东片区四家子公司的董事长，他将这些意见和建议直接在上述子公司进行实践，到目前为止，这几家公司均取得了优异的经营业绩。

在投资者交流会中，董秘也及时将市场一线的情况，以及一些理论成功落地的实践与思考及时与投资者沟通。一方面及时分享鲜活的市场案例，便于投资者验证投资逻辑；另一方面也将机构投资者当作企业战略、经营发展的智囊团，集思广益，共同为公司发展努力，取得了很好的成效。

三、深入挖掘行业发展特点与公司战略的契合度，持续学习和创新，讲好国检故事

投资者们高度关注投资逻辑，这就需要总结所处行业的发展逻辑及自身定位。国检集团是一个发展战略和逻辑高度清晰的企业，在发展中也在不断深化对行业的认识，增强引领发展的能力。近年来，国检集团总结出检验检测行业的四个特点：一是行业对市场经济具有质量担保、加速流通的作用，市场经济越发达，检验检测这个现代技术服务业越重要，增速一般是 GDP 的两倍左右。在这个行业里，大机构的品牌价值和质量担保作用是小企业无法比拟的，必然会强者恒强，走向集中。二是参照产品生命周期理论，在分析行业市场化改革实践、近 20 年高速成长的数据、目前行业企业小散弱与经营状况均较好的现状等的基础上，国检集团在定期报告中正式提出检验检测行业现在处于成长期的判断，并在此基础上结合国际巨头发展的轨迹，得出了行业集中度会不断提升、大机构具有天然的信用优势、行业会复制国际巨头的成长路径等投资的逻辑设定，随着这些论断不断的被实践验证，增强了投资者对行业的信心。三是在 2020 年围绕周期

与消费对部分细分领域进行重新定义，改变投资者固有的一些错误定位。过去大家对检验检测行业中的食品检测、环境检测的消费属性有充分认识，但对工程检测认为和所依附的主业一样，具有较强的周期性，基于工程检测样品、产品周期、未来发展预判等数据，国检集团提出了“住”的检测也是消费型检测，尤其是存量房的鉴定和检测与群体生命安全关联紧密，比环境、食品检测具有更强的社会效应、更高的要求，这一理论的提出也与国家先后出台的一系列加强自建房排查及房屋安全保障相关的政策相契合，与公司接下来工程检测板块的战略发力点相匹配。四是疫情背景下对行业内大公司尤其是国有公司优势的再认识。过去投资者认可检测行业大机构的公信力、质量，但认为与民营机构、小机构相比，成本处于劣势，结合公司实践的数据，提出考虑到实验室空间成本、设备折旧等固定成本的占比，大的机构检测数量多，单位固定成本更低，以及综合型机构一站式服务对客户运输成本的节约，提出了“小机构只有不规范实验的前提下才固定成本更低”等实际运行状态，并认为政府监管部门、行业有识之士必将携手加强行业质量管理，而质量是需要成本的，对质量负责、信用和品牌好的综合型大机构才会在行业中更具有竞争优势。

与投资者取得上述投资逻辑共识后，公司作为中央企业背景的检验检测企业，在品牌、信用、发展逻辑等方面的优势就顺理成章了，更重要的是，与公司跨地域、跨领域发展，建设全产业链、全产品线、全服务维度、全服务手段“四全”生态型业务架构，成为世界一流的综合型机构的发展战略也深度契合，使投资者对公司的外延并购和提速发展有了更深的认识和认可。近两年公司的工作努力和实践以及优异的经营质量又能不断地验证这种逻辑，因此关注度就越来越高。

随时公司董事会、经营班子在发展中对重要问题的研究判断不断深化，随着个人工作实践的积累，董秘及时将工作中的新认识、新发现、新理论与投资者进行沟通，使投资者既了解公司的经营状况，又了解到公司在行业中的位置，以及公司发展战略与行业发展动态的契合度，投资者对公司的关注和认可不断提升。在社会各界的持续帮助下，国检集团的整体形象、理论创新水平也不断提升，体现了互相促进、互相进步的关系。2021 年 12 月，国检集团获上海证券报 2021“金质量”上市公司“公司治理奖”及“最具人气公司”，2022 年 9 月，国检集团申报的《大型检验认证集团推动企业高质量发展的战略引领管理》荣获 2021～2022 年度全国建材企业管理现代化创新成果经典案例一等奖。

36. 金石资源（603505. SH）：苔花如米小　也学牡丹开

董事会秘书　戴水君

金石资源专注于国家战略性矿产萤石资源及其下游产业的投资与开发。公司成立于2001年，总部位于浙江杭州，下属16家控股子公司。公司于2017年5月在上交所主板上市，是我国非金属矿采选行业第一家上市公司。作为细分领域的龙头企业，公司坚持“资源+技术”两翼驱动战略，以丰富的萤石资源为“基本盘”，以含氟锂电材料为“第二增长曲线”，拥有资源、氟化工、新能源三大业务板块。

秉承“向善而为，共益共生”核心价值观，公司重视合规与发展双向赋能，追求公司治理与公司价值共同成长，致力于打造有中小市值公司特色的资本市场品牌。上市以来，各项经营指标稳健增长；积极回报投资者，历年分红、回购、增持累计约5.5亿元，为IPO净募集资金的3倍；公司治理也亮点频现，仅2021~2022年就有业绩说明会、投资者关系、投资者保护、信息披露、ESG以及规范运作等6个案例分别入选浙江辖区、上交所、中上协等的优秀实践案例。

“苔花如米小，也学牡丹开。”作为金石资源董秘，在公司董事长、董监高及各部门全力支持下，戴水君女士秉持“对己自律，对人真诚，对事专业”人生信条，在信披上追求合规性与有效性并重、从“不出错”到“更出彩”，在投关上追求主动性与精准性并举，以“投资者需要”为根本遵循，近年来在董秘履职方面做了一些创新和特色的工作，对董秘工作也有一些思考与感悟。

一、明确公司治理的金石理念：做资本市场的健康力量

新发展格局下，上市公司要高质量发展，既不能过于保守、碌碌无为，辜负资本市场助力实体经济的大好机遇，也不能罔顾市场规律、盲目扩张，在资本市场为所欲为，损害投资者利益。公司明确了在治理方面要“做资本市场的健康力量”，而做好信披和投关这两项基础工作是展现和传递“健康力量”的重要途径。

二、通过“六大载体”开展信披和投关工作

公司秉持“真诚是唯一的技巧”，依托“年报/致股东信、业绩说明会、ESG 报告、实地参观/云游矿山、券商策略会/路演反路演、热线电话/e 互动”六大载体积极主动开展信披和投关工作，打造有中小市值特色的民营上市公司资本市场品牌，如图 36－1 所示。

图 36－1　金石资源开展信披与投关工作的“六大载体”

三、公司治理的特色实践：信披有效性视角下的投关实践

（一）创新特色工作一：积极推动以“董事长致股东信”为代表的信披有效性实践

公司认为，年报作为信息披露和投资者关系的重要载体，是最好的价值传播渠道。公司上市以来，连续四年在年报中以董事长《致股东信》的形式与投资者诚挚交流，取得较好成效。

一是理念上。上市公司树立正确的价值观，是对投资者最大的保护。

我们提出要为“利益相关者”创造价值，实现“有意义的盈利”。

二是内容上。四年来，公司董事长分别以“金石，何以致远”“何以向善而为”“何以向上”以及“拾级而上”为题，真诚坦率与投资者交流发展中遇到的困难、面临的挑战，实事求是剖析公司经营的得与失。2019年《金石，何以向善而为》发布后，上交所公司监管部门表示：“这些诚挚交流的字里行间，渗透了对企业价值观的坚守和对投资者的尊重，值得倡导。”“通过年度报告、投资者说明会等方式，向市场和投资者展示公司的价值、形象和文化，是一种企业家精神，也是值得共同培育塑造的上市公司文化……”

三是风格上。《致股东信》一方面让公司相对自主地传递信息，另一方面也能最大程度地回应投资者关切，更重要的是，以娓娓道来的“信”的方式交流，更坦诚，更开诚布公，让投资者感受到上市公司是“有血有肉”的鲜活存在，直抵人心。

四是成效上。过去四年中，既有个人投资者表示“看股东信到热泪盈眶”，也有基金经理“看了股东信后，买入公司股票”；既有投资者请董事长推荐“阅读书目”，也有银行在审贷会上表达“能写这样致股东信的公司，一定差不了”，还有个人投资者成立“金石芙蓉教育基金”发来信息对公司全体员工表示感谢……几年下来，公司既将价值合规有效地传递给了投资者，也找到了更多志同道合、愿意长期陪伴公司成长的投资者。

（二）创新特色工作二：从“见信如面”到“面对面”，认真组织召开年度业绩说明会

董秘深知业绩说明会对于培育长期理性价值投关文化的重要性。2021年以来，公司连续6次召开业绩说明会，连续两年作为沪市主板年报业绩说明会的“主题周”代表。公司对业绩说明会高度重视：一是出席人员“阵容豪华”，既有“掌舵者”董事长、总经理，也有“刻意”安排的、平时总在幕后颇有几分“神秘色彩”的首席专家、总地质师，更有经济学家、独立董事以及券商首席分析师；二是“精心准备”，提前征集问题，设专门工作群与外部平台进行技术对接测试，制作可视化及纸质年报，进行演练和彩排等，疫情之下还别出心裁推出“云游矿山”、高管化身“主播”带领投资者参观矿山；三是“坦诚交流”，董秘以图文并茂的PPT形式解读经营情况及面临的困难挑战，董事长就发展战略作专项答疑，分管领导对投资者关心的问题一一作答；四是“注重反馈”，对召开情况及全程影像通过公众号、媒体报道等推介转发，扩大后续影响力。投资者普遍反映，公司的业绩说明会既有满满的仪式感，也“干货满满、诚意满满”。

（三）创新特色工作三：推动公司ESG体系搭建，道阻且长拾级而上

作为董秘，深知可持续发展之于上市公司的特殊重要性。近几年，董秘积极推动公司ESG披露，得到董事长及公司上下大力支持：一是把握关键议题、围绕“双碳”目标和“共同富裕”开展ESG实践，二围绕ESG各子议题核心关注和监管精神，通过五大模块阐述公司在ESG各维度取得的成果，受到好评。

四、作为董秘的“学而思”

于戴水君女士而言，五年董秘职业生涯的两个关键词是“谦卑”和“热爱”，谦卑使我在任何时候保持敬畏、坚守底线，热爱让我全情投入、一步步拾级而上。而贯穿其中的主线，是始终持续不断的学习。持续学习，让她工作更自信、生活更充实、内心更宁静。

（一）思考一：打造学习型组织，创建学习型董办

董秘的工作离不开证代的大力协助。公司董办积极组织董监高参加后续学习培训，印发《公司监管锐评汇编》《刑法修正案（十一）》等书面材料下发学习。作为董秘，认真学习并撰写学习体会，其中《心有敬畏 行有所止》《董秘履职：认真的人会得到认真的结果》等10余篇文章先后刊发在《浙江上市公司》上。

工作之余，持续不断地保持学习与分享。董秘讲授的《董秘视角下的IPO上市实务》《职场写作：好笔头是职场第一利器》等课程，广受好评；被浙大管院聘任为MBA校外导师；作为公司党支部书记，担任浙江财经大学党校讲师、盈阳金融科技学院校外导师、客座教授；受邀参加中上协投关工作座谈会并汇报工作。董秘希望通过对董秘工作实践的思考以及博士

课程的学习，将理论与实践结合起来，为资本市场的制度建设和健康发展贡献更大力量。

（二）思考二：上市公司治理，也要把好“入口关”与“出口关”

董秘认为，要把好公司治理“入口关”，即“关键少数”的价值观；守好“出口关”，即董秘和财务总监守底线；提升治理“成长性”，以时间换空间，使公司逐步从“规范治理”走向“优秀治理”，实现公司治理与公司价值共同成长、相得益彰。基于此思考，董秘多次疾呼尽快建立资本市场以董秘、财务总监为主体的职业经理人声誉激励体系。

“既有岁月可回首，更以深情写芳华。”担任金石资源董秘五年来，热爱董秘职业，珍视个人职业声誉，时刻保持敬畏之心，相信“认真的人会得到认真的结果”，希望能为公司、为股东、为利益相关人创造更多有意义的价值！

37. 威胜信息（688100. SH）：专业　用心　真诚　创新

董事会秘书　钟喜玉

威胜信息技术股份有限公司成立于2004年，是国内最早专业从事能源互联网的企业之一，于2020年1月21日在上海证券交易所科创板成功挂牌上市，为湖南省首家科创板上市企业。公司以“物联世界、芯连未来”为发展战略，围绕能源流和信息流，聚焦数字电网与数智城市，致力于能源数字化技术与应用，提供能源物联网综合解决方案，共同实现城市安全和能源的清洁低碳高效利用。

作为公司董事会秘书，钟喜玉女士始终以“专业、用心、真诚、创新”为坐标，在公司董事会的大力支持下，通过合规有效的信息披露及积极良好的投资者交流，向资本市场传递好公司价值，助推公司实现高质量持续发展。

上市3年以来，公司先后荣获“最佳董事会”“年度最具投关价值公司”“最佳新媒体运营”，并分别入选上交所投资者关系管理优秀案例及Wind“2021年A股机构调研热度榜50强”。2021年，公司发布首份ESG社会责任报告，入选中国上市公司协会《上市公司ESG优秀实践案例》。个人先后荣获中国上市公司价值评选“科创板上市公司优秀董秘”及“中国上市公司阳光董秘”、第十八届《新财富》“金牌董秘”、上市公司口碑榜“最佳科创板上市公司董秘”、精英董秘“木兰奖”等多项资本市场殊荣。

一、积极践行注册制下的信息披露，实现合规有效的多形式传播

2021 年 3 月 5 日，十三届全国人大四次会议审查了国民经济和社会发展第十四个五年规划和 2035 年远景目标纲要草案。规划纲要草案提出，全面实行股票发行注册制，提高上市公司质量。“以信息披露为核心”则是注册制的基本理念。信息披露作为资本市场的“生命线”，是保护投资者的核心制度。新证券法也要求以投资者需求为导向，不断提高信息披露质量。信息披露有了全新界定，需进一步丰富简明易懂、及时公平的信息披露内涵，要保证投资者看得清、读得懂。

作为公司信息披露的管理者，在严格按照《上市公司信息披露管理办法》《中华人民共和国公司法》及上交所相关规定履行信息披露义务，按传统模式发布定期报告的基础上，在董事会的带领及支持下，与业务部门深入沟通讨论，如何用更直观、易懂的语言及更多样的形式，来让投资者更好地了解公司经营情况及投资价值。自上市以来，带领团队精心打磨，每年除文字稿的定期报告之外，同时配套发布图文结合提炼要点的一图看懂，并以每年发布年报短视频等形式，积极传递公司动态，以简单易懂的形式帮助投资者了解公司业绩、发展情况。

同时还积极组织推动自愿性信息披露，每月及时发布公司中标合同情况，以保证广大投资者公平公开地及时了解公司经营情况。

上市公司是 ESG 实践的重要主体，通过加强 ESG 能力建设、积极践行企业使命和社会责任，有利于推动提升上市公司可持续发展。积极推动公司 ESG 信息披露工作，首先在公司董事会及管理层加强对 ESG 信息披露的充分理解和重视；其次加强对具体参与 ESG 相关环节人员进行规则培训，使其更熟悉规则，了解披露要求；最后，不断研读规则要求，对照本公司的实际情况，提炼梳理公司在 ESG 方面的践行情况，同时又间接推动了公司在 ESG 方面的践行。在 2021 年，威胜信息发布上市以来首份《社会责任报告》。

在国家大力推进“双碳”目标的背景下，威胜信息作为领先的能源物

联网解决方案提供商，以“至诚致精 义利共生”经营宗旨为指引，在深耕主业的基础上，将ESG工作融入日常经营之中，将绿色发展融入企业的发展战略之中，并由董事会指导和统筹成员企业的ESG工作，推进社会责任管理的落实。公司不仅致力于为股东、用户创造价值，还对内积极带动员工发展，对外持续为供销商、行业、国家和社会创造价值。通过持续深入推进ESG工作，公司取得了良好的环境绩效、社会绩效和治理绩效，赢得了业界、资本市场和公众的普遍好评，ESG工作入选中国上市公司协会《上市公司ESG优秀实践案例》。

二、积极践行新证券法下的投资者关系管理，构建用心的多维度交流

为贯彻落实新《中华人民共和国证券法》和《国务院关于进一步提高上市公司质量的意见》，2022年证监会发布《上市公司投资者关系管理工作指引》。在指引中，新设投资者保护专章，保障各类投资者权益，这也要求投资者关系工作中兼顾机构投资者与中小投资者的需求，提升沟通的效率与质量。

从投资者关系管理的角度来看，董秘作为上市公司与投资者的桥梁和纽带。在搭建与投资者沟通的多元化渠道方面，不断推进投资者关系管理平台建设，拓展多样化沟通方式，致力于搭建一条连接公司与投资者的多维度的沟通桥梁，用心对待每一位投资者，定期围绕投资者关注的行业政策、行业动态等进行研读，并转化为资本市场语言进行解读，提升沟通效果。

自上市以来，公司每年都召开定期报告的在线业绩说明会，由公司总裁带队参加，与广大投资者进行交流互动。同时公司参加“湖南辖区上市公司投资者网上接待日”活动，积极参加上海证券交易所组织的“国际投资者线上走进上市公司沙龙”活动，与境外投资者进行沟通与交流。同时积极响应机构投资者、证券分析师及中小投资者等各类投资者的调研需求，2022年，采用线上及线下相结合的方式，通过路演、反路演、策略会、现

场调研等组织沟通会 249 场，有近 1500 家投资机构参与。上市以来，及时回复上证 e 互动投资者提问 91 个，用心答复个人投资者来电 685 个。2021 年，威胜信息入围上交所资者关系管理优秀案例，并入选 Wind“2021 年 A 股机构调研热度榜 50 强”，公司的投资者关系管理工作得到各方认可。

未来，威胜信息将按照党的二十大报告中指出的“坚持把发展经济的着力点放在实体经济上”的要求，继续做精、做强能源物联网企业，为共建新发展格局和实施“双碳”目标作出贡献。作为公司董事会秘书，将继续在各级监管机构与自律组织的指导与支持下，在董事会的领导下，充分发挥董事会秘书的职责与作用，持续巩固公司的规范运作能力，持续提升公司信息披露质量，提升公司治理水平，切实保障投资者权益，同时强化投资者保护，搭建畅通的、多元化的投资者沟通渠道，助力实现威胜信息持续高质量发展，持续为投资者创造价值。

38. 万科 A（000002. SZ）：求木长者固其根本 欲流远者浚其泉源——浅谈投资者关系管理缔造企业价值

董事会秘书 朱旭

2022 年，证监会发布了《上市公司投资者关系管理工作指引》，对上市公司投资者关系管理（Investors Relation Management，即 IRM）作出了一系列工作指引与要求，旨在进一步规范上市公司投资者关系管理工作，提高上市公司整体质量，加强上市公司与投资者之间的有效沟通，促进公司完善治理，标志着上市公司投资者关系管理工作向着高质量发展目标迈进。

凡益之道，与时偕行。近年来，投资者关系管理正在受到资本市场、上市公司、政府机关的强烈关注。投资者关系管理在上市公司重大战略及活动中发挥着日益重要的作用，良好的投资者关系管理同时也正在成为保护各方投资者合法权益的重要手段。

一、投资者关系管理之含义

投资者关系管理包含战略管理、双向沟通、价值判断三方面。投资者关系管理是上市公司整体战略中一项重要职能战略，通过与公司业务领域中的市场营销、产品、财务、人力资源等一系列战略协调一致而达到相辅相成、相互加强的作用。投资者关系管理也是一个双向的沟通过程，上市公司向投资者传递内容与价值的同时，投资者同样可以向公司提出意见及建议，敦促公司治理更趋合规。投资者关系管理最终实现的结果是对公司价值的判断，这种对价值的判断一方面是将公司的价值亮点真实完整地挖掘出来，并通过投资者关系管理传递出去，另一方面是投资者通过投资者关系管理，真实地发现企业价值并作出投资判断的过程。

二、投资者关系管理之重

投资者关系管理值得引起公司重点关注。首先，良好的投资者关系管理能让公司市值更准确地体现公司真实价值，在市值管理中，股价受每股收益与市盈率综合影响，其中，每股收益由公司经营情况决定，而影响市盈率的关键则在于投资者对公司当下以及未来价值的判断。如果将公司当期利润对公司市值的影响看作是加法的话，那么市盈率对公司市值的体现就是乘法效应。资本市场对公司价值判断很大一部分就来源于公司与投资者沟通及信息传递的过程，来源于投资者关系管理。良好的投资者关系工作，不仅能为公司战略决策和执行提供支撑，同时也能促进机构投资者了解企业价值，提升对公司的信心以及黏性，从而提升购买公司股票的意愿。

其次，良好的投资者关系管理可以有效提高上市公司资本运作的效率。以万科为例，上市公司的发展离不开资本市场的支持，良好的投资者关系管理对于万科的发展起到了非常重要的作用。万科上市以来，依靠良好的资本市场品牌信誉，通过配股、发行 B 股、可转债、定向增发、公开增发、H 股配售等不同的融资渠道成功进行融资，帮助公司抓住了行业快速发展的黄金时期。与此同时，万科在股权激励、关联交易、分类表决等公司重大经营决策中，也获得了股东及投资者的信任与支持。而这些工作的顺利高效开展，离不开万科长期以来的投资者关系管理工作。

再次，良好的投资者关系管理可以促进上市公司对内规范治理。香港投资者关系协会的调查显示，长线投资者更看重公司的非财务因素，特别是公司是否具备透明、规范、稳健的治理机制。无独有偶，麦肯锡对全球基金经理的调查数据亦显示，机构投资者愿意为良好的公司治理支付溢价。投资者们关注公司治理水平，也愿意给予公司相关建议促进公司治理水平的提升，保障公司长期健康发展。

最后，良好的投资者关系管理有助于公司建立良好的外部经营环境。

通过主动的信息披露和与投资者的沟通引导，可以扩大公司在资本市场的品牌效应，提升公司估值并获得更高的市场地位，助力公司和产业链上下游、政府、银行等利益相关方建立信任、共赢的关系，形成良好的外部经营环境。

简而言之，投资者关系管理是公司与资本市场人士沟通的桥梁，在公司战略中处于非常重要的地位，因此，投资者关系管理工作要注重以公司使命为本，配合战略，让公司的真实价值得到更好的反映。

三、投资者关系管理于上市公司之职与责

上市公司不妨将投资者看作为公司客户，以客户为本，关注客户的具体需求，这是公司做投资者关系管理的起点。投资者关系管理的过程，可以看作一个四部曲的良性循环：讲好公司的商业逻辑投资故事，找对切合公司战略的投资人，加强与投资人的沟通频率，再针对其建议尽快进行整顿改进。做好投资者关系管理四部曲需要公司组织机制保障作为重要基础，特别是需要董事长的重视和公司各职能部门的支持。

（一）起点：寻需求，找对投资者关注点

机构投资者的投资策略及选择受诸多因素影响。既包括公司所处的行业、公司的竞争优势以及经营策略等业务层面因素，也会关注公司盈利情况、负债和资金情况、分红情况等财务指标。与此同时，公司的 ESG 水平也日益成为影响投资者决策的重要因素之一。

（二）过程：投资者关系管理四部曲

第一步：讲好故事。如今，中国已有 4800 家上市公司，可谓是“酒香也怕巷子深”，想要在一众上市公司中脱颖而出，获得机构的关注与青睐，讲好公司投资故事显得格外重要。讲好故事重点在于“知己”与“知彼”。

知己，是要能用最精练的语言讲清楚公司的商业逻辑、在行业中的竞争优势以及未来的成长动力。知彼，是需要了解资本市场对行业和公司的看法，了解主流机构对上市公司的偏好和估值逻辑。只有同时做到知己知彼，并明确资本市场投资定位，才能用投资者最容易理解的逻辑和语言，

打造一个完整的有说服力的投资故事，并且围绕这个投资故事进行主动的披露、沟通和展示，引导资本市场估值，通过真实的业绩获得验证，有效地说服投资人。

第二步：找对人。一方面，要深度剖析资本市场主要参与者的画像，结合公司自身特点选择与之匹配的投资群体；另一方面，要针对卖方分析师、买方分析师和投资机构的不同诉求和投资偏好，进行针对性沟通，才能做到有效地传递公司价值，从而赢得投资者的信任和支持。

第三步：勤沟通。可以简单总结为短平快深四字原则。短：提高沟通频率，尽量缩短投资者获得公司信息的时滞。平：公平对待，平实表达，管理好投资者预期。快：危机公关反应要快。分秒必争，从根源处解决问题，不侥幸、不推诿、不拖延，展现负责任的企业态度。深：日常做好行业深度分析，展示专业能力。例如万科会做好市场资讯日报，了解行业主要公司当日交易情况及市值表现、行业和监管政策要闻、重要研报摘录等，做好对标专题分析报告并储备外部专家资源以定期引入外部视角分享，为集团管理层和业务 BU 战略决策提供参考。

第四步：快改进。投资者关系管理的本质是通过公司和投资者之间的良性互动产生双向正反馈效应。以万科股东分红政策调整的事件为例，在 2020 年年初，考虑到新冠疫情影响，公司临时将分红比例下调至 30%，虽然下调幅度仅为 5 个百分点，但分红公告披露后股东反响非常大，影响到了投资者对公司未来分红政策稳定性的信心。公司收到投资者意见与市场诉求后，在 2021 年净利润下滑的情况下，为保护长期股东利益，将分红比例临时调整至 50%，及时地回应资本市场诉求，获得了多数股东的认可。

（三）投资者关系管理基石：组织机制保驾护航

做好投资者关系管理的基础同时也是关键，在于组织机制的保障。

组织保障的第一层次：董事长和董秘的密切配合是提升公司价值的关键。董事长是公司战略规划的设计者和公司发展方向的引路人，其对于公司的思考和表态，为投资者判断公司价值提供最重要的引导。董秘是上市公司对内对外沟通的主要桥梁，也是引导市场预期、传递公司价值的主要负责人。作为资本市场的近距离对话者，董秘也需要将市场声音对内反馈。

组织保障的第二层次：公司各职能与业务单位的密切协同。所有对外的信息来自于公司的财务、投资、营销以及公司各业务端口。做好各部门协同工作，需要定期了解和征集投资者关注的问题，定期收集各业务的经营环境变化和业务进展，并要求其针对投资者关注点提供补充材料；管理层定期组织投资者关系、财务、投资等职能和相关业务单位讨论，整合形成对外沟通材料。每次与投资者沟通后，及时收集整理投资者对公司的意见与建议，对内输入，为下一次与投资者沟通奠定基础。

组织保障的第三层次：如果公司有条件的话，可聘用合适的投资者关系顾问协助工作。投资者关系顾问往往是由具备丰富从业经验的人士构成，在必要的情况下，上市公司也可以借助其力量协助收集市场资讯和研报信息，助力组织业绩发布会并收集买卖方反馈，协助制定沟通策略，提供咨询服务，以及通过投资者数据库等成熟的管理工具，使投关工作更加体系化，丰富沟通形式，扩大传播的影响力。

总的来说，投资者关系管理作为连接公司内外部的桥梁，其灵魂价值在于沟通。通过沟通获得信任，通过沟通赢得支持，通过沟通真实体现公司价值。

39. 申万宏源（000166. SZ）：完善中国特色现代公司治理 助推国有金融企业高质量发展

董事会秘书　徐亮

作为以资本市场为依托、以证券业务为核心、以“投资 + 投行”为特色的综合金融服务商和国有上市公司，申万宏源坚持“有信仰、敢担当”的发展定位，积极贯彻新发展理念，融入和服务新发展格局，稳中求进、稳健经营，在服务实体经济中不断提升自身发展质量。在公司董事长的带领和董事会、经营层的指导与支持下，公司董事会秘书徐亮先生坚持“两个一以贯之”，做到“四个敬畏”，精进探索、创新思路，以严实之风，持之以恒深入细致做好公司治理、信息披露、投资者关系、战略规划及 ESG 管理等工作，致力践行和推广治理最佳实践，为公司高质量发展创造无形价值。

一、坚持党的领导与公司治理有机融合，推进中国特色国有金融企业现代化治理

一是优化治理机制。近年来，申万宏源将健全公司治理作为推动公司战略实施、强化风险防控、实现高质量发展的重要抓手，并取得积极成效。经过不断努力，公司形成了“三会一层”各司其职、有效制衡、协调运转的治理结构，构建了与现代化经济体系和高质量发展要求相适应、具有自身特点的治理体系和内控制度。深入推进在公司治理中加强党的领导，深刻领会习近平总书记关于金融工作、国企党建的重要讲话精神，将党建写

入公司章程，制订实施重大事项党委前置程序制度，强化党的领导与“三会一层”重大事项决策的衔接，实现党的领导和完善公司治理有机统一，董事会“定战略、作决策、防风险”，党委充分发挥领导核心和政治核心作用，“把方向、管大局、保落实”。

二是完善董事履职支持。公司董事会秘书作为“三会一层”的协调者和沟通者，积极促进公司经营层与董事会的沟通交流，聚焦助手支持、调研支持、合规支持、资讯支持“四个支持”，打造董事履职保障体系，为董事提供全面、完整、及时的信息支持；落实国有出资人相关要求，助力“管资本”模式下的金融国资管理；顺应上市公司董监高履职风险变化，合理安排董责险等风险保障。

三是强化治理能力。在提升上市公司质量三年行动背景下，申万宏源认真开展治理专项自查，不断优化自我规范、自我提升、自我完善的治理长效机制，将“规范、透明、开放、有活力、有韧性”要求深度融入战略，构建集团公司与证券公司协同规范运作格局，合力打造高质量的A+H上市平台，连续两年获得“上市公司董办最佳实践”，为公司聚焦主业稳健经营提供保障。

二、坚持规范运作和公开透明，以信息披露夯实上市公司内部控制

一是夯实基础工作。信息披露是资本市场的“生命线”。申万宏源克服“集团公司+证券公司”架构的特殊挑战，连续七年获得深交所信息披露A类评价，立足上市公司和证券经营机构的双重特点，创新制定集团公司与证券公司协同规范运作的一整套制度、流程与机制，强化穿透式的信息报送与管理，不断增强信息报告的及时性与覆盖面，夯实信息披露与规范运作的基础。将信息披露作为规范运作的出发点与落脚点，助推前端内部控制各流程各环节有效运行，在关联（连）交易、股份管理、大股东行为规范、募集资金管理、重大交易、对外担保审批等工作中，系统贯彻执行规范运作法律法规要求，实现集团公司和证券公司长效协同规范运作。

二是深化特色经验。公司董事会秘书不断优化工作流程、提升信息披露质效，在年度工作中，“三位一体”系统推进年报编制、年度董事会议案及年度业绩发布会工作，便利相关职能部门从“议案—披露—市场沟通”闭环视角汇总和编制公司全年经营、财务、内控、风控、ESG 等重要事项报告；强化年报“三个同心圆”的审阅复核机制，在圆满完成年度工作的同时，有力加强全员信息披露意识及规则运用能力；在临时报告工作中，切实做到两地上市监管制度与信息披露标准的兼顾兼容，优化双层架构下信息报告与管理工作流程。

三、坚守价值创造与价值沟通，以创新开放激活资本力量擦亮资本品牌

一是立体化加强主动发声。在业绩发布、重大事项等沟通窗口，积极开展形式新颖、主题鲜明的投资者沟通活动，持续优化沟通体系框架内容，讲好申万宏源的高质量发展故事。采取“投关 + 媒体关系 + ESG”组合拳的创新方式，综合业绩、品牌、战略多角度，组合分析师、媒体等多渠道，加大立体化的信息主动沟通与宣传，向主流基金、社会公众全面介绍公司战略前景，强化申万宏源的鲜明特点与独特标签。经过不断努力，公司得到境内外研究机构的深度覆盖，港股通、陆股通比例等指标持续提升，以主要保险集团、境内外一线公募机构为代表的核心股东关系网络得到拓宽强化。

二是完成好投资者保护“必修课”。重视股东回报，以稳定的分红派息展示“申万宏源价值”。加大投资者保护，充分运用集团公司和证券公司资源，积极组织开展 3 · 15 投资者保护、5 · 15 全国投资者保护宣传日、世界投资者周、公平竞争政策宣传周等活动。以投资者咨询、媒体问询、股东大会、利润分配等基础工作为服务投资者的抓手，建立投资者问题与诉求处理机制，将资本市场及投资者等外部声音及时反馈公司，为经营管理与业务发展提供决策参考。

三是借助资本市场做强做优做大。申万宏源自 2015 年以来，在政策变

化和市场波动中完成并购重组、A 股再融资和 H 股 IPO 三次资本运作，成功破解资本瓶颈，股权融资共 205 亿元，创出券业规模最大并购案，完成香港上市时间最短经典案例，获得市场肯定。公司搭建国际化资本架构，总资产规模从 2000 亿元跃至 6000 亿元，更好地服务实体经济与居民财富管理。公司董事会秘书积极参与其中，创新思路，高效组织协调，直面市场低迷和监管趋严的挑战，破解国资审批与发行定价等重重困难，攻坚项目执行、监管沟通和发行销售，推进多条线工作。

四、做好战略管理与 ESG 工作，充分发挥参谋助手作用

一是科学制定发展规划。为将“十四五”规划的主要目标与战略任务全面、系统、准确地落实到公司发展战略中，准确把握公司新阶段、新征程、新格局、新目标，申万宏源编制 2021～2025 年发展规划纲要。公司董事会秘书协助董事会深入参与其中，广泛开展调研，积极建言献策，在新战略规划出台后督促公司做好战略分解，推动年度经营计划、财务预算、风险偏好等与战略密切挂钩，持续跟踪战略执行情况，跟进关注服务国家战略指标体系的优化调整与落实执行情况，及时提出建设性的意见建议，推动公司不断完善配套措施，为战略落地形成有效闭环。

二是与时俱进加强 ESG 管理。在新发展理念的指引下，申万宏源加快提升 ESG 管理能力，推进战略性新兴企业、绿色金融创新、普惠金融、区域重大战略和区域协调发展战略等国家战略重点领域工作。公司董事会秘书协助公司健全工作组织体系，助力董事会以 ESG 报告为抓手，加大对 ESG 工作的监督与管理，推动 ESG 理念融入公司经营管理、融入国有金融企业社会责任。

五、积极支持监管及自律组织工作，助力治理最优实践推广

积极支持中国上市公司协会工作，担任上市公司协会 ESG 专业委员会委员，踊跃参与治理最优实践评选。凭借公司治理良好实践，申万宏源已

入选中国上市公司协会“上市公司董办最佳实践案例”“上市公司监事会最佳实践案例”“上市公司年报业绩说明会优秀实践案例”“上市公司乡村振兴最佳实践案例”“上市公司 ESG 优秀实践案例”等极具含金量的宝贵荣誉。

上市公司是资本市场的基石，提升上市公司质量是建设多层次资本市场、健全资本市场功能的重要基础条件与保障。公司董事会秘书将认真落实党中央、国务院关于金融工作、资本市场的指示精神，继续强化系统观念，坚持问题导向，树立底线思维，认真落实各项职责，助力公司探索自我规范、自我提高、自我完善的治理长效机制，在更高起点上争做国有企业治理示范，落实新时代金融工作要求，为高质量发展新征程不断作出积极贡献。

40. 美的集团（000333. SZ）：整合全球资源聚焦协同发展 优化公司治理助力坚定生长

董事会秘书　江鹏

“一粒种子、一棵大树”，是美的成立50周年之际对过往的回首与对未来的期许。今天美的成为“一棵大树”，更需要坚定生长，躯干粗壮，枝繁叶茂，将树根深扎大地，而公司治理的优越性正是这棵大树的树根。江鹏先生作为公司董事会秘书，勤勉尽责，带领董办团队深耕于公司的资本运作事项、信息披露事务、投资者关系管理、公司治理制度建设等方面，为公司的经营发展作出了独特的贡献。

一、完善公司治理制度，保障持续稳定发展

（一）落实信披工作，遵守法律法规

董事会秘书对外代表公司与公司登记机关和监督机关进行积极沟通，对内严格落实公司信息披露事务管理制度的执行，及时做好进展披露工作，通过各项制度的落实和宣贯，组织董监高进行合规培训，扩宽公司的信息沟通和决策执行的渠道，提高公司的运作效率，促进公司的运作规范。为了更好地完成信息披露工作，公司设立了由董事会秘书领导的投资者关系部门，负责信息披露的人员均取得董事会秘书资格证并持续接受后续培训。同时，作为具体资本运作、股权激励等项目的直接经手人和见证人，严格对项目的重要信息进行保密，在此过程中积极督促公司董事、监事和高级管理人员遵守法律、法规、规章、规范性文件等，保证董监高切实履行其

所作出的承诺，保护投资者的合法权益，实现股东利益的安全。在董办团队的努力下，美的集团信息披露工作连续三年荣获深交所 A 类评价。美的集团董事会还荣获 2021 年深圳市公司治理研究会颁发的大湾区上市公司 TOP20 奖项。

（二）创新投关管理，加强有效沟通

积极推动公司与投资者展开沟通工作，通过业绩说明会、境内外路演、策略会、投资者交流日等形式，适时向全体股东及投资者传递公司经营方针和业绩，增强投资者信心，推动公司股价稳步提升。通过网上投资者关系专栏、互动易平台保持与投资者的良好沟通，主动就公司治理、发展战略、经营状况、融资计划、回购及股权激励、可持续发展等与投资者进行深入交流，提高与投资者交流的质量，让投资者更了解公司业务发展。公司还制作了最新年度报告印刷版在年度股东大会上分发给参会股东，供股东更好地了解公司最新发展情况和战略方向。公司根据《上市公司投资者关系管理工作指引》，确立与投资者沟通四大基础原则：合规、平等、主动和诚实守信。为了更好地与投资者进行沟通，公司设置了投资者关系部门并配有专职人员负责投资者关系相关事务。在做好信息披露为投资者提供作出投资决策必要信息的同时，也主动召开业绩说明会充分与投资者沟通交流公司发展战略及公司现状。公司的机构投资者踊跃参加公司股东大会，行使投票权，对议案提出询问和咨询。同时也就相关议案给出自己的建议和意见，有利于公司综合多方意见进一步提高公司治理。公司也吸引了外资股东的关注，公司外资持股比例持续维持在高位，成为最受境外投资人欢迎的长期价值投资标的之一。

（三）强化 ESG 披露，履行社会责任

近年来，ESG 对上市公司治理的重要性已日益显著。越来越多的投资者在做投资决策时将企业履行 ESG 情况作为投资评价的重要标准。美的集团自整体上市以来，一直保持社会责任报告的年度披露。在董办团队的努力下，公司董事会于 2022 年新设立了 ESG 委员会，2022 年更将传统的社会责任报告升级为 ESG 报告，旨在以更公开透明的方式全面展示我们在环境、社会及治理等方面的实践和绩效，以实事求是的态度，致力于公司的

可持续发展。公司希望通过该报告，能与各利益相关方进行有效交流，系统性地回应利益相关方的期望和诉求，并接受社会大众的进一步监督，更好地履行上市公司应尽的责任。

二、借力资本市场，助推高质量发展

（一）资源并购整合，奠定全球运营坚实基础

上市公司作为资本市场的重要参与者，充分利用资本市场进一步提高自身质量。在并购重组项目中，始终坚持贯彻公司的发展战略，协助公司集中精力提高创新能力，专注主业，积极寻找在产业链之内可以产生协同效应的并购标的。在剖析公司发展路径的基础上，也会考虑分拆跟主业相关性不大的创新型子公司上市，促进公司利用资本市场做大做强，规范治理运作。同时，董办团队严格执行资本运作项目程序性和辅助性事务，便于公司董事及高层管理人员将更多的精力投入到各项资本运作项目中去。美的集团于 2016 年通过下属控股子公司美的国际控股有限公司收购东芝家电业务的主体“东芝生活电器株式会社”80.1% 的股权。于 2017 年完成收购德国库卡集团控制权，于 2019 年完成了对无锡小天鹅股份有限公司换股吸收合并等。一系列并购整合及新产业拓展进一步奠定了美的全球运营的坚实基础，目前公司在多个产品类别皆是全球规模最大的制造商或品牌商之一，美的海外销售占公司总销售 40% 以上，产品已出口至全球超过 200 个国家及地区，拥有 18 个海外生产基地及 24 个销售运营机构。

（二）深化长期激励，健全各层级绩效评价机制

董秘带领董办团队积极推动各种股权激励工具的实施，以优化公司的治理水平。面向不同层级的公司核心管理及技术团队，美的集团搭建了经营管理层、核心骨干与全体股东利益一致的股权架构及长、短期激励与约束相统一的激励机制，进一步增强上市公司股权激励的灵活性。公司已建立起健全和有效的董事及高管绩效评价机制。执行董事和高管都已纳入合伙人持股计划中，通过长期的股权激励绑定了管理层和股东特别是中小股东的利益，更有利于解决所有权和经营权分开所产生的“代理问题”，以

实现股东利益最大化和公司长期稳定的发展。董事高管的考核指标不应只是由公司整体绩效指标构成，而应同时考虑到董事高管分管的业务板块，以保证对董事和高管的考核指标完善完整。董事考核机制确保董事有足够的动力切实履行其责任，更好地监督公司高管。高管也因有绩效考核的约束而会更合理地运营公司，投入更多的精力和时间制定长期战略。

（三）保障股东权益，为资本市场发展建言献策

坚持维护股东权益，保障持续稳定的分红政策。美的集团自 2013 年整体上市以来到 2021 年，公司累计派现金额超过 690 亿元，与全体股东共享公司成长。在市值维护方面，董事会办公室推动实施了一系列股份回购的方案，继 2018 年完成 40 亿元的股份回购之后，自 2019 年起公司已连续四年推出回购计划，持续用于实施公司股权激励计划及员工持股计划，维护公司市值稳定与全体股东利益，截至 2021 年 12 月 31 日，公司在报告期实施的回购金额已超过 136 亿元。公司积极参加证券监管部门、证券交易所举办的问卷调查活动以及建言献策活动，从公司再融资、并购重组、重大投融资、股东减持及日常信息披露等方面进行阐述，对于“保市场主体、保产业链稳定、保稳定发展”、合理利用资本市场做大做强、提升监管服务水平等方面提出了建议。

三、推进制度体系建设，保障决策合规透明

（一）完善制度建设，推动科学决策

公司在多个方面促进并支持董事会秘书的工作。公司董事长严格按照《中华人民共和国公司法》《中华人民共和国证券法》和中国证监会的有关法律法规的要求，不断完善公司法人治理结构，打造专业的信息披露管理团队，建立了与信息披露相关的绩效管理体系。公司已建立健全了股东大会、董事会、监事会《议事规则》、董事会专门委员会《议事规则》《董事会秘书工作制度》等，以及《信息披露管理办法》《募集资金管理制度》《关联交易管理制度》《委托理财管理制度》《内幕信息知情人登记管理制度》《对外担保决策制度》《对外投资决策制度》《关联方资金往来管理制

度》《内部审计制度》等一系列规范治理的文件制度。这些制度的建立有助于公司股东大会、董事会、监事会和经营管理层责权分明、各司其职、有效制衡、科学决策、协调运营，为公司持续、稳定、健康发展奠定了坚实的基础。

（二）规范体系建设，增强决策透明

美的集团采用集权与分权管理相结合的权力分配模式，以书面形式明确了集团和各职能部门在经营管理中享有的权利和承担的责任，在经营理念与经营方针、年度经营规划、经营目标和责任方案等重大决策由集团总部掌权，为董事会定战略、防风险、做决策提供了制度保障。公司建立了科学的审批流程，将需履行信息披露义务的相关事项嵌入公司内部审批系统中，董秘作为流程中审批或抄送的一员，更便于获悉公司的日常活动事项，可以更好地履行信息披露义务。

美的已成为产业竞争赛道上的领跑者，转型升级也进入了深水区。公司持续的成长需求和外部剧烈变化的环境为董事会秘书的工作带来了新的挑战。作为公司高级管理人员，不仅需要更深入地参与公司经营决策，也需要有更加敏锐的资讯洞察力。公司治理的优越性、价值理念的先进性、管理层的心智成长是美的这棵大树的树根，作为高级管理人员，需要不断自我反思和否定，并在心智、思维、认知等维度实现全方位成长，要敢于变革、敢于否定、敢于创新，顺应时代的变化，及时调整公司的管理模式，开辟出一条适合美的的发展之路。

41. 丽珠集团（000513. SZ）：践行合规治理　助力丽珠集团资本市场形象不断提升

董事会秘书　杨亮

董秘是上市公司与包括证监会、交易所、媒体、投资人在内的资本市场各方的沟通桥梁。在履职过程中，董秘作为公司代言人，充分利用过硬的专业知识，恪尽职守，为公司各项重大决策建言献策，帮助公司治理结构优化，提升资本市场形象，获得了广大投资者的认可。同时，也充分利用资本市场资源，为公司健康可持续发展构建资本与资金平台，为企业创造价值，为行业作出贡献。

一、信披、投关两手抓，合规治理助力公司价值传播

在信息披露与规范运作工作方面，公司董秘严格履行上市公司信息披露义务，保证信息披露工作的及时、准确、完整，未出现证券违规之情形。2022 年，累计发布 A 股公告 184 篇，发布 H 股公告 224 篇；组织召开股东大会 5 次、董事会 13 次、监事会 9 次；连续三年获深交所信息披露最高评级（A 级）。

在投资者关系管理方面，积极对接境内外研究与投资机构、监管机构及媒体，努力向资本市场传递公司价值，让市场更好地认识公司、发现公司价值，不断提高资本市场对公司的认可度。自上任以来，A、H 股分析师发布公司业绩及事件点评研报 600 余篇，公司内在价值及中长期投资价值得到了进一步有效传播，资本市场认可度稳步提升。

二、持续完善公司治理水平，ESG 评级实现跨越式提升

近年来，ESG 在中国步入了发展快车道，ESG 理念被越来越多的企业经营者和管理者认可。而随着丽珠集团的不断发展壮大，公司管理层也切实感受到，ESG 管理体系对公司长期、高质量、可持续发展的重要性。作为 ESG 行业的先行者，公司一直都在摸索一套最合适的流程，把公司做得好的经验共享和呈现出来。

2016 年公司首次披露 ESG 报告，2017 年搭建初步管理架构并逐年完善。2020 年，公司成立了董事会下属 ESG 委员会，并下设 ESG 工作小组作为其执行机构。至此，由董事会作为 ESG 管理的最高决策机构的管治架构成功搭建，为公司未来开展 ESG 治理工作奠定了坚实的基础。2021 年，公司在原有 ESG 的管治体系之下，在 ESG 工作小组全体成员的个人绩效考核中，设置了 ESG 考核指标（占 10%），包含了 ESG 管治、环境目标及碳减排目标等维度。通过把 ESG 表现与管理人员薪酬挂钩，有效促进了全集团开展 ESG 提升的积极性并把工作真正落到实处。

过去 6 年，公司持续披露 ESG 报告，在 ESG 管理工作上的表现获得了资本市场的广泛认可。2022 年，丽珠集团评获 MSCI ESG AA 级、Wind ESG AA 级，标普 CSA ESG 得分超全球 90% 参评同行，斩获了 Wind A 股及港股上市公司 ESG 评级—医疗保健行业 TOP10、2022 中国医药上市公司 ESG 竞争力 TOP20 榜首等诸多荣誉。

三、构建多层次的股权激励体系，推动公司价值提升

一直以来，公司都在积极探索有效的激励方式，将个人利益与公司长期业绩提升紧密结合，牵引公司做强做大。自上任以来，公司董秘创造性地构建了集团多层次的股权激励体系，包括限制性股票、股票期权、子公司管理持股等。

在公司 B 转 H 上市后，管理层出现调整，公司便于 2014 年 12 月启动

限制性股票激励计划，此次股权激励面向中高层管理者，范围较大，有利于管理层凝心聚力。此后，公司又分别于2017年、2020年、2022年再次推出股票期权激励计划、十年合伙人计划，有效地将股东、公司和核心高管团队三方利益结合在一起，确保公司长期发展战略和经营目标的实现。

近几年来，公司已累计针对超过2000名激励对象实施激励，并通过有效地组织投资者关系与市值管理工作，参与员工均实现丰厚收益，充分调动了员工的积极性，对公司未来经营发展的人才激励与留用起到了决定性作用。

四、大额现金分红积极回馈股东，助力提升公司资本市场形象

为兼顾公司长远及可持续的发展，综合考虑行业发展趋势、公司的发展战略规划、股东回报等因素，董秘与公司管理团队勤勉尽责，建立了对投资者持续、稳定、科学的回报规划与机制，对利润分配做出制度性安排，保证了利润分配政策的合理性、连续性和稳定性。

2019年，公司制定并推出积极的《未来三年股东回报规划》，采用现金、股票、现金与股票相结合等分配方式回报股东，在满足公司正常生产经营资金需求的情况下，每年以现金方式分配的利润不少于当年度实现的可供分配利润的80%。

2022年6月1日，中上协发布A股上市公司现金分红榜，包括“上市公司丰厚回报榜单”和“上市公司真诚回报榜单”各200家。两大榜单分别以近一年和近三年的现金分红总额、近一年和近三年的股利支付率等作为主要指标，公司凭借良好的现金分红水平，同时入选两大榜单。此次上榜，是对公司多年来坚持以现金分红等方式回报投资者的有力肯定，切实增强了公司在资本市场的吸引力。

五、积极探索资本运作方式，推动公司高质量发展

在做好合规运作、信息披露、投资者关系管理等工作的同时，董秘也

充分借助资本市场力量，助力公司通过资本运作提升企业价值。先后参与和主导完成公司 B 股转 H 股在香港联交所主板挂牌上市、A 股股权激励计划、非公开发行、子公司重组及股权融资、海外投资等资本运作及投资管理项目。

2013 年全程参与丽珠集团 B 股转 H 股香港上市项目。2013 年 9 月 29 日，公司收到中国证券监督管理委员会对公司境内上市外资股转换上市地以介绍方式在香港联交所主板上市及挂牌交易申请的《关于核准丽珠医药集团股份有限公司到香港交易所主板上市的批复》，核准本公司将 111993354 股境内上市外资股转为境外上市外资股并到香港联交所主板上市等事项。此项目助力丽珠集团成为当时国内成功转板上市三家之一，进一步优化了丽珠集团的股权架构，搭建起了更加便利的境外融资通道，成为丽珠集团长远、高质发展的新引擎。

2016 年 5 月 18 日，中国证券监督管理委员会发行审核委员会对丽珠集团非公开发行 A 股股票申请进行了审核。根据发审委的审核结果，公司本次非公开发行 A 股股票的申请获得通过。此次非公开发行 A 股股票再融资项目成功募集资金 14.58 亿元，用于投资艾普拉挫系列产品、微球产品、抗体药物产品，提高自主创新能力，通过产能扩充项目提高生产、管理能力，抗体药物产品有助于向新制药领域拓展，从而增强相关产品的创新、技术、生产和管理能力，维持公司竞争优势，推进公司长期战略发展目标的实现。此次再融资参与机构退出均实现 50% 以上收益，兑现并向资本市场展示了丽珠集团优质的投资价值。

2018 年成功完成单抗子公司重组及股权融资 1.5 亿美元，其中知名机构云锋基金认购 1250 万股 A 轮优先股，总购买价格 5000 万美元。此次融资充分体现了境内外投资机构对丽珠单抗价值的认可，为丽珠单抗在研品种提供了充足的资本支持，进一步推进其创新研发进展，同时，此举亦展示了丽珠单抗在生物药创新研发领域的实力和地位，加强了丽珠集团在资本市场的影响力。

2020 年主导实施分拆控股子公司丽珠试剂 A 股上市。丽珠试剂为公司专注于诊断试剂及设备制造的独立业务运营平台，其业务领域、运营模式与公司制剂产品、原料药及中间体等其他业务板块保持较高独立性。通过本次分拆，丽珠试剂的发展机遇与创新能力将进一步提升，进而有助于提升公司未来的整体盈利水平。丽珠试剂已于 2020 年 11 月在广东证监局办理了辅导备案登记，截至目前，共提交了七期辅导工作进展报告。

42. 柳工（000528. SZ）：深化混改变革　推动公司高质量发展

董事会秘书　黄华琳

一、通过资本运作助力公司发展（再融资、并购重组、股权激励、市值维护等）的具有借鉴意义或值得推广的有效做法

（一）完成大股东柳工有限整体上市，减少关联交易，推进主业延伸，市值增长

2020年，广西柳工集团有限公司实施混合所有制改革，通过整合主业资产、推进员工持股、引入战略投资者、完善市场化经营机制等一系列举措完成了广西柳工股份有限公司（以下简称“柳工”“柳工股份”“公司”）、欧维姆等6家子公司整合进入混改主体。

2021年1月28日，柳工股份召开第一次董事会，公告重大资产重组方案——柳工有限（柳工集团混改子公司）旗下建筑机械、农业机械、混凝土机械及工程机械生产配套资产将整体注入上市公司，上市公司的主营业务将进一步向上下游延伸及横向拓展，有利于优化产业结构、完善产业布局，在重点拓展和强化上市公司原有挖掘机、装载机两大核心业务的基础上，全面推进建筑机械、农业机械、混凝土机械等业务的快速发展。上市公司未来将通过优良的管理经验，充分发挥上市公司的平台和渠道优势，使标的资产的盈利能力和资产规模进一步提升，为上市公司的持续经营提供坚实保障。

关键节点：2021年3月25日召开临时股东大会，对集团12个月内不

进行重大资产重组的承诺进行豁免；2021 年 5 月 31 日，在大股东回避的前提下，重大资产重组方案获公众股东大比例赞同通过；2022 年 3 月 4 日，柳工完成整体上市，市值由 110.2 亿元增长为 145.8 亿元，增长 32.38%。

回顾柳工整体上市，首先是对资产完成梳理，对瑕疵资产进行整改整合，清除资产注入的核心障碍。其次在流程上要注意前后事项的衔接和整体安排，董秘处需要做好整体方案推进把握工作。在大股东回避的情况下重大事项的审议需要平时做好投资者关系管理，建立投资者信心，引导投资者预期工作。

（二）柳工首次实施限制性股票股权激励方案

股权激励是企业中长期发展不可或缺的重要激励方式之一。作为广西第一家实施股权激励的国企，柳工在股权激励方面做到了几个重大突破。

1. 与国资委的顺畅沟通是重中之重

2018 年 4 月 19 日，公司成立专项组，制定初步方案。4 月至 12 月期间，公司董秘 4 次带队前往国资委与各处沟通，在国资委对整体方案基本无异议后趁热打铁召开董事会并正式将材料上报国资委，从上报材料到拿到国资委正式批复，历时仅 10 个自然日。

2. 外籍参与公司股权激励实现了操作上的突破

柳工 2018 年限制性股票激励对象中包含 3 名外籍员工，且其中一名为高级管理人员。彼时法律上虽不禁止外籍员工参与大陆公司股权激励，但没有具体规定指引公司如何办理相关业务。公司积极与交易所及结算公司沟通，多次就实际问题提出方案，如必须材料的替代、外籍账户的管理等，最终实现了外籍员工参与公司股权激励的突破。

3. 在极有限的时间内完成众多激励对象的服务工作

根据《上市公司股权激励管理办法》，股权激励计划经股东大会审议通过后，上市公司应当在60 日内授予权益并完成公告、登记。公司于 2019 年 1 月 17 日召开第一次临时股东大会，审议通过股权激励计划相关议案，2019 年 2 月 15 日召开临时董事会，审议通过调整授予对象、授予数量和正式授予限制性股票的议案。彼时考虑到中国春节假期员工回家的心情，公司董秘处组织财务部、人力资源部、券商同事，制定计划，模块化、团队化地严格把控开户、缴纳资金等关键时间点，最终于 2019 年 2 月 28 日完成 1586 名激励对象的限制性股票授予工作，其中包含几百名出差在海外各国的激励对象，2 名南极、北极科考对象（无信号）也在预留授予股份中完成授予。

（三）柳工发行可转换公司债券

柳工自上市以来，积极借助资本市场融资（2003 年配股，2008 年 8 亿元可转债，2010 年 30 亿元定增以及 2022 年 30 亿元可转债预案公告），助力公司打造核心竞争力。

董秘根据资本市场及柳工自身情况，年内向公司提出发行可转债的建议，获得公司董事会的认可，并作出决策实施。

公司本次可转债募集资金项目主要用于建设公司核心产品线装载机智能化灯塔工厂、挖掘机智能化灯塔工厂及工业园、核心零部件工厂、独立法人研发公司等，有利于公司未来智能化、电动化、数据化、工业互联网及 5G 远程操控产品和研发机构的市场化提升，是公司实现全面智能化、全面国际化、全面解决方案“三全”战略的重要推手。

需要指出的是，可转债融资作为国际资本市场上市公司最主要的融资方式，具有节约股本资源、融资成本相对较低的优势，特别是与增发新股相比对证券市场冲击较小，适合在股市低迷时发行。当公司借助低成本的资金修炼内功，度过周期寒冬，迎来业绩和估值的戴维斯双击，可转债也可以使投资者获得不错的回报。

（四）承担柳工整体上市后公司 40 项目标树项目之首——市值管理项目重要工作

董秘组织制定了公司市值管理战略，从打造优秀的公司治理、努力提升公司盈利能力的主业经营、加速公司发展的资本运作及让投资者充分认识到公司投资价值的 4R 投资者关系管理等四个方面入手，在董事长兼 CEO 的统筹安排下，充分调动全公司的力量，在提升公司主业发展的同时，提升公司在资本市场的品牌形象，推动公司市值与公司主业同步发展，让投资者获得理想的投资回报。

二、公司从业绩、品牌、战略等角度主动发声，开展媒体宣传

（一）业绩说明会

在季报披露后的次月上旬，公司会定期举办业绩说明会，并及时将沟通情况在公众媒体上披露。通常在季报披露后，会有比较多的投资者通过投资者热线进行沟通，公司根据实际情况耐心解答并进行问题收集，通过内部机制层层传递，核心问题交给管理层，做到双向沟通，让投资者更加了解公司，让管理层知道股东心声。

（二）柳工4·26或5·28创新日

围绕公司市值管理项目，借助公司创新产品、新技术的发布的机会，董秘积极邀请财经媒体、分析师、长期投资者、大客户参观及安排现场活动。让投资者走进公司、了解公司。

（三）柳工11·26品牌日

同样是公司市值管理项目的一部分，品牌日相较于上述创新日覆盖群体更大，包括但不限于投资者、媒体、行业客户、供应商、国内国际经销商、公众及家属等有序走进公司，了解公司，增强各方信心，实现品牌宣传，理念传递。

三、投资者管理系统化整合

为推动公司市值管理，董秘今年在4R投资者关系管理方面做的一个重要举措：借助进门财经平台，对投资者管理进行系统化整合。

（一）机构投资者数据库

公司以往投资者数据库具备投资者沟通时间、地点、联系方式、偏好等要素，方便沟通，2022年，公司将自身资源与进门财经平台整合，可通过管理平台对数据库内投资者做到一键通知，如业绩说明会通知等可方便触及各位投资者。

（二）定期股东结构分析，跟踪投资者动态，及时传递公司信息

公司自2016年以后改进投资者结构分析工作，对现有股东进行定期跟踪并积极沟通，今年从投资周期、偏好、风格、地域等多维度对投资者更加细化分类，有的放矢地沟通。

（三）借助投资者画像，寻找潜在投资者

工程机械行业作为周期性行业，需要长期跟踪，这就局限了投资者范围。公司以往多以股东结构分析结合分析师沟通、分析师客户为主，缓慢推进投资者引入工作。今年来借助大数据平台，对市场上绝大多数基金、投资银行、保险、私募等进行筛选，对符合公司投资者偏好的投资者进行持续跟踪，增强转化率。

（四）投资者线下沟通会

结合公司5·28、11·26客户节等线下活动进行面对面沟通，邀请投资者走进公司，了解公司，引导长线持股。

四、公司在促进并支持董事会秘书履职方面的具体举措或特色做法

公司每个月有两次高层办公会，又称党政联席会，会对重大事项进行汇报、决策，董秘作为高层之一，有权就所有议题进行问询和参与投票决策；每季度有经营分析会，按规定所有高级管理人员需出席；重大投资事项均须走OA交易合规评审。借助以上重要会议和流程，董秘对公司整体经营情况和重要事项均知悉并参与决策，把合法合规要求置于事项发生前端。

五、对证券市场发展规范提出意见和建议；积极参与证券监管部门、证券交易所相关规则的制定及修订工作，提出政策建议和意见

董秘一向积极参与中国上市公司协会（柳工是其监事单位）、深交所

相关调研或访谈活动，献计献策；董秘积极参与辖区证监局和上市公司协会组织的上市公司或董秘活动，对政策和上市公司管理工作提出合理建议或意见。

六、将资本市场及行业的外部信息及时反馈给上市公司，辅助公司业务规划和战略制定，提升公司价值

公司董秘处作为资本市场和产品市场的窗口，负有舆情监控的责任和义务。公司与诸多媒体建立了长期合作关系，同时积极响应中上协等社会团体号召，董事长加入中上协高端制造行业委员会，公司成为中上协监事单位。资本市场监管动态、舆情监控日报、周报、月报等定期提供信息给决策层参考，确保产品市场与资本市场不脱钩。

43. 我爱我家（000560. SZ）：务实笃行　行稳致远

董事会秘书　解萍

我爱我家控股集团股份有限公司（以下简称“我爱我家”或“公司”）于1994年在深圳证券交易所上市。公司聚焦居住场景，以用户价值为导向，以为消费者创造品质生活和追求企业卓越运营为目标，基于网络平台和数字智能开展线上线下一体化的运营服务，为居民客户和产业客户提供居住交易与产业数字化的解决方案与服务产品，打造品质生活与多元共赢的人居服务互联网平台。目前，公司业务覆盖北京、上海、杭州、南京、苏州、南昌等40余座国内一二线核心城市，国内运营门店总量超过4千家，员工约5万人。

解萍女士自1994年进入公司后历任公司证券事务代表、董事会办公室主任、监事会主席。现任公司董事、董事会秘书，同时担任中国上市公司协会第三届会员理事。在2002年至2020年8月担任公司证券事务代表期间，共历经5任董事会秘书变更，始终如一辅助、配合、支持各新任董事会秘书实现相关工作无缝对接、平稳过渡；自2020年8月担任公司董事会秘书以来，持续保持自我成长学习的内驱力，凭借多年积累的专业知识，恪尽职守、勤勉尽责履行董事会秘书职责，为完善提升公司治理机制，维护公司和全体股东的合法权益发挥了积极作用。在证券事务代表及董事会秘书任职的20年间，实际参与了公司推行现代企业制度建设、配股、股权分置改革、公司治理专项活动、股权激励及历次重大资产重组、定向增发等重大事项，构建了再融资、重大资产重组、股权激励、信息披露、公司治理、规范运作等方面较完善、系统的知识及实操体系，在此20年间，公司信息披露几乎没有补充或更正情形，公司历年信息披露考核保持良好以上，其中2014～2016年连续三年考核为A，公司从未受过证券监管部门的任何监管措施或纪律处分。任职董秘以来，公司推出了两期员工持股计划，自愿披露了首份社会责任报告；公司荣获全景网主办的2021年投资者关系金奖评选之“中小投资者关系互动奖”“最佳新媒体运营奖”，2022年投资者关系金奖评选之“业绩说明会创新奖”“业绩说明会勤勉奖”“中小投资者关系互动奖”；荣获上海证券报2020年金质量评选活动之“社会责任奖”；荣获证券时报2022年上市公司价值评选之“中国上市公司ESG百强”奖；入选中国上市公司协会“上市公司2020年报业绩说明会优秀实践案例”“2021年度上市公司董办优秀实践案例”“上市公司ESG优秀实践案例”“中国上市公司数字化转型典型案例”。

解萍女士担任公司董事会秘书期间，严守合规底线，积极主动作为，将合规工作理念和严谨务实的工作作风有机融入日常工作当中，通过积极探索、创新工作方式助力公司的合规高质量发展。

一、认真履行好信息披露工作，确保信息披露质量

（一）注重细节，树立责任意识

上市公司是公众公司，信息披露的准确性、完整性和时间性受到公众投资者、分析师的关注和监管部门的监督，但在公司内部，董秘处于信息链的末端，不可避免地受上游环节的制约。信息披露工作由于口径的差异、政策把握水平等原因，其他业务部门提供的资料常常不能直接采用，需要反复核对、修正或补充再加工。解萍女士在工作中，不断强化精品意识、细节意识，时刻谨记“没有最好，只有更好”的理念，坚持“零失误”“零差错”“零延误”，主导并全程参与文件完稿前的交叉检查和逐一对应核对，确保了自接手和分管信息披露工作以来，信息披露持续保持较高质量，没有补充和更正情形。

（二）加强与监管部门的沟通，主动学习、请教

重视与监管部门的充分有效沟通，保证监管部门能随时与公司及相关

各方及时取得工作联系并获取信息，通过及时传达和不断学习巩固最新的监管要求及规则，协助董事会及经营层依法行使职权，尽可能帮助公司及相关个人避免违规处罚风险；针对重大交易、关联交易或重大事项等非常规事项提前与深交所和云南证监局的监管老师沟通、请教，寻求专业指导，确保合规审议及披露；认真对待、及时回复监管部门的问询与调研，做好监管部门信息沟通平台的定期维护、查看和信息报送；实时更新对法律法规和资本市场的认识，坚持以投资者需求为中心的信息披露，在保证信息披露真实、准确、完整的基础上进一步提高质量，以简明清晰、通俗易懂的信息披露，满足不同类型投资者的多元化需求。

（三）确保并持续提升信息披露质量

针对定期报告，在季度、年度结束后，根据工作量及进度安排，指导要求分管的证券办提前拟写工作进度及任务分工表，对定期报告内容进行分解，并提交财务部等部门及会计师事务所等相关中介，以实现各方充分沟通，统筹安排、明确职责和时间进度，同步准备材料，充分提高工作效率。同时向相关部门发出工作衔接函，收集定期报告须披露的薪酬、诉讼等重大信息。证券办将材料汇总后，对文字进行反复斟酌，会同财务部对数据进行反复核对，形成初稿后提交公司董事会审议，充分保证定期报告的质量。在编制过程中，认真审核，反复校对，确保了定期报告的按时、顺利披露。

对临时公告，强调及时、规范。全程跟进公告起草、审核、披露等各个环节的衔接，推动不同岗位交叉核稿，充分保证公告质量。对于重大合同、协议，在签订前及相关重大事项发生前，适时与财务、投资等部门进行沟通，就相关事项在信息披露、审批程序、规范运作等方面的合法合规性提出建议，促进公司规范运作，减少违规披露风险。

在定期报告、重大事项披露过程中，适时建立并上报内幕信息知情人档案，做好未公开重大信息形成和流转过程中的保密工作；及时向公司相关股东、董事、监事、高级管理人员发出窗口期、敏感期买卖公司股票的提醒函，以提示、帮助相关人员规避窗口期、敏感期买卖风险。

二、做好转化器，加强部门间协同合作，确保各项重点工作的顺利推进

董秘的工作是一个转换器，让公司的努力、让奋斗在一线同事的辛劳付出得到市场认可，在资本市场得到公正评价，得到合理估值。因此，董秘在协助董事会、管理层开展规范运作、信息披露、监管及投关维护等工作的同时，其实也在换一个角度做业务，用证券合规为公司的发展全力保驾护航。为了起好转化器作用，解萍女士始终坚持分工不分家，推动部门间协同合作，主动补台，根据业务需要主动牵头组建了控股股东工作群、董监高沟通群及担保、投资、法务、IT、人力、相寓等业务沟通群、将监管部门的要求、中小股东的合理化建议及时传递给董事会、管理层，转化成董事会的决策和管理层的执行；将公司发展战略和经营策略及时传递给投资者，降低公司与投资者之间的信息不对称，使投资者更加了解和信任公司。同时结合具体业务向公司董监高及相关业务部门传递监管规则和案例，强化相关人员的规则意识、风险意识。努力调动各级人员对信息披露事务的积极性和配合度，为各部门提供合规指导，建立健全风险控制防火墙。努力确保公司内部各部门间沟通及时，随时跟进重点事项，确保无重大遗漏，就分红派息、解除限售、股东减持、员工持股计划、非公开发行等专项事项拟定时间表及工作流程，实施审议披露，统筹及主导相关部门及外部机构顺利实施完成上述事项。

三、多渠道对接、多措施并举，助力投资者关系管理和维护

（一）增强信息透明度，确保所有投资公平获取投资所需信息

推动公司持续建立健全信息披露制度及程序，始终恪守信息披露公平原则，不断强化内幕信息管理，确保所有股东公平地获得公司相关信息，享有充分知情权。

推动公司2022年修订了《信息披露管理制度》和《重大信息内部报

告制度》，并分别组织了两场由董监高及相关部门、分子公司的重大信息内部报告义务人参加的培训，由独立董事和董秘进行专题培训，确保了公司内部相关各方对信息披露的高度重视和积极配合。为督促高管分管的工作部门或业务线严格执行信息披露事务管理和重大信息内部报告制度，做好重大信息的收集、整理和报告工作，确保重大事项信息及时通报董秘，在董事长的协调支持及董监高的支持配合下，公司要求各部门、各下属公司必须明确负责人及联络人名单，并建立了多部门联动工作机制，由董秘牵头组建涵盖公司主要披露信息的联络沟通群。

以上举措为保证信息披露的公平性、及时性，确保所有投资者可以平等、及时获取公司信息提供了系统保障。

（二）主动开展投资者关系活动，认真倾听投资者声音

针对机构投资者和个人投资者的不同特点进行合理沟通安排。对于个人投资者，由证券办专人负责，通过互动易平台、邮箱、投资者热线等进行及时交流。在董事会秘书的直接参与下，公司针对投资者热线的维护明确了具体职责，并要求及时对热线接听情况进行记录，工作时段由专人负责确保热线的畅通与及时回复；工作时段外及节假日，对投资者电话设置了语音留言功能，对于未能及时接听到的电话，投资者可进行语音留言，工作人员上班后会进行及时回复。同时公司还积极邀请关注公司的个人投资者参观、调研公司，对于个人投资者关注的问题，定期向管理层进行反馈，保证合理合规的意见和建议能够有效的传递到管理层，共同助力公司发展。与机构投资者的交流由公司 IR 部门主要负责，公司采取以专题路演、现场调研、券商策略会和电话路演形式为主，增强公司与投资者互动的深度和广度。2021 年，公司发布《投资者活动记录表》6 份。接听投资者来电约 200 余人次。

为更好地回复互动易平台的提问，公司成立了由董事长、董事会秘书、媒体关系中心负责人、IR 负责人及证券办专人组成的“互动易回复”工作群，建立了相关部门联动工作机制，由证券办专人每天及时收集、整理提问，IR 负责人及证券办专人针对提问及时向有关业务部门了解、核实情况后形成回复初稿，经董事会秘书及董事长修改审核后，由董办专人进行提

交。这个工作机制保证了每一条回复的认真对待。2021 年公司回答互动易提问 164 条，回复率 100%。

定期报告披露后，证券办、IR、媒体中心等部门即针对经营情况，结合互动易提问、日常交流、书面征询等方式了解到的投资者关注重点，形成“一图看懂”，通过官微、微信朋友圈、全景平台等对外发布，以投资者喜闻乐见的形式强化定期报告的宣传与解读。

（三）推动举办高效有质量的业绩说明会，提升投资者关系管理的实效

业绩说明会是公司介绍公司业绩、展示公司战略、回应市场关切的重要平台。自 2018 年以来，公司已连续五年在定期报告披露后主动召开业绩说明会，将业绩说明会的召开纳入公司常态化投资者关系管理工作。公司董事长、独立董事、总裁、董秘和分管各主要业务领域的高级管理人员及相关部门的多位领导不仅亲自参与业绩说明会，更全程指导参与业绩说明会的组织准备、文稿拟写，始终秉持尊重投资者、敬畏市场的初心，力求能让与会投资者，特别是少有机会到公司进行现场调研的中小投资者能够全面、客观、准确而又真切、生动的理解公司年度报告等相关公告信息，从而进一步增强对公司的了解，引导投资者关注公司基本面，理性投资。公司也因此于 2021 年入选中国上市公司协会“上市公司 2020 年报业绩说明会优秀实践案例”。

四、认真细致，确保各项基础性工作的落实

认真组织、筹备各种会议，增强办会效果。本着高效、集约的原则，认真做好股东大会、董事会、董事会专门委员会的筹备及召开工作，协助监事会的会议准备工作，尽可能周密规划、严谨落实会议各环节的工作，包括起草印发会议通知、会议议案材料、会议决议及公告，协助与会人员做好表决、签字工作，及时做好文件资料归档，切实提高办会水平。在会务工作中，进一步规范提案的收集、整理，并认真落实提案报审制度，严格按照相关法规和《公司章程》等规定履行必要的审批程序，有效提高了会议效率。切实抓好会后信息、纪要及记录的整理工作，及时对会议精神

进行披露、传达、贯彻。关注会议决策及决定事项的督促落实，确保会议取得实效。分类别建立相关交易及事项台账，专人负责跟进进展并统计相关数据，针对可能触发的披露事项及时提醒相关业务部门提交披露及审议材料。动态关注每日成交情况，定期查询、整理、分析公司股东名册、高管人员信息及持股名细、股本结构、股份冻结及限售数据等。

五、注重团队成长，提升团队综合能力

董秘团队是个复合型工作团队，如果单单发展一种专业技能，对于团队来说，很难形成一个综合工作合力，很容易出现一个专业条线人员的离开导致运转失灵。董秘作为这个部门的管理者，如何提升团队整体能力，如何引导团队成员始终保持自我提升的内驱力，如何统筹团队各要素有机的平衡，是一个重要课题。为培养一专多能的团队成员，解萍女士坚持以某项专长作为引进团队成员的出发点，以该专长为其主要工作方向，在此基础上，依据员工个人意愿或者是团队规划、团队职能、业务发展的需求，为其开辟第二工作赛道，通过刻意打破原有分工，进行交叉授权，设置不同的当责者和执行者完成不同类型的项目任务或者日常工作的组合，在保证原有工作能够顺利开展的同时，培养了团队不同岗位之间交叉履职的能力，激活团队的整体战斗力。

董事会秘书是公司法人治理结构的参与者和实践者，是公司信息披露的把关者，是连接公司与资本市场的纽带，也是公司经营管理创新的推动和参与者。在今后的工作中不断学习，严守诚实、守信、勤勉、尽责的原则，一如既往把工作执行到位，在守护公司规范治理、助力公司高质量发展的道路上踔厉奋发、勇毅前行。

44. 京东方 A（000725. SZ）：助力公司战略　争当行业龙头

董事会秘书　刘洪峰

京东方科技集团股份有限公司是一家有着 25 年上市历史的老牌上市公司，公司在半导体显示行业深耕多年，已成为一家全球领先的物联网创新企业，为信息交互和人类健康提供智慧端口产品和专业服务，形成了以半导体显示为核心，物联网创新、传感器及解决方案、MLED、智慧医工融合发展的“1 + 4 + N + 生态链”业务架构。公司 2021 年营业收入达 2193 亿元，净利润达 258 亿元，是全球半导体显示行业当之无愧的领先者。公司多年的发展离不开资本市场的大力支持。

作为公司的董事会秘书，其价值可以概括为通过资本运作助力公司战略发展，对公司市值战略目标和资本市场品牌形象负责。由此其核心职责包括构建高效、完善的法人治理架构；通过资本运作为公司发展提供有力支持；通过市值管理确保公司市值战略目标达成。简单来说就是三个关键词：资本运作，公司治理，市值表现。

具体来说，有如下方面的经验与做法。

一、在资本运作方面，通过非公开发行、战略投资、永续债发行等方式募集资金确保公司经营战略达成，通过股权激励提升员工凝聚力，主力业绩持续成长

2021 年公司完成非公开发行股票项目，募集资金总额 203 亿元。该次发行公司紧抓窗口期，在股票市场波动较大的情况下，在行业景气周期尾

声完成发行，发行最终获 20 家投资者认购，获配投资者涵盖外资、保险、私募、公募及券商自营等多种类型，意向认购金额超 1.5 倍，最终发行价格相当于基准价的 88 折，大幅高于竞购底价，折价率仅 5.11%，以有明显溢价的发行价格，完成了 2021 年以来高科技板块规模最大的再融资项目。

2022 年 11 月，为助力公司 MLED 事业战略发展需要，公司拟作为战略投资者，以不超过 21 亿元的自筹资金认购华灿光电向特定对象发行的 A 股股票，同时与原大股东在表决权做了合理安排，使得公司认购完成后成为第一大股东，并实现对标的公司的控制。

2019 年以来，公司陆续发行了五期可续期公司债券，合计金额 160 亿元，平均发行利率 3.77%，持续优化公司债券结构。

公司于 2020 年推出了股票期权与限制性股票激励计划，并于 2020 年 12 月 29 日完成首次授予工作，于 2021 年 8 月 27 日完成预留股票期权授予工作。本次计划激励对象共 2830 人，研发及工程技术人员占比 64%，营销人员占比 15%，40 岁以下中青年骨干占比 80%，充分覆盖了关键岗位上素质能力强、市场稀缺性高、流动性较大的且对京东方未来业绩达成起关键作用的人才，充分体现了面向技术、面向市场、面向年轻后备、面向未来的价值导向，实现了公司、员工、股东多方利益绑定，进一步完善京东方的法人治理结构，促进公司建立、健全激励约束机制，调动员工积极性，提升企业长期投资价值，具有重大意义。

二、构建多层次治理制度体系，以高质量信息披露传递公司价值

在完善公司治理结构方面：自 2019 年至 2022 年上半年，公司共召开 11 次股东大会、50 次董事会、21 次监事会，“三会”的召集、召开合法合规，均严格按照《公司章程》《股东大会议事规则》《董事会议事规则》及《监事会议事规则》的相关规定进行。此外，公司董事会、监事会以及高级管理人员严格遵照相关法律规定和公司规章制度认真履行职责，保证公司治理结构的规范性和有效性；公司积极安排公司董事、监事参加北京证监局组织的专题培训，保持对关联方资金往来、对外担保和董事、监事和

高级管理人员所持本公司股份及其变动的自查管理。

在治理制度建设方面：京东方严格按照《中华人民共和国公司法》《中华人民共和国证券法》《上市公司治理准则》《深圳证券交易所股票上市规则》等法律法规及规范性文件，不断完善公司法人治理结构，健全内部控制制度，提升公司治理水平。目前，经京东方董事会及股东大会审议通过的公司治理制度共计 30 余项，其中包含公司章程、议事规则类制度、公司经营管理类制度、公司日常规章制度等。同时，京东方定期根据上位法规的修订及公司战略发展的需求对公司治理制度进行更新修订。自 2019 年以来，京东方根据《中华人民共和国证券法》的修订、证监会及深圳证券交易所相关规则的更新，并结合公司实际情况对相关公司治理制度进行了 40 多次更新修订，进一步提升了公司治理的规范化水平。

三、在市值管理方面，始终坚持主动、专业、多元化地开展投资者关系管理工作

坚持多元化市值管理，服务机构投资者方面，公司总结 20 余年上市经验，提出广覆盖、深合作的机构投资者关系管理工作经验；服务中小投资者方面，公司股东人数众多，股东类别广泛，中小投资者所占比重较大，始终致力于做好中小投资者服务，并坚持做到一视同仁。公司与卖方、买方机构均建立高效沟通机制，让公司始终在市场中保持着一定的关注度。2021 年至今，累计服务机构投资者超 2500 家次，参加券商策略会近 80 次，举办公司上门路演 12 余场，举办业绩网上说明会 5 场，举办业绩解读会 8 场，累计回复深交所互动易平台问题近 2000 次，接听投资者热线超过 2000 次。公司自 2021 年起，以进门财经平台为支撑，创新性地提出由核心券商联合承办的投资者交流会模式，在后续举办交流会的过程中，公司不断优化合作方式，从最初的 4 家新财富上榜卖方到后来引入瑞士信贷等国际投行联合举办，取得了良好的效果。

此外，董事会秘书室设置资本市场研究岗位，既紧跟市场机构观点，又以资本视角对数据进行创新解读，提炼核心观点，以有价值的数据支援

投资者关系管理工作开展，真正做到有的放矢。

除日常投资者交流工作外，积极推动公司主要管理层参与业绩网上说明会，与资本市场中小股东保持畅通有效的沟通，高质量召开业绩网上说明会：自2012年来，京东方已在全景路演举办年度、半年度业绩网上说明会19次，公司董事长均参加会议，总裁、独立董事、首席财务官、执行副总裁、董事会秘书等高级管理人员参会。

2021年，北京上市公司协会在北京347家上市公司举办的业绩说明会实践中，选出12家上市公司实践案例作为“北京辖区上市公司2020年度业绩说明会优秀实践案例”，京东方位列其中。公司积极坚持通过股份回购、现金分红等方式，持续回报股东多年来的支持，履行上市公司义务。近四年来，公司一直将不低于30%的归母净利润用于股东分红，让投资者与公司共享成长成果。2021年公司现金分红79.63亿元，占归母净利润的30.84%，占母公司可供分配利润的66.63%，分红金额创历史新高；同时年内完成24.28亿元股份回购，股东回报总额超百亿元；2022年公司推出并完成B股回购计划，支付总金额近10亿港元。此次回购的B股股份将予以注销并相应减少公司注册资本，通过增厚每股收益，向投资者传达成长信心，维护公司价值，切实提高公司股东的投资回报。

多年来，京东方在公司治理、信息披露和市值管理方面的成果得到了监管机构及行业权威的持续认可，已连续7年获深交所信息披露考核A级评价；京东方董事会已连续六届获得中国上市公司董事会“金圆桌奖”最佳董事会奖项，2019年因在公司治理方面的进一步卓越表现，获颁第十五届中国上市公司董事会“金圆桌”公司治理勋章；连续四次获得新财富“最佳上市公司”荣誉，国务院国资委《国有重点企业管理标杆创建行动》“标杆企业”和国有企业公司治理示范企业；第三十五届北京市企业管理现代化创新成果一等奖等称号。

45. 国元证券（000728. SZ）：守正创新　深耕不辍　规定动作做实到位　自选动作推新出彩

董事会秘书　胡甲

作为上市证券公司的董事会秘书，胡甲先生认真学习贯彻党的二十大精神，坚持以习近平新时代中国特色社会主义思想为指引，全面贯彻新发展理念，创新工作方式、丰富工作内容，做到“四个敬畏”，充分发挥董事会秘书的职责与作用。近年来，在落实监管机构、自律组织各项任务，服务董事会和股东，巩固规范运作能力、提高信披质量、提升公司治理水平，做好投资者关系管理等方面，知行合一，全力推进；在培育公司可持续发展能力，落实行业文化建设“八字”价值观、提升文化软实力等方面，守正创新，做出特色，取得较好的实践成效，赢得市场和监管机构广泛认同，有力提升了公司市场品牌形象和社会美誉度。公司连续 15 年荣获深交所信息披露 A 类评级，连续 12 年被评为支持地方实体经济优秀等次，荣获第四届中国卓越 IR 最佳信披奖、中国上市公司社会责任奖等荣誉。特别是在践行 ESG 理念、建设行业文化等方面，持续加大工作力度，获得一系列成果和荣誉，向行业同仁进行汇报。

一、践行 ESG 理念，打造公司绿色金融品牌形象

一家好的企业理应致力于为环境、为社会创造生态价值，这是对企业自身负责，更是对社会负责。作为一家老牌上市券商，公司持续推进 ESG 工作，引导实现节约能源消耗，降低社会及环境风险，打造绿色金融品牌

形象，践行社会责任，彰显可持续发展理念，推动公司 ESG（环境、社会、治理）信息披露规范化，提高公司 ESG 评级，提升公司长期投资价值。

一是建立 ESG 三级治理架构。牵头组织修订《公司章程》，将董事会战略委员会更名为董事会战略与可持续发展委员会，作为 ESG 议题的最高决策机构，负责 ESG 的战略制定、重大事项审定及信息披露等工作。在经营层成立 ESG 委员会及下属工作小组，负责 ESG 议题的风险识别、目标制定、绩效检视以及 ESG 实质性议题的落实。各部门、各分支机构均设有专门人员负责 ESG 实践及相关数据统计、信息归集。权责清晰、上下联动的 ESG 治理架构，推动国元证券 ESG 治理工作规范、有序开展。

二是构建 ESG 指标体系。组织公司构建了一套符合企业实际的 ESG 指标体系，规范指标的记录方式、统计范围、统计口径、统计周期及统计方法，固化指标的统计路径和收集流程（已在 ERP 上线 ESG 指标报送系统），既推动了各部门、各分支机构将 ESG 指标纳入管理和统计，也为 ESG 报告编制提供了完整、便捷、可靠的数据，同时也为董事会、管理层监控了解 ESG 实施情况提供直接的数据参考。

三是开展 ESG 专题培训。为提升国元证券 ESG 管理及披露水平，公司聘请第三方专业机构，开展四期 ESG 现场培训，内容涵盖商业道德、ESG 风险管理、ESG 责任投资、ESG 评级体系等多方面，培训对象包括国元证券高管、ESG 工作小组成员及各部门 ESG 骨干员工。培训课程通俗易懂、可操性强，受到了广大参训人员的一致好评，进一步推动 ESG 理念传导落地。

四是推动公司加入联合国责任投资原则（UNPRI）。制定《国元证券责任投资指引（试行）》，把环境、社会和治理问题纳入投资分析和决策过程，践行 ESG 投资，充分发挥资产管理、自营投资的专业力量，助力“双碳”目标的实现。同时组织公司申请正式成为气候相关财务信息披露工作组（TCFD）的支持机构，基于 TCFD 建议进行气候相关风险的信息披露。公司是国内证券行业中首家引入可持续会计准则 SASB 的证券公司，为提升报告的可信性，公司连续两年对 ESG 报告进行第三方审验，保障了报告披露信息和数据的可信性，同时吸取来自审验机构的经验和意见，不断提升ESG指标的披露和管理水平，使报告的质量得到进一步提升。

五是持续推进ESG信息披露工作。公司严格对标ESG指引、GRI Standards等相关要求，遵循社会责任报告披露原则，全面规范ESG信息披露，满足监管部门以及投资者对公司ESG信息披露的要求。ESG报告兼顾企业特色及ESG趋势，公司2021年ESG报告紧跟ESG趋势及要求，从治理、环境、社会逐次展开，详细介绍公司在ESG方面的履责理念、实践和成效，体现了公司“为您创造美好生活”的定位，凸显了国元证券应有的责任担当。为便于境外投资者阅读，公司还发布了英文版ESG报告，是第一家发布英文版ESG报告的上市券商。

基于公司对ESG推进工作的不懈努力，2022年4月MSCI最新ESG评级报告显示，公司ESG评级结果从CCC跃升至BB，为国内证券公司中首家实现连升两级的券商；7月深圳证券信息有限公司正式推出国证ESG评价方法，公司凭借较好的ESG表现，获得AA级评价；9月5日公司被纳入恒生A股可持续发展企业基准指数（HSCASUSB）成分股。

未来，胡甲先生将始终坚持服务社会、履行社会责任的理念，当好ESG理念的“倡导者”和“践行者”，继续以国际、国内ESG评价体系为标杆，始终致力于社会公益事业，继续通过开展各类绿色金融业务，降低自身在投融资活动中的碳足迹，探索出推动其他行业实现低碳发展的国元证券碳中和路径，努力为社会各界利益相关方创造更大的价值。

二、推进文化建设，文化实践评估进入行业第一方阵

根据监管机构要求，公司以《证券行业文化建设十要素》为指引，高位部署、高位推动，按照“抓重点、促突破；抓融合、促发展；抓宣贯、促品牌”工作思路，进一步完善文化建设责任体系和组织保障，文化建设方面取得了显著成效，文化实践质量评价连续两年获评A级。

一是积极践行证券行业“合规诚信稳健专业”价值观。通过制度建设、重点工作实施，行业“八字”价值观全面融入公司治理、发展战略、发展方式及经营管理全过程，文化已成为公司高质量发展的深层驱动力。

同时进一步完善文化建设责任体系、组织保障体系和奖惩体系，健全跨部门联动和协调机制，形成齐抓共管、统筹推进、全员参与的工作新局面。基于公司文化建设成果得到中证协的认可，胡甲先生任职中证协文化建设专业委员会委员一职，并被中证协聘为中国证券业课题研究专家库专家。

二是举办国元证券杯“盛世中华大美河山”全国摄影大展并取得圆满成功。本次大展进一步扩大了公司的知名度及美誉度，树立了国元品牌。目前国元证券杯“盛世中华大美河山”摄影画册已出版，画册收录此次摄影大展 80 幅入展作品，发挥摄影传播的正面价值，提升大众审美能力，营造多元文化氛围。2022 年公司继续与中国证券期货行业摄影协会、中国摄影报社等合作组织了国元证券杯“乡村振兴、百业兴旺、共同富裕”摄影大展，目前已经获得 11 万幅的投稿量。

三是与安徽省文联联手为广大投资者与文艺爱好者搭建“国元证券文化艺术大讲堂”。2021 ~ 2022 年系列讲座连续举办 20 期，省内文艺大家闪亮登场，讲座涉及摄影、书法、音乐、文学、绘画等各位方面，内容精彩丰富。面对新冠疫情，“大讲堂”克服困难，保留线上直播渠道，为投资者及文艺爱好者提供足不出户的线上文化服务，打造“不打烊”的线上文化盛宴。

四是营造良好市场形象。坚持重大事件主动抢先发声，抢占舆论宣传先头阵地，引导舆论走向，及时宣传公司改革发展重大事件，提升了国元良好内外部形象。2022 年，公司在央媒、行业媒体等主流媒体上刊登宣传稿件 25 篇，其中 2 篇文章登上“学习强国”平台。

五是主动融入行业各类文化建设活动。积极加强与行业协会沟通与联系，主动承担协会文化建设课题及全国金融思政课题研究。《证券业文化建设中的声誉风险治理研究》获中国政研会全国金融系统思想政治工作和文化建设调研活动二等奖；组织申报《中国共产党领导金融工作的百年历程与基本经验》及《金融服务助推乡村振兴中思想政治工作作用机理与提升研究》两篇高质量研究论文参与中国金融思想政治工作研究会优秀课题论文评选；《筑基拓路走深走实在党史学习教育中写好“国元答卷”》入选《证券公司党建工作案例汇编（2021）》案例名单，《守正创新塑文化精品工程，让文化建设新理念传播“出圈”》入选《证券行业文化建设年年报》案例名单。胡甲先生专门录制了《证券行业文化与徽商文化实践结合与探索》为行业分享了国元经验，入选证券行业后续教育培训库。

未来，公司将继续坚持“以党建引领文化，以文化辅助战略、以文化促进协同、以文化培育业务、以文化打造品牌、以文化塑造品格、以文化践行责任”的“十四五”文化建设的总体目标和实施路径，全面推动文化建设取得更加丰硕的成果，使之成为引领公司业务发展、规范员工执业行为、推动公司高质量发展行稳致远的重要精神引领和价值支撑。

董事会秘书作为公司治理的重要角色，是连接资本市场的桥梁与纽带，在上市公司规范运作、信息披露、内部控制、投资者关系管理等事项中担负着重要责任。打铁必须自身硬，上市公司只有不断提高自身质量，经受住资本市场和投资者的检验，才能抓住我国资本市场发展壮大的历史性机遇。今后，胡甲先生将始终牢记职责使命，践行合规理念，提升专业能力，发扬工匠精神，依法依规履职，勤勉尽责，致力于推动提高上市公司质量，继续为我国资本市场高质量发展作出新的贡献。

46. 燕京啤酒（000729. SZ）：创新履职勇于担当　助力公司高质量发展

董事会秘书　徐月香

近年来，燕京啤酒紧扣“高质量发展”主题，以“二次创业、复兴燕京”为主基调，根据自身发展战略和规划，坚持推进“1＋3”品牌战略，增强企业文化建设，大力推进“热爱有你、燕京有我”新时期燕京企业文化与价值观的传承与升级。作为公司董秘，徐月香女士认真学习贯彻党的二十大精神，深入学习领会习近平总书记关于社会主义市场经济下资本问题重要论述，不断推进规范公司治理结构，强化风险防控、坚守制度防线，强化制度执行和有效监管，持续提高企业稳健发展和防风险能力，推动制定 ESG 战略规划，多维度打造精细化管理模式，提质增效，打造和推行精细化管理机制，实现绿色、低碳、循环、可持续发展。

一、完善公司制度建设，高质量完成信息披露工作

作为公司董事会秘书，规范公司运作，完善公司制度建设，建立健全各项内部控制和管理制度是其中一项重要工作。年初，公司董秘指导董事会办公室高效完成对《公司章程》《董事会议事规则》《信息披露管理制度》《内幕信息知情人管理制度》《重大信息内部报告制度》等二十几项制度的修订。完善公司治理制度体系，规范公司信息披露。

信息披露是上市公司的最基本义务，也是董事会秘书最基本的职责。作为公司董事会秘书，坚持依法依规进行信息披露，保证信息披露真实、准确、完整、及时、公平，严守公平披露原则，维护中小投资者合法权益，

2022年至今已披露公告70份。董秘随时与深交所及其他证券监管机构之间保持沟通和联络，做好上市公司与资本市场、股东及其他利益相关方沟通对话的桥梁和纽带。在董秘的努力和同事们的配合下，公司信息披露工作多年被深交所评为A级，根据沪深两所上市公司信息披露考评统计，连续九年及以上被评为A（优秀）的上市公司共53家，占比1.26%，燕京啤酒是其中一家，2021年12月，公司董办团队被中国上市公司协会授予“2021年度上市公司董办最佳实践案例”奖项。

二、规范“三会”运作，提升公司治理水平

作为A股上市公司，公司已建立并完善了以股东大会为最高权力机构、董事会为决策机构、董事会专业委员会为决策支持机构、监事会为监督机构、经营层及各子公司为执行机构的治理结构。作为公司董秘，坚持党的领导，勇于担责，积极推动完善公司治理，精简董事会成员人数，董事会成员人数由15人调整为7人，实现了外部董事占多数的董事会人员结构，优化董事会及四个专门委员会的设置和人员构成，积极推动董事会人员专业背景、从业经历及技术特长的多元化，通过多层面专业决策思维的引入，提高了董事会运作效率，确保了董事会决策的独立性、科学性、有效性。董秘严格执行公司章程及相关议事规则，统筹工作安排，严谨细致工作，组织团队配合，高效完成各项会议议程，所有过会议案均审议通过。并组织董办团队积极开展面向公司内部及子公司的三会事务合规培训工作，强化“三会”合规意识，进一步提升公司“三会”的规范治理水平。

三、创新开展投关工作，提升投资者关系管理水平

强化投资者关系管理，提升公司治理水平是赋能公司高质量发展的重要组成部分。在依法合规的前提下，董秘落实新发展理念，勇于创新，进一步增加和丰富投资者关系管理的内容及方式，在电话、邮件、传真等投资者关系管理传统沟通渠道基础上，增加网站、新媒体平台等新兴渠道，

主动组织召开业绩说明会、投资者见面会，加强上市公司与投资者之间的有效沟通，促进上市公司完善治理，切实保护投资者特别是中小投资者合法权益。董秘高度重视投资者关系管理工作，不断建立健全公司内部的投资者关系管理工作制度、工作体系和工作流程，以便接待投资者实地调研、接受投资者的电话问询。我积极主动与投资者沟通，着重与投资者就公司治理、发展战略及公司经营状况等投资者关注的问题进行交流，引导投资者关注公司价值，在依法合规的前提下，主动披露公司在环境、社会和治理（ESG）方面的信息，取得良好效果。

作为公司董事会秘书，我积极接待机构投资者和证券分析师来访调研，同时主动参加券商组织举办的策略会和其他投资者活动，与参会机构投资者和证券分析师进行深入交流，积极传递公司发展战略、投资价值，主动征询机构投资的关切和反馈，把握市场关注的动向，将有效信息反馈给董事会、董事长和经营管理层，提升企业制定发展策略、经营计划的精准度。

在平时工作中，公司董秘要求董办团队提升沟通技巧，注重收集、汇总投资者信息和所关注问题，建立了投资者关注问题参考问答数据库，增强董办团队服务投资者的专业化水平，保证信息传递的准确性，提升投资者关系工作的效率。

作为董秘，徐月香女士凭借过硬的专业素养、认真的工作态度、严谨细致的工作作风获得了投资者的信任与认可，2020 年，被评选为“新财富金牌董秘”，第 11 届中国上市公司投资者关系天马奖之“主板最佳董秘”，并在证券时报第 14 届（2020）中国上市公司价值评选活动中获“主板上市公司优秀董秘奖”。2021 年，获得第十七届“新财富金牌董秘”，在“第十五届中国上市公司价值评选”中获得“主板上市公司优秀董秘”称号，在 2021 上市公司“金质量”奖评选中获得“金质量优秀董秘奖”，由《中国基金报》及权威投关平台机会宝主办的“2021 中国上市公司投资者关系峰会暨经纶奖颁奖典礼”和“2021 中国机构投资者峰会”获得“年度精英董秘奖”。

四、做好公司与监管部门、各业务主体的协调工作，发挥好桥梁作用

在监管机构、董事会、管理层、股东等一系列关系之中，董秘是连接各种关系桥梁的支点，在监管部门与公司董事会之间发挥着“上传下达”的沟通作用，协助公司董事、监事、高管人员履行好职责，并相互协作。在就任董事会秘书期间，徐月香女士敢于担当，积极配合监管部门和交易所的各项要求，调整公司相关制度规定，监督相关制度落地执行。对公司董监高加强宣贯各项监管政策和法规，进行违规警示宣贯，提升公司董监高法规意识，加强与公司大股东、实际控制人、法律顾问的沟通和联络，促进公司与监管部门、大股东及实际控制人之间的顺畅沟通，建立和谐关系。同时我积极参加监管部门、交易所的各项活动，积极提供自身的意见和建议，为完善上市公司监管建言献策。

五、做好股权事务管理，助力公司科学决策

股权事务管理是董秘的职责之一，建立完善公司的股权管理制度、股权投资、监督公司董监高持股变动情况等都是董秘的职责。在从业过程中，徐月香女士发挥专业优势，在董事会的领导下完成了配股、增股，发行可转债、债转股等一系列资本运作，促进了公司发展壮大。在平时工作中，我要求董办团队定期对资本市场信息、行业资讯等进行收集、汇总、分析，关注公司股权结构变化，为公司高层决策提供有效参考。通过加强股权事务管理，进一步完善公司股权管理工作，促进公司健康发展。

六、提升公司防控风险能力，确保公司健康发展

风险就是不确定性，风险管理就是防患于未然，“宁可不用，不可不备”，把可以避免的风险减至最小，做到“有备无患、以防万一”。

作为公司董秘，徐月香女士大力推进“燕京啤酒2022合规管理年”工作并取得明显成绩。在合规管理方面，年初开始组织所有职能部门进行制度全面修订及流程搭建完善工作，目前已完成200余项制度的梳理及修订工作。在风险管理方面，以全面风险管理为抓手，做好风险数据库及案例库的更新工作、风险评估工作、风险管理流程制订及完善工作、重大风险监控及审计工作，同时组织内控专员研究关于重大风险的判断机制、重大风险管理解决方案，加快推进建立风险管理信息系统。在内控管理方面，将内控从业人员队伍建设工作、“三重一大”等专项业务巡查工作作为工作重点，从制度执行效果、年度评价考核、年度内控自评及外审工作多维度验证工作成效，同时配合进行OA平台搭建工作，推进公司智能化、数字化转型。在内审管理方面，在做好财务审计等常规工作的同时，要求着重推进资金专项、物资专项、违规责任追究等专项审计工作，在新冠疫情防控的前提下，实行非现场审计与现场审计结合，使审计环节更少、程序更简、流程更优、时限更短。在法务管理方面，在徐月香女士的指导下，公司相关管理工作逐步走上规范化、科学化、法律化的有效控制状态。

“道阻且长，行则将至；行而不辍，未来可期”，构建上市公司的全面合规体系既是上市公司稳健运行、安全发展的规范本质所需，也是一种价值和利润创造的有效手段。公司已逐步形成了风险、法律、内控、合规、审计一体化的管理体系。

二十多年来，徐月香女士以出色的工作业绩和严谨的工作作风，赢得了领导和职工的尊重与肯定，并始终以更大的热情积极投身工作履职创新，带领分管领域的全体员工们为燕京啤酒事业的发展贡献力量。

47. 长江证券（000783. SZ）：以初心致匠心　以匠心守初心

董事会秘书　李佳

长江证券成立于1991年。1993年3月，李佳同志入职长江证券前身湖北证券，从业近30年。2016年3月，李佳同志担任公司董事会秘书，任职以来坚定“以初心致匠心，以匠心守初心”理念，熟悉掌握法律法规，做“规则与规范”的代言人，洞悉市场前沿信息，做“创新与开拓”的实干家，面对困境迎难而上，做“责任与担当”的践行者，展现了一名优秀董秘所具备的职业能力和操守。

一、拥抱资本市场，借助资本运作不断增厚公司实力

上任以来，董秘先后于2016年及2018年通过定增及可转债的方式完成资本运作，募集金额共计约133亿元。

（一）坚定信心、披荆斩棘，逆势完成非公开发行

2015年公司推出定增计划后，恰逢资本市场环境骤变，爆发罕见股灾，2016年年初股票市场一度发生数次熔断，而公司非公开发行批文即将到期，惨淡的市场行情叠加公司股价严重倒挂，给公司定增工作带来了巨大的挑战。

作为项目负责人，董秘调动各方资源和力量，抱着背水一战的决心全速推进本次发行：带领团队精心梳理公司核心竞争力及投资价值路演材料，为后期路演过程可能遇到的各个硬仗做好预案；同时，通过多方渠道遴选有实力、有意愿的金融机构和大型国企，明确了重点“攻克”对象，并量

身定制参与方案及实施路径。

路演开启后，董秘带领路演团队，在20多天的时间内奔走于北京、上海、广州、深圳、武汉几座城市，平均每天完成4~6场路演，让多家大型公募基金、资管、保险、私募等机构投资者以及多家知名国有企业对参与认购本次非公开发行产生了强烈兴趣。

最终董秘抓住了转瞬即逝的发行窗口期，协同各方加快推进发行事宜，成功为公司募集83亿元。本次发行成为公司自上市以来规模最大的股权融资，也是2015~2016年上市券商非公开发行募集资金总额最大的一笔，更是2013~2016年上市券商中纯粹面向机构投资者（即事前不确定对象）、价差最小且满额募足的唯一一家。

（二）天道酬勤、彰显价值，成功发行可转债

为进一步扩充公司资本实力，公司于2017年再度启动再融资计划。彼时的再融资环境相较2015年、2016年的市场环境更加复杂，趋严的监管政策以及市场再融资浪潮后的热度降温，都给公司资本运作带来挑战。

在此背景下，董秘带领团队针对市场可行的再融资方式进行系统梳理、逐一研判，拟定了包括定增、配股、可转债等多套方案。在此过程中，董秘敏锐地发现在当时的市场环境下，可转换公司债券受到了市场的广泛认可，亦是监管机构鼓励的优先品种，于是果断决定启动公开发行可转债。最终公司成功发行50亿元可转换公司债券，成为2018年首家成功发行可转债的券商，且募集金额为当时可转债市场之最。

二、建立全流程信披工作机制，实现信披管理全覆盖

董秘一直致力于构建良好的信息披露生态体系，助力公司连续十二年获得深交所年度信息披露考核A类评价，在深交所2500余家上市公司中获此殊荣的仅有22家。

在信息采集阶段，董秘推动建立信息披露联络人机制，实现对公司各部门、子公司、分支机构（以下简称各单位）信息披露管理的全覆盖；同时加强主要股东、董监高等“关键少数”信息披露义务人的管理，强化

“关键少数”的信息追踪；组织各种类型的培训、学习，强化上述人员对信披工作重要性的认识，形成“规范信披”的良好氛围。

在信息归集、传递阶段，通过设置重大事项报告机制和工作流程，保障各单位在可能触发披露的重大事项时，董秘都能第一时间介入并全程参与到重大事项的进程当中，指导并提示相关部门、人员在相应的关键节点应该履行的信披义务。

在信息披露阶段，董秘推动建立了完善的重大事项审核机制，通过建立工作流程，实现多部门、多人层层审核把关，确保公司所有应披露的重大事项都能及时、准确、完整地履行信息披露义务。

三、创新开展投关工作，多渠道与投资者真诚沟通

董秘不断优化公司投关工作机制，坚持精准化管理思路，根据投资者结构差异选择恰当的交流方式，以最主动的姿态传递公司价值。

在日常工作中，董秘通过耐心接听投资者热线电话、及时回复互动易平台提问等多种方式与中小投资者开展日常交流；通过举办业绩说明会、投资者网上接待日等活动与中小投资者开展定期交流；与机构投资者交流坚持“走出去”和“请进来”的双向沟通互动机制。同时，董秘始终以投资者需求为导向，不断丰富交流的内容和形式，强化交流效果。如公司披露定期报告后，及时通过 H5、长图、短视频等投资者喜闻乐见的形式强化报告宣传与解读。

真诚、专业、高效的沟通交流也获得各方认可，2021 年公司荣获中国上市公司协会颁发的“2020 年报业绩说明会优秀实践案例奖”。

四、坚守岗位、“逆行”向前，新冠疫情期间彰显董秘责任与担当

（一）挺身而出，危急时刻彰显拳拳之心

2020 年 1 月新冠疫情暴发，武汉一度按下“暂停键”。董秘一直关注

着疫情发展，作为一名有过抗洪救灾经历的公司高管，出于职业的敏感和本能，董秘主动向公司董事长、总裁汇报，建议召开一次临时董事会向正在武汉前线抗击病毒的医疗机构捐款。

万家灯火的除夕夜（2020 年 1 月 24 日），董秘带领团队进入紧急工作状态。直至大年初一凌晨两点，先后完成会议筹备、董事沟通等工作。顺利通过董事会，但如何提交披露董事会决议公告却成了新的难题。

正值春节假期，交易所进入了春节休市状态，信息披露的提交通道已经关闭。为按时完成任务，董秘于凌晨分别与专管员及交易所相关领导进行了沟通，交易所相关人员在逐级汇报、紧急磋商后决定特事特办，为公司开通一条特别通道，使公司成为第一家在新冠疫情期间披露抗疫捐赠公告的上市公司。

（二）真诚交流，借助舆论媒介传递信心

由于身处疫情中心武汉，公司受到社会舆论的格外关注。对此，董秘坚持“及时应对，妥善沟通”原则，第一时间回应媒体及公众关切，主动、全面、详细地介绍公司整体防疫和复工部署等媒体关心的信息。据不完全统计，仅在 1 月、2 月就收到了 20 家媒体发来的各类采访诉求 36 次。

期间，董秘还统筹协调、积极对接中国证券报、每日经济新闻、财联社等主流媒体，主动发布了 11 篇新闻报道，向社会各界客观、正向地展现了公司在抗疫、复工、履责等领域的各项举措以及企业价值理念。

（三）克服万难，居家工作保质保量

2020 年武汉“封城”两月有余，证监会、交易所考虑到新冠疫情影响，充分体谅湖北省上市公司年报披露工作难度，曾给予公司宽限披露时间的优惠政策。董秘要求自己和团队必须坚持信息披露工作的严要求、高标准，克服了长期封控的身心煎熬和居家办公软硬件条件受限等困难，最终确保年报在既定时间保质保量如期披露。

五、文化筑基、匠心塑形，三十周年司庆活动内振士气外树形象

2021 年是公司成立第 30 年，为积极响应中国证监会证券行业文化建

设号召，生动展现公司30年积淀的深厚文化内涵以及现代化金融企业的蓬勃朝气，由董秘作为主办责任人，牵头完成司庆系列宣传片、司庆晚会等工作。

（一）《我和我的长江》系列宣传片

通过主题策划、资料搜集、调查问卷、人物访谈、脚本撰写等环节，董秘带领团队历时5个多月深挖公司各条线人物故事，反复修订35稿，形成数万字的故事及拍摄脚本，力求讲好长江故事，凝聚价值共识。

历经3座城市辗转拍摄，逾30天后期制作，《我和我的长江》系列宣传片最终面世：该片由员工成长、业务突破、社会责任和未来战略4个主题篇章构成，展现了新时代长江人在以落实国家战略为导向，以“服务实体经济发展，服务客户财富增长”为出发点过程中的奉献、成长、拼搏、信念与希望。

（二）公司30周年司庆晚会

司庆晚会是公司30周年系列工作的重中之重，董秘担任司庆晚会筹备工作组副组长，全面负责3月18日司庆晚会的筹备工作。

董秘全程参与、精心谋划、匠心打磨，深入参与、事无巨细地参与到演员选拔、节目编排、场馆选址、舞台搭建、后勤保障等大到顶层设计，小到细枝末节且环环相扣的各类工作中，以行动诠释了长江文化精神。

2021年3月18日，晚会如期举行，一台走心的、炫酷的、浓墨重彩的盛会既是一次公司三十年的总结献礼，也成为同行间交口称赞、取经问道的典范，更是为每一位长江人留下弥足珍贵的回忆，成为一段津津乐道的佳话。

48. 北新建材（000786. SZ）：强化公司治理　传播公司价值　助推公司高质量发展

董事会秘书　史可平

史可平女士目前担任中国上市公司协会董秘委委员及北京上市公司协会副秘书长，积极参与协会的工作。作为央企控股上市公司北新集团建材股份有限公司（以下简称“北新建材”或“公司”）的董事会秘书，在公司治理、信息披露、投资者关系管理、公司价值传播等方面做了大量工作。

一、强化规范运作，夯实价值创造基础

深耕细作、苦练内功，不断改善经营，夯实价值创造基础。进一步提高董监高合规意识，规范“三会”运作，督促关联交易、对外投资、利润分配等事宜严格履行内部审议程序及法定信息披露义务，并结合事项内容酌情进行自愿性信息披露，提高公司运营透明度。

加强董事履职支撑，积极整理收集资本市场动态，定期向董监高人员传送行业周报和月报等信息。积极组织公司外部董事到各分子公司参加调研，在新冠疫情较为严重期间通过视频方式进行云调研，协助外部董事更深入了解公司一线信息，为公司的发展出谋划策并建立台账，积极实践外部董事提出的建议。

密切关注资本市场及行业各方对于公司发展的意见和建议并及时反馈给董事会和经理层，辅助公司业务规划和战略执行，提高公司战略决策科

学性，促进公司长期价值发现和业绩提升。在公司发展壮大的过程中，广大股东积极行使股东权利，就公司发展战略、产能布局、业务经营等建言献策，以实际行动支持公司发展，为公司日常经营决策、战略执行提供了极大的支持和帮助。

二、加强媒体宣传，多措并举进行价值传播

媒体是公司与市场沟通的重要桥梁，公司通过定期举办媒体交流会，持续深化媒体关系维护，提升媒体对于北新建材的认知，从而吸引更多媒体发声。2022 年 8 月，公司成功举办“走进北新 畅话‘新’声”媒体交流会，吸引了来自新华社、《光明日报》《经济日报》《中国质量报》《中国企业报》《北京商报》《中国建材》杂志、新浪乐居、新浪财经、网易财经、腾讯、搜狐财经、和讯网、新财富网、新浪优采、慧聪防水网、房天下、装修辅材网 & HOME 家饰界、中国防水报道、中国防水编辑部、防水与施工、防水与保温等 20 多家媒体代表走进北新建材。多位参会媒体代表表示，通过这次走进北新建材，近距离了解了绿色新材料智能制造和新时代高性能绿色智能建筑体系，以及北新建材的企业文化和作为央企的责任与担当，刷新了对建材企业的认知，收获颇丰。

公司以微信公众号等新媒体运营平台为主要宣传阵地，及时对外传递公司经营发展动态，传播企业发展取得的喜人成果。在定期报告期间，公司积极主动对外发声，组织撰写价值深度稿件，从财务数据、业务布局、行业动态等多个角度解读公司定期报告，并通过财经媒体渠道进行投放，加深投资者对于公司的认知，引导投资者正确认识公司投资价值。除新闻传播外，公司紧跟潮流，开设了微信视频号、抖音账号等新媒体运营账号，通过数字化手段，丰富与资本市场沟通的渠道，提升公司价值推介的趣味性和可读性，拉近了与投资者的距离。

在进行价值传播的同时，严格规范公司领导及员工个人的对外宣传行为。公司建立了新闻发言人制度并由公司董秘史可平女士担任新闻发言人，以制度规范行为，进一步强调未经公司允许，公司任何员工在未经

董秘同意及证券事务部门事先安排情况下，不得接受他人采访、咨询或其他渠道披露信息，任何关乎公司信披的对外信息发布必须提交公司董秘审核把关。

三、畅通对外沟通机制，强化资本市场认同

随着注册制的全面铺开，A股市场的快速扩容，使得上市公司面临“酒香也怕巷子深”的发展窘境，对此，公司在踏实做好主业，提升业绩，创造价值的同时，高度重视与市场沟通，定期与投资者、股东展开沟通，有效提振了市场信心。

公司积极借助定期报告披露组织召开业绩说明会，主要领导均参会，重视与投资者交流机会，及时回应投资者诉求，维护好公司资本市场的“基本盘”。除业绩说明会外，公司高度注重与投资者及公司股东的交流沟通工作，持续增强互动交流，定期组织机构召开线上会议，主动邀约投资者来公司现场参观调研，持续扩充公司机构投资者“朋友圈”。公司积极参加由各大券商组织的策略会，主动走出去感知资本市场动态变化，了解投资者偏好，并根据市场反馈及时调整工作策略，提升市场对于公司的认可度，促进公司价值发现。2022年以来，公司积极与投资者沟通，积极参加券商组织的策略会10余场次，参加或组织电话会若干场次，为投资者答疑解惑，帮助其更好了解公司的经营发展状况。

公司在投关领域主动作为，所取得的工作成就也获得了资本市场的高度认可。2022年上半年，公司在2021年“全景投资者关系金奖”中荣获“杰出IR企业奖”“机构友好沟通奖”“中小投资者关系互动奖”“最佳新媒体运营奖”四项荣誉；在“第十三届中国上市公司投资者关系天马奖”中荣获“中国上市公司最佳投资者关系奖”；在最新一期2021中国上市公司市值500强榜单中，公司名列第394位；在第十六届中国上市公司价值评选中，公司荣获“主板上市公司价值100强”奖，史可平女士荣获“中国上市公司阳光董秘”奖；在《中国500最具价值品牌》排行榜中，北新建材品牌价值908.72亿元，较去年增值93.13亿元，品牌价值再创新高。

四、践行 ESG 理念，携手利益相关方共同推进绿色发展

当下，随着“双碳”发展战略的持续推进，ESG 逐渐成为全球资本市场共识。为提升公司发展质量，增强公司可持续发展能力，公司持续加强 ESG 体系建设，坚持绿色发展，稳健经营，持续推动卓越绩效管理模式，实施质量管理、职业健康安全、环境管理与内控体系等一体化管理体系建设，不断完善公司治理机制，坚持节能减排，积极开展公益活动，切实履行企业社会责任。

积极履行社会责任，不断完善法人治理结构，提高规范运作水平；完善合规风控体系是公司行稳致远的准绳，北新建材健全风险管理、内控合规、内部审计管理机制，坚守合规底线，严抓风险防控工作，持续推进高质量发展。2021 年，公司先后荣获“亚洲质量卓越奖”“亚洲 2021 星座奖—气候行动与环境奖”“中国 500 最具价值品牌”“亚洲品牌 500 强”等荣誉称号。

继多年持续披露社会责任报告后，2022 年 3 月，公司披露了首份 ESG 报告，报告重点披露了公司在合规经营、客户服务、人才发展、环境保护、社会回馈及 ESG 管理方面的表现。同时，为进一步传递公司 ESG 治理理念，宣传 ESG 治理成果，公司通过微信公众号一图读懂形式简化报告内容，更加方便投资者理解公司 ESG 发展战略，首份 ESG 报告获得资本市场以及投资者肯定，入选协会的《上市公司 ESG 优秀实践案例》。

49. 天山股份（000877.SZ）：专心专业　创造价值

董事会秘书　李雪芹

新疆天山水泥股份有限公司（以下简称“新天山水泥”或“公司”）于2021年完成重大资产重组，公司资产规模、产能规模，业务模块、子公司数量倍增。公司以做强做优主业，成为世界一流企业作为发展目标，公司持续规范治理，诚信经营，并以优良的业绩为股东创造价值方面，争做资本市场优等生标杆。李雪芹女士作为董事会秘书，紧紧围绕董事会工作要求及公司总体目标，在信息披露、公司治理、投资者关系管理、资本运作、合规管理等方面扎实开展各项工作，专心专业专注，内外协调联动，发挥“纽带”作用，创新驱动改进治理效率，以卓越标准探索最佳实践。

一、定制度搭体系建清单，推动决策事项闭环管理

制定合规有效的制度体系是规范治理的重要基础，重组后董事会办公室全面梳理公司治理规则体系，更新完善了26项制度，通过完善的制度体系和有效的培训督导（重组至今，密集开展了12场15项主题的培训），快速在新天山水泥构建起规范治理，依法信息披露的合规文化环境。同时，公司建立了规范高效的运作流程，制定了“三会议事清单”，明确了164项党委会、办公会、董事会研究讨论和决策事项，全面落实“党组织研究讨论是董事会、经理层决策重大事项的前置程序”要求，确保董事会各项决策符合党的路线方针政策，不断提升公司治理效能和科学决策水平。董事会办公室亦高效规范服务支持“三会”运作，已构建出权责法定、权责透

明、协调运转、有效制衡的公司治理机制，充分发挥董事会“定战略、作决策、防风险”作用。

立足于董事会角度编写议案，组织业务部门充分提供议案内容及包括可行性分析报告、中介报告等相关支持文件，并结合深圳证券交易所相关法律法规和信息披露要求完善议案，通过充分完整透明的议案资料，向董事提供专业的决策支撑。在董事会决策前聚焦议案的科学性，做到充分论证，组织董事加强会前沟通讨论会，第一时间反馈董事尤其是独立董事的问询和要求；决策后，聚焦决策的有效性，定期回顾评价决策效果，每季度对董事会决策事项进行督促跟踪汇报，形成会前、会中、会后有效的闭环管理。同时为充分发挥经营效能，精准化授权管理，制定了《董事会对经理层授权管理办法》，授权实行动态管理，促进经理层依法行权履职，提高经营决策效率，增强企业改革发展活力，并明确了经理层报告机制，由经理层定期向董事会报告授权事项的决策和执行情况，推动了办公会决策事项的闭环管理。

2022 年 7 月，深圳证券交易所公布《主板上市公司 2021 年度信息披露考核结果》，公司 2021 年度信息披露工作考核结果为 A 级，公司已连续四年在深圳证券交易所获此殊荣，是资本市场对公司良好业绩和有效治理的高度认可。

二、重要事项联动会商，专业研究精准“备忘”

除了建立重大事项的内部上报机制外，董事会秘书组织董办提前介入重大事项的讨论，深度参与需董事会决策事项的论证；推动重要事项联动会商机制，即在“三重一大”事项提交办公会审议时通过专业研究并积极主动沟通建议相关业务部门就疑难问题联动会商，邀请律师和合规咨询等专家，集中智慧、充分探讨、高效处理。同时在公司内部强化规范信息披露对业务操作的影响，并传导到每个相关方，用协同研究达成高度一致性，并将关键问题点贯穿到子企业。

针对重要或疑难事项，董秘组织董办合规专员整理相关法律法规规定，查找分析相关案例，提出问题并验证过程及结论，形成关键事项“备忘录”知识库；本年度用该工作方法形成了16份备忘录，内容涵盖财务资助、固定资产投资、产能指标置换、应收账款核销、关联交易和业务整合等。

三、以“业绩说明会”为契机，多维提升投资者关系

新天山水泥把投资者作为公司在资本市场的发展之本，尊重投资者、保护投资者、回报投资者，开展多层次投资者良性互动。筹划建立投资者关系管理库，定期对股东名册进行分析，积极开展多样化的沟通渠道，通过互动易平台问答、接听投资者热线电话、邀请投资者走进上市公司、在公司公众号发布“云旅游”“水泥新故事”等新媒体方式，促进投资者充分了解新天山水泥绿色低碳转型、数字化和智能化转型发展情况。通过加强与投资者之间的交流沟通，及时了解投资者诉求和资本市场关注焦点，建立良好的投资者互动关系。公司积极在定期报告发布后组织召开高质量“业绩说明会”，邀请公司董事长、总裁、独立董事、财务总监、董秘参加，并通过视频、文字结合音频、文字互动等方式，向投资者展现新天山水泥践行新发展理念，坚持高质量发展，致力于提升内在价值和市场价值，争做资本市场主业突出、优强发展、治理完善、诚信经营的信心。

2022年4月，公司董事会秘书荣获第十三届中国上市公司“投资者关系最佳董秘奖”，第十七届中国上市公司董事会“金圆桌奖”暨第三届中国上市公司“董秘好助手”奖—“最具创新力董秘”，9月荣获第十六届中国上市公司价值评选—“中国上市公司阳光董秘”；公司证券事务代表亦荣获第十七届中国上市公司董事会“金圆桌奖”暨第三届中国上市公司“董秘好助手”奖—“董秘好助手奖”。

四、以“培训+案例”为警钟，严守合规经营底线

公司构建了多维度的合规防线。日常方面：每周向董监高及各业务部

门发送法规速递及监管动态，及时传递资本市场最新动态；培训方面：有计划地组织董监高履职风险防范、合规管理以及上市公司规范运作等内容的合规培训，向董监高及全级次子公司传递资本市场和公司规范运作信息；关键事件：向董监高人员发出禁止内幕交易告知书及《定期报告敏感期的保密注意事项及禁止内幕交易的提示》等，第一时间警示和告知，有效提升董监高合规意识；案例传导：董事办公室实时关注交易所对上市公司的警示案例以及监管机构重点关注的关联交易、违规担保、财务资助、非经营性资金占用、投资者交流尺度等违规事件，不定期通过OA、电子邮件、企业微信群等方式将上述案例发送至董监高及各业务部门，予以警示并提示加强法规学习，坚守合规底线，杜绝公司违规行为的发生。目前已经形成“三先”工作机制，即“业务部门先学法条，事项决议前先沟通，实施前先问决策”，决策后业务部门定期跟踪、闭环反馈的良性循环。公司及全体董监高人员履职尽责，未受到监管机构的处罚与通报。

五、资本运作助力公司战略，提升公司核心竞争力

公司2021年发行股份及支付现金购买资产并募集配套资金项目为A股上市公司发行股份购买资产项目中交易规模最大的项目，标的资产规模达981亿元，且入选《商法》2021年度杰出交易；董事会秘书高质量组织、沟通、协调项目工作，获得中介机构的高度认可。2022年定向增发，公司高频组织参与近30场的线上线下路演活动，引入了同行业的海螺水泥、上峰水泥及冀东水泥，同时也吸引了摩根大通、UBS AG和国新投资、国泰君安、嘉实基金、易方达基金、诺德基金、泰康资管等市场活跃机构投资者的认购，产业资本与国内外各知名投资机构踊跃参与本次增发是对公司可持续发展和投资价值的高度认同。重组后董事会办公室积极研究资本市场融资工具，并密切关注资本市场动态和行业动态，为经营层和董事会提供资本运作方案，参与实施资本运作项目；2022年9月，新天山水泥成功发行一期公募公司债券，本期债券为新天山水泥重大资产重组后首单公司债券，发行规模20亿元，期限3年，票面利率2.68%，本期债券投资人踊

跃申购，认购倍数 2.4 倍，充分体现了投资者对新天山水泥经营业绩、信用级别、管理水平的高度认可。2022 年 10 月，新天山水泥选定公开发行 100 亿元可转换公司债券作为重组后首个资本运作之再融资项目，旨在通过本次公开发行可转换公司债券发行增强资金实力，积极稳妥降杠杆，改善财务状况，进一步做大做强主营业务，加大对砂石骨料投资力度，促进公司绿色化、智能化水平，加快建设具有中国特色的世界一流水泥公司。

董事会秘书处于承上启下、协调左右、联通内外的“枢纽”位置，李雪芹女士将秉持专心专业专注原则，带领董事会办公室服务支持董事会充分发挥“定战略、作决策、防风险”作用，持续以高质量的信息披露传递公司价值，以多种方式强化投资者沟通交流，切实保护投资者的合法权益，向资本市场传递公司价值，打造高质量上市公司。

50. 云南铜业（000878. SZ）：架起“连心桥” 耕好“责任田”

云南铜业董事会秘书 韩锦根

韩锦根先生，1976 年 6 月出生，工商管理硕士，政工师、工程师。2019 年 6 月，受聘担任云南铜业股份有限公司（以下简称“云南铜业”或“公司”）董事会秘书，现任云南铜业副总经理、董事会秘书。

自担任董事会秘书职务以来，韩锦根先生始终以监管法规为准绳、以信息披露为基石、以投资者交流为平台、以网络媒介为载体、以分析交流活动为突破，将证监会及交易所等监管部门的精神融入日常工作，贯穿于企业的经营方针与实践执行中，坚持对标一流、积极探索，注重沟通协调，努力架好“五座连心桥”，耕好“责任田”，取得较为丰硕的成果。

一、架好公司与资本市场“连心桥”，积极参与和推进资本运作

为进一步提升公司盈利能力，保持行业领先地位，云南铜业于 2021 年 9 月下旬启动了新一轮非公开发行股票工作。自项目启动以来，作为董事会秘书和项目领导小组成员，积极参与项目论证、推进、协调、决策、路演等工作，与券商、律师、审计等中介机构及控股股东、中小股东保持密切沟通，认真接待投资者来电来函，耐心做好解释工作，扎实做好内幕知情人管理，确保项目依法合规按计划推进。

自项目启动以来，协调组织召开项目相关的公司董事会 3 次、监事会 2 次、股东大会 1 次，召开项目领导小组会、协调会、工作例会 87 次，及

时解决处理重点难点事项；披露相关信息110项，回复投资者相关提问50余个。在此过程中，积极协调控股股东及实际控制人履行相应承诺事项，推动上市公司避免同业竞争问题，控股股东云南铜业（集团）有限公司于2022年1月将其所属的凉山矿业委托给公司管理，间接控股股东中国铜业有限公司于2022年6月向公司出具《关于避免同业竞争的承诺函》。在项目启动发行后，与投资银行、股票销售、经纪业务等多渠道沟通，摸底超过100余家定增投资机构，并密集举行多场“一对一”“一对多”的现场调研、线上路演等活动，共80余家机构参与。

通过不懈努力，项目朝着重要节点目标高效推进：2022年4月，非公开发行股票项目申请获得中国证监会发审委受理；2022年8月，项目获得中国证监会核准批复；2022年11月，项目顺利完成发行工作，满额募资26.75亿元。尤其值得一提的是，本次非公开发行共18名认购对象参与报价，申购金额34.33亿元，申购倍数为1.28倍，最终有15名投资者获配，正式发行对象包括了中国国有企业结构调整基金、中央企业乡村产业投资基金、UBS AG、JP Morgan等知名投资机构，显示投资人对铜产业发展前景长期看好、对云南铜业未来发展充满信心。

二、架好公司与投资者的“连心桥”，信披及IR管理亮点频频

云南铜业作为央企控股的主板上市公司，始终严格遵循各项法律法规和监管规定，不断提高信息披露质量，高度重视投资者权益保护，持续加强投资者关系管理。自担任公司董事会秘书职务以来，针对信息披露和IR管理方面存在的短板，借助“全要素对标”的理念和方法，积极研究和改进信息披露、IR管理工作，取得令人满意的效果。

在信息披露方面，带领公司证券事务团队先后前往云南白药、驰宏锌锗、锡业股份、云南能投等多家上市公司对标交流，学习借鉴先进经验和做法，不断优化公司信息披露内部管理，将多年困扰公司信息披露工作的关联交易管控模式、年度事项预计时效性、年报形式单一等难题逐项击破。例如，建议公司自主研发和运用关联交易数据平台，实现了公司及所属企

业日常关联交易的数据及时归集及过程监控；推动建立信息披露累计事项月度报送机制，在便于董监高及时掌握公司信息披露事项进展的同时，也促推内部各职能部门联动；要求证券事务团队优化定期报告的版式设计，提高了定期报告的可读性和可理解性。

在IR管理方面，带领公司证券事务团队积极深化与投资者的互动交流，有效提升了IR管理效果。仅2022年1月至11月，公司就通过现场调研、电话会议、参加策略会等方式开展27次投资者接待活动、接待331人次；组织召开年度、半年度业绩说明会3次，采取线上直播、配套数据动画、音视频短片解读等模式，邀请公司董监高及有关部门负责人参会，合计回答投资者提问95个，并均按监管要求及时、全面地披露了《投资者关系活动记录表》。2022年1月至11月，公司在深交所“互动易”投资者关系咨询平台回答提问83个，提问回复率为100%。

通过高质量的信息披露和高水平的IR管理，有效促进公司与投资者之间的良性互动，受到广大投资者、监管机构及媒体好评。2021年，公司在深交所上市公司年度信披考核中获得最高评级A级。2020年、2021年，公司两次荣获中国上市公司投资者关系“天马奖”。

三、架好公司与社会的“连心桥”，积极践行ESG责任

云南铜业自2007年起，连续数年披露社会责任报告（社会责任及可持续发展报告），受到各界广泛关注和积极肯定。自担任公司董事会秘书职务后，董秘带领公司相关部门通力合作，进一步提升工作标准和工作质量，持续推动“同创美好生活”责任品牌建设。

2020年11月，指导综合部（董事会办公室）等部门积极申报，公司荣获责任“金牛奖·绿色环保奖”，公司社会责任报告评级为四星半级（领先级）。

2021年3月，带领证券部、综合部（董事会办公室）结合上市公司最新监管要求，对标优秀案例，首次披露公司ESG报告，获得投资者特别是机构投资者的充分肯定。

2021 年 10 月，在国务院国资委主办的中央企业社会责任报告集中发布活动中，公司在 440 家中央企业控股上市公司 ESG 评级中达到四星级（优秀者），位列“央企 ESG · 先锋 50 指数”第 28 名。

2022 年 10 月，公司 2021 年 ESG 报告、社会责任报告被评为五星（卓越级），公司“央企 ESG · 先锋 50 指数”排名提升至第 7 位，荣获 2022 ESG“金牛奖 · 治理先锋”，选报案例入选中国上市公司“ESG 优秀实践案例”。

积极落实公司关于乡村振兴的工作部署，公司仅 2022 年就对云南省迪庆州德钦县羊拉乡开展 4 个帮扶项目，向西藏昌都市卡若区、湖北黄石市阳新县捐赠对口支援帮扶资金，合计投入资金近 1000 万元。2022 年 3 月，公司选报案例在中国上市公司协会“上市公司乡村振兴优秀实践案例”评选中获得“最佳实践案例”。

四、架好公司与董监事的“连心桥”，确保依法合规充分履职

自担任公司董事会秘书职务以来，按照上市公司监管规定，积极保障董事会、监事会规范运行。在规范会议安排方面，每年年初按上市公司定期报告的披露时限，制订发布董事会、监事会年度会议计划。在规范议题报审方面，严格遵循“未经法律合规审核，议题不上会”原则，要求报送的董事会、监事会议题材料应由公司法律部门、董事会秘书、董事长（监事会主席）、法律顾问进行审查，经汇总后按时限要求送达全体董事、监事，确保审阅时间充分；对不符合要求，未履行前置程序的重大经营管理事项，未经独立董事事前认可的重大关联交易、聘用（解聘）会计师事务所等特殊事项，未按照要求经董事会专门委员会讨论的事项，不提交董事会、监事会讨论。在规范参会范围方面，明确要求董事会、监事会议题汇报人原则上为分管领导和部门负责人，公司纪委书记列席公司董事会及各专门委员会会议。在规范议题审议与表决程序方面，该公司要求未征得全体董事、监事一致同意，不得就会议通知中未包括的议题进行表决，议题内容不具体、不明确或不充分的要缓议。公司还严格规范会议信息保密和

披露合法，将参与或接触董事会、监事会敏感议题的人员纳入内幕信息知情人，提示保密义务，并在会后充分、及时发布公告，履行信息披露义务。

2022 年，《云南铜业“三强”董事会助力高质量发展》被国内多家媒体刊载，公司跻身中国上市公司协会 2022 年“上市公司监事会卓有成效榜”。

五、架好公司与监管部门的“连心桥”，积极参与监管政策征集

云南铜业作为国内较早使用套期保值工具的生产型企业，多年来积累了较为丰富的管理经验。根据公司内部分工，董秘还同时分管营销结算部门，在持续做好套期保值信息披露工作的同时，积极向监管部门反馈公司的实践经验和建议。2022 年以来，深圳证券交易所、上海证券交易所、上海期货交易所针对上市公司套保业务多次对公司进行调研，董秘带领公司营销结算部、证券部、财务资产部等相关人员，结合企业业务开展情况及诉求，对上市公司在使用套期会计准则过程中存在的问题、套保业务信息披露情况及存在问题，如何从会计准则、行政法规、交易所业务规则等方面提升套保信披质量等方面提出了建议。

在董事会秘书岗位的学习历练中，挖掘了自身潜力，增长了专业知识，开阔了视野胸怀，也结交了一些老师、朋友，得到了很多支持、鼓励。我想，只有履职尽责、守正创新，架好“连心桥”，耕好“责任田”，实现各方“共知、共情、共鸣、共行”，才无愧于董事会秘书的岗位职责。

最后，真诚欢迎大家关注云南铜业、走近云南铜业，真诚感谢大家支持云南铜业、投资云南铜业。

51. 招商蛇口（001979. SZ）：树立董秘履职典范 助力公司高质量发展

董事会秘书 刘宁

现任招商局蛇口工业区控股股份有限公司（以下简称“招商蛇口”）副总经理、董事会秘书的刘宁是一位实践型董秘，1998 年开始从事证券事务工作，2008 年担任招商地产董事会秘书，2015 年招商蛇口换股吸收招商地产后担任招商蛇口董事会秘书，从业超过 20 年。曾主持完成公司配股、可转债、定增、公开发行、重大资产重组等项目。经过多年的学习、实践和积累，熟悉中国和香港上市公司公司治理和资本市场融资相关法律法规和实务，在上市公司规范运作、资本运营、投资者关系管理等方面积累了较丰富的经验。刘宁连续获选《新财富》第五届至第十二届 8 届“金牌董秘”，并进入“名人堂”，为新财富金牌董秘评选专家委员会成员；曾任深圳证券交易所第八届、第九届上市委员会委员，第一届、第二届公司债券上市预审核专家。目前还被聘请为深圳证券交易所创业培训中心授课老师和深圳证券交易所博士后工作站的指导老师，并担任深上协内控与合规专业委员会主任委员与董秘委主任委员。2021 年年底，被认定为“深圳市地方级领军人才”。

一、严守监管底线，唯一连续十九年信息披露考核为 A

高水平、更透明的信息披露是市值管理工作的基础。公司对该方面工作的高度重视，使在制度上保障了刘宁可以深度参与公司决策，及时把握公司经营动态。刘宁带领董办团队，多年来坚持严谨、认真、细心的原则，严格执行信息披露的有关规定，保持公司信息披露的高标准和高质量。招商蛇口是中国资本市场唯一一家连续 19 年获得信息披露考核 A 的上市公司，这将促使公司在资本运作等重大事件中得到监管机构更大的信任。

二、不拘泥于墨守成规，积极推动监管变革

不违规、不犯错，只是对董事会秘书在信息披露合规方面工作的起码要求。要把董事会秘书做到卓越的水平，就需要学会充分利用规则来支持业务所需。当规则阻碍了业务发展的时候，刘宁在业务拓展、投资者保护、风险控制等多重因素中寻求均衡，积极推动监管规则的修订更新，尤其是推动深交所对财务资助、担保事项的监管要求，有效提高了上市公司资金的使用效率。

三、公司与资本市场信息双向传递的桥梁

在一些突发的重要的事件发生时、重大政策颁布后，刘宁会随时随地做好接受咨询，她的风格是永远耐心和真诚，无论个人股东还是机构股东或分析师。成熟的投资者关系一定是双向的，不仅要求公司通过各种途径进行对外信息披露和沟通，也要求公司充分考虑并吸取投资者、分析师、利益相关者的有益意见和建议。

刘宁在业绩发布会举办、投资者调研活动组织、重要公告市场交流以及资本市场信息对内反馈方面都总结了一些很好的做法。例如，公司早在 2013 年就开始举办投资者交流会，深知高质量的业绩发布会能产生很好的交流效果。新冠疫情前，公司业绩发布会都会选在和公司业务高度契合的地点，包括特色酒店、园区里的价值工厂、豪华邮轮等，交流内容是根据市场关注点来准备，每年投资者都会非常踊跃参会。在投资者调研活动组织方面，结合房地产行业的特点，公司会不定期组织项目层面的反向路演活动，通过邀请投资者到项目现场参观调研，从抽象到具体，向投资者展示公司的经营管理能力和产品力。在重要公告披露后，公司都会及时通过

电话会议等方式回应市场关切，帮助投资者理解公告内容以及对公司的影响并一起探讨行业政策。在资本市场信息反馈方面，形成了多层次的信息反馈机制，通过资本市场快讯、资本市场周报、专项报告等方式向管理层反馈市场关注点、投资者有益建议以及资本市场动态，让资本市场的声音可以更有效、更快速的反馈给管理层，助力公司的经营管理工作。

品牌建设方面，刘宁推动公司成立“市值与品牌管理委员会”，作为副主任委员协调公司各方面资源，推动公司市值及品牌管理体系建设和内外部宣传工作，统筹公司市值管理及品牌发声，提升公司影响力。作为公司新闻发言人，通过媒体和行业 KOL 等渠道积极发声，真诚与投资者及广大公众沟通，传递公司发展战略和业务经营的各方面动态，回应关切，助力公司获得公众信任与好感。

公司长期与投资者保持良性的互动与沟通，投关工作也获得了资本市场各方的认可。公司在房地产行业中获得了市场较高的关注度，获得 30 余家卖方研究机构覆盖，且投资评级均为“买入”或类似评级；公司估值一直在同行中保持较高水平，在 A 股和港股龙头房企中处于领先位置，体现了投资者看好公司未来的发展；公司多次在全景网主办的奖项评选活动中获得“杰出 IR 企业”“优秀 IR 团队”“中小投资者关系互动奖”“业绩说明会创新奖”等荣誉。

四、创新资本运作无止境，助力公司快速发展

优秀的基础工作，是公司资本运作良好的土壤。2015 年中招商蛇口整体上市工作启动。这次资本运作属于重大无先例重组。首先将蛇口工业区由全民所有制先行进行股份制改造，然后由招商蛇口发行 A 股股份换股吸收合并招商地产的 A 股和 B 股，并向 8 个特定对象以锁定价格方式募集配套资金。通过这次整合，招商地产的 A 股、B 股同时转成了招商蛇口的 A 股，同步完成招商地产新加坡 B 股退市，创新性地解决了 B 股历史问题。从交易方案设计、协调中介团队、负责与监管机构及资本市场沟通，到信息披露等工作，刘宁带领团队团结一心，信念坚定地直奔目标，顺利完成。

上市后，招商蛇口的证券代码定为“001979”。刘宁经常会说：“春天的故事哈。”

2019 年收购中航善达，是集团推动战略转型、打造物管行业上市龙头的重大举措。刘宁协调中介机构，创新设计了“股份协议转让” + “发行股份购买资产”两步交易方案，全程深度参与证监会审核及沟通工作，高效完成了这次重组工作。中航善达更名为“招商积余”并更换证券代码为“001914”，这个数字也是有故事的。

刘宁从业以来曾主持完成配股、可转债、定增、公开发行、重大资产重组等多项资本运作项目，但她也表示，对她个人乃至公司最有意义的是 001979 和 001914 这两件事。多次与刘宁一起工作过的团队成员，都觉得和她一起工作既紧张又快乐，“在笑声中攻克难点”。

五、热心公益，促进上市公司董秘“大家庭”的互联互通、互学互鉴、互惠合作

长期以来，刘宁热心公益，积极响应、配合与支持深圳证券交易所、深圳证监局、中上协、深上协开展的各项工作，力所能及地为资本市场贡献着自己的力量。她在担任深上协内控与合规专业委员会主任委员及董事会秘书委员会主任委员以来，凭借丰富的从业经验与行业资源，出色地完成了深圳证监局与深上协领导交办的各项重任，有效推动了深圳辖区上市公司新老董秘间的互联互通、互学互鉴与互惠合作。她参与策划的深上协关键财务岗位人员信披协同培训班课程，更是赢得了会员上市公司的一致认可，到目前深上协已经连续举办了三期该培训；她在资本市场学院主办的沁园上市公司董办研学坊讲授的“上市公司规范运作与企业发展”主题课程，很多学员反馈受益良多；她配合深上协策划、主持了三期新老董秘恳谈会，围绕上市公司治理实践，传经送宝、答疑解惑，大大提升了董秘新人的参与感和获得感，促进了深圳辖区上市公司之间董秘履职的“传帮带”；她将招商蛇口的经验对深圳辖区乃至全国上市公司作输出，业绩说明会动员大会上作如何办好业绩说明会经验分享；在“走稳上市之路”研

修班作上市经验分享；还代表深圳辖区上市公司获得中上协评选的业绩说明会优秀案例、“一带一路”优秀案例。

从日常琐碎的信息披露、到随时随地准备回答投资者问题，再到设计并实施重大资本运作，不论大事、小事，不论获得认同还是误解，刘宁都秉承着对公司负责，对每一位投资者负责的态度，用专业去判断、用合规去推动、用热诚去融化困难，她热爱董秘这个职业！

52. 中工国际（002051. SZ）：完善公司治理 坚持规范运作 助力公司高质量发展

董事会秘书 张爱丽

中工国际工程股份有限公司（以下简称“中工国际”或“公司”）坚决贯彻落实国务院国资委、中国证监会、深圳证券交易所等监管工作要求，恪守真实、准确、完整、及时和公平的信息披露原则，牢固树立底线思维，以提升专业化服务能力和精细化管理水平为中心，不断提高信息披露工作质量和效率，公司2010年度至2021年度信息披露考核连续12年获得深交所最高评级A级（连续12年及以上仅有22家，占比0.86%），荣获第十七届中国上市公司董事会“金圆桌奖”——公司治理特别贡献奖；公司董事会秘书张爱丽荣获第十三届中国上市公司投资者关系“天马奖”——主板上市公司投资者关系最佳董事会秘书奖。

一、精心组织公司“十四五”战略规划发布会，树立资本市场新形象

2021年，面对“十四五”新时期新机遇、新挑战，中工国际自上而下、由内而外地作出全方位、革命性的转变，公司董事长带队编制“十四五”战略规划，把握战略全局，经过全系统168次专题研讨及董事会专题讨论，最终高度凝聚公司集体智慧，提出了“成为具有国际竞争力的卓越工程引领者”新的企业愿景和“创造中国工程价值，建设人类美好生活”新的企业使命；围绕“转型发展、融合发展、高质量发展”，努力构建国

内国际双循环相互促进的新发展格局。

2021 年 8 月 20 日，公司“十四五”战略规划经董事会审议通过并对外披露。为充分展示公司全新的发展面貌，加强投资者对公司的认识和了解，进一步扩大资本市场的关注度，张爱丽带领工作团队科学部署、有序筹备，最终于 9 月 8 日成功召开了主题为“风云际会 破浪扬帆”“十四五”战略规划发布会，这是公司历史上第一次隆重举行战略发布会。会上王博董事长对公司“十四五”战略规划进行了全面解读，并和来自行业协会的领导进行了高层对话。来自集团公司、行业协会、金融机构、证券投资机构和财经媒体等近百名现场参会代表共同见证了公司发展史上这一重要里程碑时刻。发布会进行了现场与网络同步直播，《证券时报》进行了整版报道，各大财经媒体纷纷转载和解读。公司“转型发展”“融合发展”和“高质量发展”的三大发展主线受到广泛关注和赞誉，显著扩大了公司在资本市场上和行业内的影响力。发布会当天公司股价盘中最高价 8.08 元/股，创下此前 13 个月以来新高。

发布会结束后，张爱丽随同公司董事长王博现场接待了申万宏源证券、中信证券、光大证券、招商证券、国盛证券、海通证券、天风证券、华泰证券、平安资产、长盛基金、民生加银基金、上海雅策投资、国美金控投资等多家机构投资者的调研，就 2021 ~2025 年战略规划情况、经营情况等进行了交流。调研会对投资者提出的 6 个问题进行了详细解答，相关情况已形成《投资者关系活动记录表》并于 9 月 10 日对外披露。

二、策划人物专访，积极召开业绩说明会，多措并举传递公司价值

2021 年以来，经过公司领导班子的不断努力，公司“二次创业”“十四五”战略规划落地取得了显著成效，经营业绩触底反弹、企稳回升并持续向好，张爱丽带领团队先后策划了两期对公司董事长王博的人物专访，选定《中国证券报》《证券时报》两家具有传播影响力的主流财经媒体，分别于 2021 年 4 月、2022 年 9 月和 11 月进行专题采访，专访文章《科技创新促进公司转型升级》《“二次创业”打破路径依赖 中工国际转型全价

值链服务商》《科技促转型 融合谋发展 中工国际全产业链服务能力凸显》，专访报道了公司科技创新成果亮点、转型发展取得了一系列成绩成效，展示了中工国际全新的发展面貌，并获得多家财经主流媒体转载。

公司始终注重与投资者的交流与互动，为加深投资者对公司经营业绩、发展战略及行业发展状况的理解，近两年来，公司积极举办和参加年度业绩说明会、投资者集体接待日活动。2022 年 5 月 30 日，中工国际通过中国证券报 · 中证网路演中心、以视频的方式举办了 2021 年度及 2022 年第一季度业绩说明会。2022 年深交所推出以“十新破局”为主题的系列业绩说明会，展示原主板与中小板上市公司合并后的管理亮点。经交易所筛选，公司非常荣幸地成为“一带一路新机遇”主题业绩说明会的 6 家参会企业之一。公司董事长王博、总经理李海欣、独立董事辛修明以及张爱丽出席了业绩说明会。与会嘉宾就公司经营业绩、增长动力、战略规划、业务拓展、科技创新等市场关心的核心问题与投资者进行了多角度、深层次的交流，共回复投资者问题 19 个，回复率 100%，充分体现了公司管理层对广大投资者的重视。

业绩说明会受到资本市场高度关注，《中国证券报》《经济参考报》《证券时报》《21 世纪经济报道》等主流媒体纷纷对“一带一路新机遇”主题系列业绩说明会进行了报道，并对公司参与“一带一路”建设的举措和成果，以及对“一带一路”沿线未来发展机遇做了重点介绍。

三、积极响应 ESG 传播，强化非财务报告信息披露

公司连续 10 年对外披露社会责任报告，充分展示作为央企上市公司的责任与担当。2021 年 8 月，张爱丽认真积极响应中国上市公司 ESG 优秀实践案例申报工作，公司申报的 ESG 实践案例《创造中国工程价值 用行动践行使命担当》成功入选《案例汇编》，标志着资本市场对中工国际积极履行中央企业上市公司责任、推动公司与社会高质量可持续发展的高度认可。案例精选了公司所属中国中元在抗击新冠疫情中的英勇事迹和公司孟加拉国帕德玛水厂项目克服困难、顺利供水、造福当地百姓、惠及当地民

生的故事并进行详细介绍，展示了公司用行动践行服务民生、回馈社会、主动担当的央企控股上市公司的价值理念。

公司先后两次入选上市公司“ESG 百强榜”，分别为2021 年11 月《证券时报》发布的《A 股公司 ESG 百强榜》、2022 年 9 月证券时报第十六届中国上市公司价值论坛发布的“中国上市公司 ESG 百强”奖，体现了对公司长期以来在履行社会责任及高质量发展成果的权威肯定。2022 年 9 月，公司成立了以董事长王博为组长的 ESG 领导小组和以张爱丽为组长的工作小组，正式启动2022 年度 ESG 专项报告编制工作，公司将建立 ESG 专项工作管理体系，聘请外部 ESG 咨询服务机构，按照 ESG 报告相关编制标准，计划于 2023 年 4 月前完成 ESG 专项报告编制与披露工作。

四、加强市场关注与行业研究，编制董事会工作简报，加强董监事履职服务

公司重视对资本市场的关注与行业研究，多年来坚持进行每日资讯收集和每月编制《证券市场信息月参》，并指定董事会办公室专人负责。每日证券资讯、证券市场信息月参覆盖宏观政策、经济发展、类比公司、监管规则、经营业绩、研究报告，2021 年，结合公司专项工作及经营业务发展特点，在原有关注“产业政策、人民币汇率、市场资金面、监管政策、同行业及相关上下游公司”的基础上，增加了“企业改革、环境科技、咨询设计、专精特新、分拆上市、物流仓储”等关键词的收集及推送；另外，对传播方式进行了优化调整，由原来的邮件定向发送改为工作群，大大提升了传播时效；同时，充分利用公司 OA 宣传栏，最大程度地实现信息共享；此外，扩宽了传播渠道，由原来的董办、董秘扩大到各事业部、职能部门、子公司及公司领导，乃至全体员工，实现了信息“走出去”，有助于最大程度地发挥信息利用价值、提高全员的信披合规意识。通过一系列优化调整，实现了拓宽信息涵盖范围、优化创新传播方式、扩大受众规模、更快时效性的管理成效。

为进一步做好公司董监事的履职服务支撑工作，2022 年 8 月，张爱丽

组织董事会办公室编制了《中工国际董事会工作简报》，并形成了每季度编制一期的常态化工作机制，简报收录了公司经营情况、改革工作进展、股价走势分析、投资者关系管理工作、公司要闻回顾等，为公司董事、监事和高级管理人员及时了解公司在资本市场的情况提供了及时、有效的信息材料。

2021 年，国务院印发《关于进一步提高上市公司质量的意见》，出台多项举措，为下一步提高上市公司质量指明具体工作方向。公司“十四五”战略规划中也明确了“要实现公司市值与内在价值的长期匹配和相互促进，实现公司高质量发展”的具体目标，为贯彻落实国务院国资委有关提升上市公司质量的工作部署，推动公司“十四五”战略规划目标落地，张爱丽牵头制定了《中工国际工程股份有限公司提高央企控股上市公司质量工作方案》，提出了明确具体的质量提升路径和举措。张爱丽将继续认真履行董事会秘书职责，继续全力高质量做好信息披露、“三会”组织、投资者关系、资本运作和证券事务等工作，为中工国际高质量发展凝聚力量，争做资本市场战略清晰、主业突出、治理规范、业绩优良、诚信经营、核心竞争力强的表率。

53. TCL 中环（002129. SZ）：创新履职方式　护航企业高质量发展

董事会秘书　秦世龙

董秘是上市公司与资本市场、监管机构之间的桥梁纽带，应时刻牢记自身职责，契合公司企业文化、立足公司核心竞争力，以高质量信息披露、高效率资本运作和高标准投资者关系助力公司稳健发展，为投资者与社会创造更大的价值，并在此过程中达成自我价值的实现。

一、扎根企业创新文化，坚守企业核心竞争力

TCL 中环成立于 1958 年，历经数十年发展拥有深厚和技术、文化和历史积淀。2020 年混改完成后，TCL 中环进一步解决了体制与充分市场化竞争的矛盾，使得中环人能够以更加大胆的姿态参与进市场化竞争，以更加专注的心态聚焦于商业的本质。目前，TCL 中环在新能源光伏材料领域始终保持综合实力全球第一，同时在半导体材料领域实施“全球追赶、全国领先”策略，力争在“十四五”期间实现综合实力全球前五。

中环的核心竞争力建立在以人为本和工程师文化的基础之上，这种经过多年积累而形成的差异化竞争力是中环在产业竞争波动周期中立于不败之地的关键。

公司坚信，在众多企业组织中，“人”是唯一的差异化资源。在长期追求高质量、可持续发展的过程中，TCL 中环坚持“以人为本”的发展理念。一方面，以苹果树理论、阵线理论、Teamwork 等文化理念给予员工愿

景、成就感，最大限度发挥员工主观能动性；另一方面，长期推进制造方式变革，以工业 4.0 提升人均驾驭资源的能力。

TCL 中环的工程师文化则指向了创新。工程师文化有两个层面的含义。第一个层面是好奇心。中环的每一位工程师都极具求知的欲望，这是人性的本能。所以，做一位好的工程师是要乐于探索发现、乐于解决事情，兴趣是我们的重要驱动力。第二个层面则是职业精神。中环的工程师始终坚持 1987 年德克萨斯仪器公司在《工艺技术黄金守则》中所贯彻的精神，它教会了我们要更加科学、严谨地做事，使我们杜绝了工作中的散漫，变得更加专业。

节物风光不相待，桑田碧海须臾改。虽然中环经历了体制机制的变化，但企业文化当中底层的认知方式和思考的角度没有变。纵观企业的发展历程，那些支撑中环在岁月风雨中持续输出颠覆行业的新技术，并在激烈的商业竞争中交出令人眼前一亮的业绩的，正是以人为本的理念与工程师文化结下的累累硕果。

在高质量可持续发展的道路上，中环将持续关注工程师文化和以人为本的理念，致力于让以人为本真正深入一线，进一步实现“让员工更有尊严地工作和生活”，打造员工与企业的命运共同体。中环在过去的历史中始终牢牢把握核心竞争力，取得了不断穿越周期的成绩，面向未来，作为董秘，将继续恪尽职守，将这两条核心竞争力贯穿董秘工作的每个环节中，为 TCL 中环的高质量发展贡献力量。

二、创新信披及“三会”工作方式，护航高质量发展

伴随公司在行业和资本市场的影响力不断提升，中环对自身的信息披露工作质量亦提出了更高的要求，基于健全信息披露制度建设，多目标、多角度、多渠道信息披露质量，获得信披考核 A 评级。

TCL 中环以提升透明度为目标，根据证监会及交易所修订新规及时优化内部信息披露规则体系，督促股东及相关信息披露义务人高质量地披露信息。同时，在履行信息披露义务过程中以投资者需求为导向，完善行业

信息披露标准，优化披露内容，增强信息披露的针对性和有效性；严格执行企业会计准则，优化信息披露编报规则，提升财务信息质量；此外，切实履行充分披露投资者作出价值判断和投资决策所必需的信息，并做到简明清晰、通俗易懂。

创新披露内容，提高信披质量。截至目前，2022 年中环披露了 150 余份公告，其中包括项目合作、非公开发行股份、控股股东增持、公司股份回购、股权激励等重大事项的信息披露，并主动、及时公告投资者关系调研活动记录表，保证公司观点传播的公平公开性。在创新披露内容方面，中环在年报中披露中自主披露董事长致辞，同时在“管理层讨论与分析”中充分详实地向公众展现了行业信息及公司经营情况，并对行业、公司未来做出展望；中环自 2016 年起连续披露企业社会责任报告，2022 年，对标《可持续发展报告标准》，公开披露中英文版 ESG 报告，并将气候变化、碳排放等列入重要议题。未来，公司会持续关注公众及投资者需求，将围绕 ESG 进行更充分，更完善的信息披露。

强化“三会”运作及集团化管控，提高规范运作水平。2022 年，公司共召 9 次董事会、9 次监事会和 3 次股东大会，作为董秘积极组织完成会议的议案、决议等文件的起草、会议通知和会议召开，会议现场的记录、会议决议的形成及公告等工作，并就公司严格履行“三会”程序、聘请独立董事、完善董事会职能等事宜积极建言献策，以此保障公司发展健康稳健。

三、心存敬畏高效沟通，做好投资者保护工作

作为董秘，应端正心态，心存敬畏——敬畏市场、敬畏法治、敬畏专业、敬畏风险，应严格按照《公司法》《证券法》《上市公司治理准则》《深圳证券交易所股票上市规则》《中小企业板上市公司规范运作指引》及其他相关法律法规的要求，深入开展公司治理专项活动，并配合董事会不断完善公司法人治理结构，建立健全内部管理和控制制度，加强信息披露工作，积极开展投资者关系管理工作，进一步规范公司运作，进而提高公司治理水平。

一是加强投资者关系管理，拓宽信息传播渠道。董秘是投资者与上市公司沟通的桥梁，与董事会办公室团队通过信息披露、股东大会、投资者交流平台、机构策略会、现场调研、网上业绩说明会、路演与反路演等多种方式，积极开展IR工作，快速提升与公司行业市场地位匹配的资本市场形象，促进了资本市场与公司之间的良性互动。2022年6月30日，公司总市值一度突破2000亿元。公司资本市场认可度不断提升，机构覆盖率与专业投资者占比不断升高。在投资者互动交流方面，2022年至今，团队共计接听投资者热线1100余次，互动易平台回复超500条，线上线下结合形式路演超350场次，券商策略会逾60场，拜访调研逾50次，接待投资者超10万人次。

二是创新投关工作方式，“引进来”与“走出去”促成高效沟通。公司充分利用“TCL中环”和“TCL中环投资者关系”两大官方微信公众号对公司重大事项形成声量推广。其中，在2022年TCL中环上市十五周年之际，策划了“芯光万里，筑梦前行”主题周年庆活动，为广大投资者提供深入了解公司的契机，引起社会强烈反响，仅自媒体总传播量就达到47000余次。2022年5月26日，中环针对年报一季报业绩同步在新媒体传播方面发力，业绩说明会关注人数创新高，直播渠道总在线观看量达8.58万人次，业绩说明会回复问题106个，回复率达100%。6月24日，公司承办天津上市公司协会走进上市公司活动。投资者通过实地调研天津环智的布局及发展情况，现场参观DW智慧工厂，观摩中环工业4.0柔性化生产的建设成果，进一步增进了对光伏产业了解。在公司上市十五周年之际，2022年7月21日于宁夏银川举办TCL中环2022年度投资者接待日活动暨上市十五周年系列活动，组织投资者参观业内最先进、规模最大的光伏单晶制造工厂，强化公司资本市场形象。

此外，定期报告后通过可视化年报以及视频的形式为投资者获取信息提供便利，同时召开线上业绩说明会。其中，2021年年度和2022年第一季度业绩说明会，采取“网络视频直播”方式呈现，2个小时的内容回复问题106道，回复率100%。同时为保障每一位投资者参会便利，采用了5种直播、转播渠道，参与人次达8.58万人，并入选深交所《2021年报业绩说明会优秀实践》案例。

三是精进主业，共享高质量发展成果。TCL中环始终坚持稳健高质量的发展，自2007年上市以来，公司总资产增长约76倍，营收规模增长约71倍。公司完成体制机制改变后把握战略机遇，在新能源光伏晶体晶片领域"实施全球领先战略"，持续保持新能源光伏硅片全球最大对外出货商地位。

公司也于2022年4月27日发布《关于2021年度利润分配预案的公告》，基于公司当前稳定的经营情况以及良好的发展前景，在符合利润分配原则，保证公司正常经营和长远发展的前提下以2021年12月31日公司总股本32.32亿股为基数，拟向全体股东每10股派发现金人民币1.10元（含税），合计派发现金股利人民币3.55亿元。

任重道远，行则将至。作为董秘，应严格遵守资本市场监管要求，提升公司信披质量；同时，为广大投资者建立良好的沟通平台和沟通渠道，保障各利益相关方合法权益，实现"环境友好、员工爱戴、社会尊重、客户信赖"的企业愿景，不断以高标准、高质量要求自身，推动产业全球领先，实现高质量发展。

54. 科大讯飞（002230. SZ）：以创新开放　著资本篇章

董事会秘书　江涛

科大讯飞是知名的智能语音和人工智能上市企业。公司自创业以来持续聚焦智能语音、自然语言理解、机器学习推理及自主学习等人工智能核心技术研究并始终保持国际前沿技术水平，积极推动人工智能产品研发和行业应用落地，致力于让机器“能听会说，能理解会思考，用人工智能建设美好世界”。科大讯飞是过去10年A股所有公司中，唯一连续10年营收年增长率均超25%的上市公司。

科大讯飞董事会秘书江涛认为，产业与资本双轮驱动是企业发展的有力助推器，走进资本市场的上市公司必须“敬畏市场、尊重市场、利用市场”，以创新的开放战略，凸显资本和技术创新对上市公司的产业协同作用。诗词歌赋是中国传统文化的精髓和大成，江涛将资本运作事项凝练为资本市场的“诗、词、歌、赋”，谱写出利用资本杠杆撬动公司和产业发展的资本篇章。

一、资本市场的“诗”：再融资

诗，为艺术之源，需要用凝练的语言、丰富的意向高度集中地表现，在句数、字数、平仄、押韵等方面都有限制和讲究。“再融资”是资本市场中的“诗”，为上市公司的发展提供泉源活水，且要充分考量融资规模（句数、字数）、融资项目（押韵）、股市表现（平仄）等因素。诗还讲究对偶，再融资也要实现企业的项目融资需求与投资者认同的对偶。

科大讯飞通过再融资，把握人工智能产业重要历史机遇，持续强化技术壁垒和领先优势，有效提升了科大讯飞在人工智能领域的产业层次，为人工智能在产业层面的应用爆发奠定坚实的基础。近年来，随着云计算、大数据等新一代信息技术的快速发展，人工智能作为IT产业的战略性和前瞻性新兴产业方向，在全球范围内掀起产业布局新浪潮。面对难得的历史发展机遇，江涛积极推动科大讯飞有效利用资本市场融资功能，畅通科技、资本循环。江涛积极协助公司董事会制定公司资本市场发展战略，筹划和实施公司资本市场再融资，借助资本力量为公司持续创造价值。自2016年担任董秘以来，科大讯飞先后实施了3次再融资，募集资金总额53亿元。借助资本市场的融资平台，一方面，加大了核心技术研究和产业化布局的投入，募集资金对于加快智能语音和人工智能技术的研究和技术产业化，拓展新的利润增长点起到了至关重要的作用；另一方面，通过资本市场更好地整合了产业链上下游资源。2021年1月，科大讯飞推出了向公司实际控制人刘庆峰及其控制的安徽言知科技有限公司的非公开发行，定向发行76393048股，募集资金25.5亿元。通过本次发行，一方面，公司获得更加充足的流动资金，有利于积极把握人工智能行业的时代机遇和战略先机，巩固和提升公司的行业地位，增强公司的持续盈利能力和核心竞争力；另一方面，本次非公开发行的发行对象为公司实际控制人，进一步增强了公司控制权的稳定性，巩固了实际控制人的控制地位。同时，实际控制人认购公司非公开发行股票彰显了其对人工智能行业和公司未来发展前景的坚定信心，公司实际控制人与公司长期利益休戚与共，有利于公司长期稳定发展，对公司市值维护亦起到了良好效果。

二、资本市场的“词”：投资并购

词，断句字数有定而各异，每首词都有一个表示音乐性的词调，不同的词牌在总句数、每句的字数等方面都有规定。产业链投资并购是资本市场中的“词”，不同的产业投资并购事项要充分考量其投资规模、投资价值、并购后的产业链整合等因素。词一般都分段（诸如上下片或上下阕），与投资并购的分阶段业绩承诺、分期支付投资款等具有相似特点。

通过资本平台，科大讯飞积极进行产业布局和资源整合。例如在教育业务领域，科大讯飞先后实施了对智慧考试、智慧课堂、智慧校园、个性化学习等领域的并购，通过资本层面并购，以科大讯飞的核心技术为基础，完成了业务整合与数据贯通，形成了立体化教育产品体系，为科大讯飞智慧教育业务快速发展奠定了良好基础。

三、资本市场的“歌”：股权激励

歌，本义是资深服役者传唱、吟诵的诗句，与股权激励需要激发士气和斗志、促进公司高歌猛进发展的意义相符。股权激励是资本市场的“歌”，入乐与否，是歌和诗的根本区别。股权激励使员工成为股东（入乐），将股东利益、员工利益和公司利益有机结合在一起。

江涛积极推动科大讯飞实施与产业竞争激烈程度相匹配的股权激励，通过资本方式让企业与核心员工的利益紧紧绑定，运用激励机制调动人才的主动性、创造性，加快人工智能的行业布局和应用落地，共创共享为股东谋求长远回报。近5年来，科大讯飞分别于2017年、2018年、2020年、2021年推出股权激励计划，累计覆盖5637人次，对科大讯飞引进和保留高端人才、进一步提高公司员工的积极性、创造性，促进公司业绩持续增长发挥了重要作用，充分保证了公司在高速发展的过程中对人才的需求。运用激励机制调动人才的主动性，加快人工智能的行业布局和应用落地，保障共同创业、持续发展的理念持续深入。股权激励的实施，对稳定骨干团队起到了积极的促进作用，激励对象离职率远低于人工智能行业平均水平，获授10万股以上的重要骨干员工未出现一人离职，公司在激烈的人才竞争中继续保持了高端人才的稳定性。

四、资本市场的“赋”：股份回购

赋的重要特点是“体物写志”，借景抒情。股份回购是资本市场的“赋”，“志”在维护公司价值、优化投资者回报。“上市公司股份回购是优化治理结构、稳定股价的必要手段，已是资本市场的一项基础性制度安排”；“上市公司以现金为对价，采用要约方式、集中竞价方式回购股份的，视同上市公司现金分红，纳入现金分红的相关比例计算”。

江涛通过实施股份回购，一举多得地优化投资者回报机制，维护公司市值并建立健全长效激励机制。2022 年 7 月，为积极回报投资者，展现公司对长期内在价值的信心，同时进一步激活公司创新动能，健全长效激励机制，推动公司实现长期可持续发展，科大讯飞正式启动了以集中竞价交易方式回购公司 A 股股票的回购工作。本次回购用于后续的股权激励或员工持股计划，与公司长期激励实现链接，从而既能起到增强投资者信心、回报股东的作用，又能进一步有效地将公司利益和核心团队利益结合在一起，持续完善互利共赢的长效激励与约束机制，提升公司整体价值。

资本市场“诗、词、歌、赋”的强大支持让科大讯飞的发展如虎添翼。通过上述有效的资本运作，产业和资本双轮驱动进一步为科大讯飞产品市场竞争树立了较高的技术壁垒和领先优势，为人工智能在产业层面的应用爆发奠定坚实的基础，有效提升了讯飞在人工智能领域的产业层次。江涛优秀的资本运作能力也得到社会各界的充分认可，科大讯飞 2019 年非公开发行项目、2020 年限制性股票激励计划、2021 年非公开发行项目均被“新财富”评选为“年度最佳资本运作项目”（每次评选全国仅 10 名）。

除做好资本市场的“诗、词、歌、赋”之外，江涛特别尊重资本市场，尊重投资者。江涛将投资者关系活动视为上市公司获得投资者真诚帮助、善意提醒、战略指导的宝贵机会，让公司从投资者关系活动中获得了更多的源头活水和外部智慧，让投资者成为公司前进的良师益友。江涛尤其注重做好信息披露工作，科大讯飞上市 14 年来，连续 14 年荣获信息披露考核优秀，据统计，在深市所有的主板上市公司（包括历史上的中小板上市公司），连续 14 年获评考核优秀的公司仅有 9 家，占比 0.60%。在江涛敬业、专业的辛勤工作下，科大讯飞在资本市场持续荣获“CCTV 十佳上市公司”“最佳上市公司”“最佳董事会”“监事会最佳实践”“董办最佳实践”“杰出 IR 企业”等重要荣誉，江涛个人亦荣膺安徽上市公司“功勋董秘”、新财富“金牌董秘名人堂”等一系列殊荣。

55. 海大集团（002311. SZ）：探索 创新——2022 年上市公司董事会秘书履职创新特色

董事会秘书 黄志健

广东海大集团股份有限公司（以下简称“海大集团”或“公司”）成立于 2004 年，并于 2009 年成功登陆 A 股资本市场，股票代码 002311。海大集团是一家以水产、禽畜饲料的研发、生产、销售为基础，并向优质种苗、生物制药、智慧养殖、安全食品等全产业链发展，为养殖户提供技术服务一体化解决方案的高科技农牧业企业集团。经过二十余年的高速发展，目前海大集团饲料销量在全国位列前二、全球前五，其中水产饲料销量位居全球第一；荣获“农业产业化国家重点龙头企业”“中国企业 500 强”“福布斯亚洲上市企业 50 强”“财富中国 500 强”。

2012 年至今，黄志健先生任海大集团副总裁兼董事会秘书，负责公司投融资并购及证券业务，主导公司投资并购、信息披露和投资者关系管理工作，负责制定公司资本市场发展战略、投融资评估和运作、市值管理和证券事务管理等；在投资并购业务方面，根据公司战略目标和发展规划，近年以数十亿的步伐进行上下游产业链并购，包括股权并购、资产收购和合资合作等，推动公司产业业务规模壮大和发展。

一、主导资本市场活动

（一）融资活动

结合资本市场情况，分析研判适合海大集团各发展时期的市场融资品种，并决策推动各项融资活动，为公司成长发展提供了强有力的支持。

2013 年，主导公司首次实施并发行非公开增发股票，成功募集资金 7.77 亿元。本次非公开发行募集资金到位后，公司的总资产及净资产规模将相应增加，财务状况将得到较大改善，为公司发展战略的实施提供资金支持，投建产能达 194 万吨的饲料项目，进一步扩大公司产品的市场份额，完善网络布局，盈利能力进一步提高，抗风险能力进一步增强。

2014 年，主导公司首次在银行间债券市场融资，成功实施并发行短期融资券，成功募集资金 2 亿元。本次发行，公司以低于传统融资（如银行贷款）的利息筹集较大金额资金，拓宽公司的融资渠道，为公司发展战略实施提供资金支持；同时在金融市场进一步提高公司信誉与知名度。

2020 年，主导公司首次实施并发行可转换公司债券，成功募集资金 28.30 亿元，票面利率为：第一年 0.20%、第二年 0.40%、第三年 0.80%、第四年 1.20%、第五年 1.50%、第六年 2.00%，融资成本远低于银行融资。本次发行可转换公司债券，公司的总资产及净资产规模相应增加，财务费用可控；同时为公司发展战略的实施提供较为有力的资金支持，投建产能达 490 万吨的饲料项目。

2021 年，主导公司在银行间市场取得中期票据及超短期融资券发行额度共 70 亿元，并成功发行一期超短期融资券，成功募集资金 6 亿元；2022 年，成功发行一期超短期融资券，成功募集资金 4 亿元。

（二）员工激励

结合海大集团人才结构和资本市场表现，推出并实施多期股权激励计划和员工持股计划，搭建公司高管和核心技术骨干激励机制，为公司人才管理和人才激励作出卓越贡献；同时并以股权激励业绩目标为资本市场提供估值框架，稳定公司长期发展趋势和市值。

2014 年，主导公司首次推出员工持股计划，推出 2014 年员工持股计划，覆盖董事、高级管理人员、核心员工 500 多人。本次员工持股计划的实施建立和完善了公司劳动者与所有者的利益共享机制，改善公司治理水平，提高职工的凝聚力和公司竞争力，促进公司长期、持续、健康发展。

2016 年，主导下公司继续推出 2016 年限制性股票激励计划，并于

2017~2020年四期解除限售，覆盖董事、高级管理人员、核心员工1800多人。本次股权激励计划解除限售的公司各年度业绩目标是以2015年归属上市公司股东的净利润为基础，2017~2020年归属上市公司股东的净利润增长率分别不低于35%、55%、75%、100%。公司2017~2020年业绩均达到上述解除限售标准，本次股权激励计划的推出，实现股东、公司和激励对象利益的一致，维护股东权益，为股东带来更高效、更持续的回报，实现员工持股，绑定长期利益。

2017年，主导公司实施核心团队员工持股计划，创新性启用每年滚动实施模式，根据公司业绩实现情况计提专项基金，并与员工自筹相结合方式实施，2017~2021年已成功推出四期，覆盖主要核心管理层。

2021年，主导公司再次推出2021年股票期权激励计划，除设归属于上市公司股东的净利润为业绩考核指标外，还将公司的饲料销量作为业绩考核目标，在未来五年分五期行权，覆盖董事、高级管理人员、核心员工4000多人。

二、主导投资并购活动

根据海大集团战略目标和发展规划，主动钻研并进行纵向与横向投资并购，通过纵向并购关联行业上下游，实现资源整合，提高公司的差异化优势；通过横向投资并购，提高公司市场占有率，增强公司竞争力；有效合理的投资并购，有利于公司市值管理，维护股东权益。

2017年，主导公司收购新三板摘牌公司山东大信集团股份有限公司60%股权项目。收购时大信集团市场价值5亿元。主导该项目的尽调、条款谈判、合同签署以及投后管理事项。通过开创交易对手购买海大集团股票、业绩承诺等利益捆绑条款设置，保障被收购公司的经营和人员稳定性及业务的良性发展，为公司业务布局北向延伸打下了坚实的基础。至今山东大信仍是公司在北方市场猪饲料行业前列，2017~2020年山东大信实现累计归属母公司净利润2.51亿元。

除上述外，根据公司战略目标和发展规划，近年均以每年数亿的步伐进行上下游产业链并购，并购单体规模不太大，但总规模达几十亿；并购标的均为饲料、动保、养殖等主业，推动公司产业业务规模壮大和发展；实施并购的模式多样化，包括股权并购、资产收购和合资合作等。

三、主动发声，开展媒体宣传

积极主动发布定期报告、英文年报、社会责任报告等相关内容，公司资本市场形象持续提升，得到了投资者的高度认可，特别是得到 QFII 的长期认可与青睐。

公司证券部门与宣传部门紧密联动，充分利用官方微信公众号、官网以及其他媒体平台等积极开展品牌建设与宣传工作，及时发布公司动态、企业宣传资讯等。除了自媒体，作为公司董事会秘书，注重与公众媒体保持良好互动，接待相关媒体到访公司，积极参与交流采访活动等。

四、创新的投关工作

面对新冠疫情冲击，积极创新投资者关系管理模式，充分运用视频会议、电话会议等方式组织日常投资者会议；公司确保日常电话和网络沟通的通畅性，并通过长期跟踪、收集、汇总投资者信息和所关注问题，建立了投资者分类信息和关注问题参考问答数据库，并持续更新优化，力求做到准确、高效、有针对性地回答投资者问题；率领投关团队积极接待机构投资者和证券分析师来访，同时主动走出去参加举办的策略会和其他投资者活动。在沟通内容上，严格遵守证监会、深交所关于上市公司信息披露、内幕知情人管理的相关规定，准确把握主动披露和沟通的程度；积极发掘经营特色，强化主动沟通，引导投资者关注公司价值。除了宣传自身，还主动收集征询机构投资的反馈，精准把握市场关注的动向，为经营管理工作出谋献计。

56. 顺丰控股（002352. SZ）：深化资本市场实践　助力公司可持续发展

董事会秘书　甘玲

作为顺丰控股的董事会秘书，自携手顺丰以来，甘玲女士有序推进公司多元化资本运作，积极管理资本市场投资预期，基于公司科技底盘建立舆情监测及应对体系，并积极引入 ESG 理念以提升公司长远发展能力，保障公司以充足的资金及良好的治理水平应对挑战及机遇，全面助力公司健康可持续发展。

一、推进资本运作，助力公司发展

（一）利用多层次资本市场助力公司开展多样化融资，5 年累计融资超 700 亿元

自顺丰控股登陆 A 股资本市场以来，甘玲女士帮助公司在多层次资本市场灵活运用股权、债权、股债融合、资产证券化等多种工具开展融资活动，支持公司业务发展，调节资产负债率，优化公司资本结构，降低资本成本。

公司于 2016 年 5 月正式启动 A 股上市进程，2016 年 10 月通过中国证监会审核，上市审核用时仅 5 个月时间，审批效率非常高。在重组上市后，公司配套募集资金 80 亿元。

为盘活存量资产，2018 ~ 2020 年公司连续发行三期物流地产 ABS 资产证券化产品，募集资金总规模约人民币 46 亿元，累计实现资产增值投资收益约人民币 18 亿元。2021 年，公司将三项物业标的资产作为底层资产，

设立房地产投资信托基金，房托基金于2021年5月17日在香港联交所主板上市，募集资金总规模达21亿元，实现投资收益约9亿元，这是香港房地产信托基金市场首个以物流地产为主的房托基金。

为满足公司资金需求，平衡资产负债率与融资成本，公司于2019年11月公开发行58亿元可转换公司债券并在深交所上市，受到市场投资者大力追捧，创下当时民营企业可转债募集资金规模之最。

为保持领先的市场地位，公司需要募集资金不断加大行业护城河建设。顺丰控股2021年度非公开发行股票募集资金200亿元人民币，2021年10月成功完成发行并于同年11月在深交所上市。本次定增在公司业绩修复期实现逆势翻盘，最终获得近2倍超额认购，创2021年以来100亿元募资规模以上的定增项目最小折扣率，最高报价较发行前日收盘价溢价4.4%，获众多境内外知名机构投资者踊跃加持。

2021年，为进一步拓展多元化融资渠道，助力顺丰同城急送业务板块高速发展，公司分拆子公司顺丰同城赴香港联交所主板上市，净筹约20亿港元。本次分拆子公司上市，可以搭建顺丰同城国际资本运作平台，提升顺丰同城的品牌知名度和市场影响力，持续巩固和强化同城实业核心资源，本次分拆也将成为公司多元化物流战略布局的重要里程碑。

为满足公司境内外业务发展需求，降低融资成本，优化债务结构，公司充分利用境内外资本市场，持续发行人民币公司债券和美元债券。2017～2022年，公司通过境内全资子公司在深交所累计发行63亿元公司债及短期公司债，通过境外子公司在香港联交所累计发行31亿美元债。

（二）助力公司开展投资并购活动总额超过200亿元，推动战略转型

为进一步推动公司战略转型，公司董秘助力公司开展高效能的产业并购，快速补齐公司业务结构短板，扩展产业链价值和业务边界。

2018～2019年，公司通过成功收购夏晖的大中华区业务以及国际优秀供应链公司DHL供应链，短时间内补齐供应链服务领域的短板，结合自身国内高效快递配送服务及科技能力，为更多本土客户提供快速响应、灵活高效的供应链服务。

2021年，公司通过部分要约收购港股上市公司嘉里物流51.5%股权，

总价约合 175 亿港元，快速补齐国际货运代理及综合物流业务的战略版图，为公司进一步跻身全球行业前列、成为国际化的快递物流巨头奠定更坚实基础。

（三）持续推出 3 次股权激励及 3 次回购

为了保持公司的行业领先地位，有效调动公司核心人才的积极性，吸引和留住优秀人才，不断提升公司的竞争实力，在充分保障股东利益的前提下，协助公司建立健全公司长效激励机制，公司分别在 2017 年、2018 年推出限制性股票激励计划，在 2022 年推出股权期权激励计划，累计激励对象超过 2000 人。2019～2022 年，公司共推出 3 期股票回购计划用于员工持股计划或股权激励，回购总额度上限达 44 亿元人民币，截至 2022 年 11 月已累计完成约 24 亿元人民币的股票回购。

二、引导投资者认识行业与公司，管理投资者预期

公司董秘领导投关团队始终保持和资本市场、行业一起进步和共振的心态，通过业绩发布会、策略会、路演、互动易平台问答等各种方式为投资者深入解读公司关键业务、财务数据，引导境内外投资者全面理解并认可顺丰的长远投资价值。

针对券商、基金、中小投资者不同属性和需求，顺丰投关团队开展了多渠道、多形式的沟通，向投资者解读顺丰的发展战略、差异化商业模式，引导投资人认同公司长期价值。团队与海内外知名券商及机构投资者保持高频沟通，积极管理资本市场预期，亦受黑石、富达等著名机构邀请，帮助国际投资者理解中国特色的物流行业业态，同时也获得了外资机构持续加仓，目前公司外资投资者约占总股本 10%。新冠疫情期间，团队亦通过举办线上年度业绩说明会、投资者网上接待日等活动实现与中小投资人的积极互动，并在互动易平台上积极反馈解答投资者的日常问询。

同时，顺丰投关团队也积极聆听市场声音，洞察资本市场热点，并不断用新形式向投资者传递公司价值与公司的经营状况。公司内部不定期举办资本市场专题讲座，及时和管理层交流反馈，助力各业务线提升市场敏

锐度，在业务规划中融合市场洞见。在经营情况传达方面，公司对定期报告重新进行组织编排，采用动画形式、一图读懂等多种生动趣味的方式展现并突显关键数据，引导投资者快速读懂公司经营亮点。

同时，董秘也深度参与舆情监控相关事项，联合公司多部门建立了舆情监测、预警、响应机制，通过数字化舆情处理系统，提前对公司重大事项进行专项舆情监测，掌握舆情动态并准确作出研判。在突发事件发生时，第一时间响应，向投资者传递准确、真实、完整的信息，避免因信息不对称导致的损害投资者利益情况的出现。

三、积极引入ESG理念，推动管理提升

伴随近年来监管部门及资本市场对上市公司ESG发展的重视，公司董秘积极推动ESG理念在公司董事会、管理层达成共识，完成公司ESG组织和管理架构的搭建，并承担可持续发展领导小组职责，将可持续发展理念贯穿到公司运营的方方面面。

顺丰控股从2020年开始编制发布中英文版本的可持续发展报告。2021年6月，公司发布了首份碳目标白皮书，这是中国物流业的第一份白皮书。公司ESG表现受到国内外投资者及评级机构的认可，在国内各项ESG评级中处于领先位置，MSCI（明晟）ESG评级不断上调，截至2022年12月，公司MSCI ESG评级目前已达到BBB级，公司获得深交所旗下国证指数ESG评级AAA，并入选深证100 ESG领先指数前十大权重样本股。

凭借在ESG方面的管理提升，以及在新冠疫情期间突出表现，公司受邀与联合国开发计划署官员探讨可持续发展课题；作为13家收录案例的中国企业之一，入选全球首份由联合国机构发布的全面指导企业实现碳中和的报告《企业碳中和路径图》；入选《财富》中国ESG影响力榜，成为唯一上榜的快递物流公司；入选中国上市公司协会2022年A股上市公司ESG最佳实践案例；2020~2022年连续三年获得《财经》可持续发展效益奖、绿色奖及可持续发展普惠奖；荣获《中国证券报》第23届上市公司金牛奖—金牛社会责任奖等奖项。

四、不断提升公司治理水平，实现高质量发展

顺丰控股上市后，董秘根据监管规则与指导搭建公司治理架构，显著提升公司治理水平。公司连续六年获得深交所对公司信息披露工作给予最高评级 A 级的评定，并在资本市场树立了公开、透明、诚信、合规的良好形象。

公司设置董事会及专业委员会、监事会、股东大会的治理架构，为了加强风险管控，董事会专业委员会特别设立了风险管理委员会。公司聘请在资本市场监管、财务会计、法律、金融、风控等领域拥有丰富的经验及行业声望的独立董事，在公司的重大投融资决策、战略发展、关联交易、风险控制等关键事项中发表非常细致、专业的指导意见，助力公司合规运作及有效决策。同时，公司的制度建设也在不断完善，上市后公司出台 30 多个上市公司治理相关制度，提升公司业务经营层合规运作与风控水平。

此外，为了更好地管理、规范关联交易，基于公司的信息系统建设能力，董秘推动公司定制开发了关联交易管理系统，该系统将关联方数据库、关联交易的审批流程线上化、数据化、智能化，极大地规范了公司的关联交易流程，降低了关联交易违规风险。

作为深圳证券交易所上诉复核委员会委员，甘玲女士有幸多次受邀担任证券交易所等机构的培训讲师、授课嘉宾，向资本市场推广市值管理、投资者关系、公司治理、规范运作等实践经验。同时，积极参与中国证监会、深交所相关规则的制定及修订工作，例如《公司法》《上市公司股权激励管理办法》《上市公司治理准则》等，对证券市场发展规范提出意见和建议。未来，甘玲女士将贯彻实践公司“健康经营”理念，对内严格强化合规高效治理，对外继续深化资本市场实践，内外兼顾，持续致力于公司的长远可持续发展，并积极为资本市场的良好有序运行贡献微薄之力。

57. 科伦药业（002422. SZ）：积极探索　创新实践

董事会秘书　冯昊

公司董事会秘书冯昊先生积极探索、创新工作方法，认真服务好股东会、董事会，做好董事会的“参谋员、信息员、宣传员和服务员”。具体举措如下。

一、通过资本运作助力公司发展

（一）乘资本市场改革红利，推动子公司分拆上市

公司于2010年在新疆伊犁成立子公司川宁生物，川宁生物专注于生物发酵技术的研发和产业化，已成长为抗生素中间体领域的核心企业，是国内主要的抗生素中间体生产基地之一。

2019年12月，中国证监会发布《上市公司分拆所属子公司境内上市试点若干规定》，该制度的发布有利于完善资本市场资源配置和并购重组的功能，有利于上市公司进一步实现业务聚焦、提升专业化经营水平，更好地服务科技创新和经济高质量发展。

作为在深交所上市十二载的上市公司，公司董事会秘书深知资本市场对企业发展的重要性。实现川宁生物成功分拆上市，有利于科伦药业进一步突出在输液产品、创新药和仿制药等产品和业务方面的优势，同时集中发挥资金优势，突出研发实力，在“高技术内涵药物”等创新药物方面持续发力，也有利于增强川宁生物的独立性、资本实力，为川宁生物提供更广阔的发展空间。

鉴于此，以公司董事会秘书为负责人的项目团队于2020年年初开始谋划分拆川宁生物单独上市，并于2020年6月24日正式公布《分拆所属子公司伊犁川宁生物技术股份有限公司至创业板上市的预案》，成为首批正式启动分拆子公司单独上市的生物医药类上市公司，该事项于2020年6月29日经股东大会审议通过。此后，历经新冠疫情反复的影响，公司克服重重困难，完成分拆上市的准备工作，2021年8月23日，深圳证券交易所正式受理川宁生物首次公开发行股票并在创业板上市申请文件；2022年8月12日，川宁生物首次公开发行股票并在创业板上市获深圳证券交易所创业板上市委员会审议通过；2022年10月25日川宁生物首次公开发行股票并在创业板上市获中国证监会注册生效。

（二）成功发行30亿元可转换公司债券，助力公司产业升级

公司是一家综合性大型医药集团企业，坚持“大输液+中间体/原料药/仿制药/改良药+创新药”的“三发驱动、创新增长”发展战略，在大输液龙头地位基础上，以未满足的临床需求为导向，持续研究高技术壁垒仿制药和改良创新药，以及生物大、小分子创新药物。公司前期已启动面向国内外市场的300余项药物的研究，其中包括295项具有集群、难度、特色和成本优势的仿制药和改良创新药、55余项具有me-better特征的创新小分子和生物技术药。2017年1月1日至2021年10月31日，已有89项仿制药物续贯获批上市，开展了13项创新药物临床研究，有49项处于申报生产阶段。2020年度23项药物获批上市，24项申报生产，2021年年初至2021年10月31日，30项药物获批上市，24项申报生产，研发投入持续增长，有力地支持了公司的项目研发和创新发展。

随着公司研发新产品的加速获批，为加快承接创新成果，公司持续推动各生产分支以获批项目为依托，持续打造高效承接团队及风险控制体系，推动“研发—生产”一体化转化平台的建设。新都基地开展多种高端仿制药/改良创新药（含粉雾剂、软雾剂等）高技术壁垒生产平台的构建；湖南科伦岳阳分公司成为NDDS、抗肿瘤药物等多种综合制剂的重要生产分支；湖南科伦本部基地着力调整大输液和小水针产业结构、独立负责自研获批仿制药；邛崃基地、新开元基地成为重要的原料药生产分支等。

在此背景下，亟需解决各承接基地的资金需求。为此，以公司董事会秘书为负责人的项目团队于2021年上半年开始筹划发行可转换公司债券筹资建设资金，并于2021年6月18日披露《公开发行可转换公司债券发行预案》；2021年6月29日经股东大会审议通过；于2021年9月至12月完成中国证监会2轮反馈意见的回复；于2022年1月17日获得中国证监会发审委审核通过；于2022年3月18日完成发行工作。截至目前，可转换公司债券募投项目推进良好，募投项目所在基地研发承接能力持续提升，同时参与公司可转债发行的股东皆获得了良好的收益。

（三）分板块实施股权激励，最大限度地激发员工创造力

截至目前，上市公司已实施3次限制性股票激励计划，2次员工持股计划，每次股权激励的激励对象、考核标准都有差异、有所侧重，以实现最大限度地激发员工创造力。

以2022年员工持股计划为例，其所面临的背景为：

（1）近年来，公司所在医药制造业竞争加剧，特别是人才竞争激烈。

（2）随着我国药品集中采购从试点阶段进入到制度化、常态化、规范化的实施阶段。药品集中采购促使药品价格回归合理，我国医药工业行业产业结构将加速升级，创新能力突出、生产工艺先进、成本控制领先、药品疗效良好的医药企业在升级过程将具有更大的竞争优势。

（3）公司以科伦药物研究院为主的仿制药研发体系，陆续启动了300余项仿制及一致性评价产品的研究，2017年至2022年7月15日实现了106项产品的获批，进一步夯实了在中国输液市场的行业领先地位，建立起了在肿瘤、肠外营养、细菌感染、体液平衡、麻醉镇痛及男性专科等疾病领域的产品集群优势，开始进入心脑血管、糖尿病、造影、乙肝等疾病领域并在逐步强化。

为此，公司董事会秘书及管理层深知，科伦药业研发创新能够取得持续的进步，离不开公司核心员工，特别是科伦药物研究院核心管理层及核心研发团队的付出。在外部趋于复杂的环境下，通过绑定核心员工能够更好地实现公司未来的发展目标。

鉴于此，公司所策划的2022年员工持股计划激励范围的重点是科伦药

物研究院的核心管理层及核心研发/技术骨干，且考核指标与科伦药物研究院研发成果直接挂钩。2022 年员工持股计划的预案于 2022 年 9 月 13 日经股东大会审议通过，并于2022 年 10 月 11 日完成2022 年员工持股计划非交易过户。截至目前，科伦药物研究院的各项研发工作顺利推进，预计全年将超额完成所设定的研发任务指标。

二、擅用平台主动传播，有效进行媒体宣传

公司通过“发布易”这一企业信息服务平台，将公开信息快速推送给财经媒体、金融终端、券商交易终端、互联网金融软件，其推送渠道目前已经突破260个，覆盖了亿级中小投资者。通过技术接口方式实现“一键触达”，让公司信息能快速传输至财经媒体、券商、基金、银行等传播媒介，有效、精准到达投资者。

公司自主撰写和发布资讯，发布易进行合规性审核，快速提升了撰写、审核和发布效率，减少了过去记者、编辑多层采编中间环节，也降低了媒体报道的不确定性。同时，在完成推送指令后，平台通过微信小程序自动向公司推送传播效果报告，大大提升工作效率，有利于公司快速精准地掌握信息发布效果。

同时，公司搭建了国家、省、市多维度媒体沟通渠道，建立了综合类、行业类、财经类三大媒体板块，实现了横、纵向从公司业绩、品牌、战略等多角度主动发声的宣传体系。

三、创新方式开展投关，加强投资者权益保护

公司注重投资者关系管理，建立了《投资者关系管理制度》，在实践中多渠道、全方位地与广大投资者开展沟通交流，有效提升公司与投资者的交流深度和广度，形成了良好的双向互动。

在深交所公开披露的基础上，为确保投资者实时获取公司信息，公司运用包括官方网站“投资者关系”栏目、深交所“互动易”平台、华泰证

券“行知”App 等专属金融平台、投资者访谈、路演等方式搭建起全方位、全天候投资者沟通平台。

公司密切关注投资者诉求，及时通过上述平台向投资者披露经营情况，增强公司透明度，促进投资者对公司价值的合理判断。2021 年，公司共召开线上、线下投资者交流活动 9 场，在互动平台回复提问 265 个，回复率 100%，充分保证每一位股东，尤其是中小股东的知情权。

公司通过“走出去、请进来”模式，积极拓展投资者参与范围。一方面“走出去”，积极参加各类机构组织的投资者交流活动；另一方面“请进来”，向投资者广发邀请函，拓宽投资者受众面，实现所有投资者均能第一时间获取公司信息，更进一步地保障信息披露的及时性、公平性。同时，公司主动开放生产基地、研究院，组织投资者实地参观调研，已成功举办“研究院开放日”“雪球大 V 走进科伦”、深交所第 253 期走进上市公司等活动，获得投资者一致好评。

此外，公司主动创新，由传统被动、单向的监管驱动型投资者关系管理向主动、双向的新型投资者关系管理转变。公司通过数字化工具的应用，打破场景限制，提升工作效率和精细化管理。完善数据库建设，将投资者关系管理的核心场景和工作流程进行数字化升级，通过大数据挖掘，拓展覆盖渠道，精准触达投资者。

四、对各项规则制度积极提出政策建议和意见

公司积极参与证券监管部门、证券交易所相关规则的制定及修订工作，主动参与各类问卷调查，提出政策建议和意见，具体参与的相关修订制度如下：

（1）《深圳证券交易所上市公司业务办理指南第 × 号——营业收入扣除相关事项（草案稿）》；

（2）再融资审核及相关制度建议；

（3）上市公司设置公司律师调查；

（4）上市公司独立董事制度调研问卷（公司的基本信息、独立董事的

作用）；

（5）上市公司独立董事制度调研问卷（独立董事的独立性）；

（6）上市公司独立董事制度调研问卷（独立董事的职能和履职方式）；

（7）上市公司独立董事制度调研问卷（独立董事的履职保障）；

（8）上市公司独立董事制度调研问卷（独立董事的考核与激励）；

（9）上市公司独立董事制度调研问卷（独立董事的问责和免责）；

（10）关于就 13 件上市公司自律监管指引征求意见的问卷。

五、辅助公司业务规划和战略制定，提升公司价值

董事会秘书积极开展投关工作，除了与外部投资者或相关利益方保持正向沟通外，同时也将资本市场投资者的合理诉求传达给上市公司内部经营管理层，促进经营管理层在决策时更加科学、民主决策，为公司的价值提升带来助力。

58. 山西证券（002500. SZ）：规范履职　勤勉尽责　以公司治理水平提升服务差异化高质量发展

董事会秘书　王怡里

董事会秘书是上市公司的“外交官”和“新闻发言人”，是投资者判断公司价值的重要纽带窗口。担任山西证券股份有限公司（以下简称“山西证券”或“公司”）董事会秘书十二年来，忠实勤勉、尽职尽责，积极参与经营管理，在促进公司合规运行、加强信息披露与投资者关系管理、提升公司治理能力与治理水平等工作中倾注了大量心血，有力服务和保障了山西证券差异化高质量发展战略实施。

一、全方位参与公司治理，当好“智囊”角色

上市公司董事会秘书在完善公司治理过程中扮演着“智囊”角色，是上市公司治理的重要组织者和参与者。山西证券积极推动董事会秘书全方位参与公司治理，从决策制定到执行过程，为其充分发挥参谋助手作用提供保障。

山西证券董事会秘书先后担任公司党委委员、副总经理、职工董事，目前担任公司党委副书记、副董事长、总经理、执行委员会委员等职务，多重身份为其组织信息披露、做好投资者关系管理、防范识别违规行为、保持与投资者的良好沟通等提供了必要条件。

多年来，公司董事会秘书结合资本市场及行业发展趋势变化，积极建言献策，全面参与制定、优化完善公司战略规划。2021 年，在公司党委领

导下，按照董事会部署，董事会秘书全面参与、广泛组织干部职工，开门问策、集思广益，对标行业一流，聚焦可持续发展和核心能力建设，科学编制了公司“十四五”战略规划，明确“差异化、一体化、平台化、数字化”战略路径和“有特色、有品牌、有竞争力的一流投资银行”的战略目标。公司战略规划通过股东大会、董事会审议后，董事会秘书及时、准确地向公司经营层传达，同时推进规划实施，将阶段性落实情况及时向董事、股东报告。

二、科学规范推进资本运作，发挥发展“参谋”作用

资本市场为山西证券发展壮大提供了广阔空间。作为董事会秘书，如何当好董事会和经理层的纽带，提升自身资本运作能力，为公司提出有价值的建议，提供资本运作决策参考，是其必须做好的课题。

近年来，公司董事会秘书紧紧围绕“差异化、一体化、平台化、数字化”战略路径和“有特色、有品牌、有竞争力的一流投资银行”战略目标，积极主动发挥“参谋”作用，跟踪研判资本市场信息，结合公司实际，适时提出资本运作建议和方案，为公司借力资本市场发展壮大贡献了力量。

2010 年，山西证券成功登陆深交所，公开发行 3. 998 亿股，募集资金 31. 18 亿元。上市后，抓住资本市场发展新机遇，充分运用并购、增发、配股等资本运作手段，持续补充净资本，综合实力不断提升。2013 年，山西证券创新性地通过发行股票与支付现金相结合的方式吸收合并期货公司，实现证券业务和期货业务协同发展，并积极寻求与国际市场接轨，在香港设立了以开拓国际业务为核心的窗口子公司，国际化战略走出关键步伐。2015 年，山西证券非公开发行 3. 1 亿股，募集资金 38. 3 亿元。2020 年，紧抓机遇，配股公开发行 7. 61 亿股，募集资金 38. 05 亿元，为推进差异化高质量发展奠定了坚实的资本基础。同时，山西证券充分运用公司债、次级债、境外美元债等多种债券融资工具募集资金，有力支持各项业务健康发展。2020 年，公司适应数字化信息化发展趋势，成立行业首家金融科技

子公司山证科技（深圳）有限公司，着力推动科技与金融业务深度融合，加快数字化智能化发展。

当前，公司“差异化、非均衡”发展路径逐渐发力，专业化、市场化机制日趋完善成熟，聚焦重点区域、重点行业、重要业务及产品持续发力，在区域投行业务和 FICC 等领域树立了品牌影响力，综合实力和竞争力稳步提升。

三、强化信息披露，提升 ESG 管理效能

真实、准确、完整的信息披露是上市公司立足资本市场，实现高质量发展的重要基础。董事会秘书在完善信披相关制度、严守信披原则等方面负有重要职责。公司通过临时公告、定期报告、社会责任报告等多种途径，主动披露公司治理、业务发展、社会责任履行等投资者关注事项，不断提升公司治理透明度。自上市以来，公司信息披露工作多次获深交所信息披露考核 A 级评价。

公司董事会秘书持续推进完善 ESG 管理体系。近年来，公司积极履行社会责任，积极主动做好巩固拓展脱贫攻坚成果同乡村振兴有效衔接、支援防汛救灾、开展志愿服务等工作。坚守金融本源，服务实体经济，全方位深度服务国资国企改革，服务中小企业、民营经济发展，树立了良好的品牌形象。打造绿色金融服务品牌，服务绿色低碳发展，以绿色金融助力“双碳”目标。以此基础上，公司将 ESG 管理充分融入业务经营，设立可持续发展专业委员会，建立健全 ESG 多维度管理体系，不断凝聚可持续发展新动能。公司连续两年入选中国上市公司协会汇编的《上市公司 ESG 优秀实践案例》。

四、探索新型投资者关系管理方式，保障投资者合法权益

公司董事会秘书高度重视投资者关系管理工作，常态化听取投资者意见建议，以外部监管促进公司内部治理改善。

2020 年，公司董事会秘书受邀在“投资者保护日”分享投资者关系管理工作经验。2022 年，在山西省上市公司协会指导下，公司联合上海证券报等举办了“走进北交所”“山西上市公司投资者关系管理实务交流研讨会”“山西推进倍增计划新模式研讨会”“山西上市公司沙龙”等一系列活动，广泛与政府主管部门、省内企业、金融机构及资本市场相关参与主体交流沟通探讨，推动构建更为健全的公司治理机制和更为高效的投资者沟通渠道，共同推进提高省内上市公司质量。

公司积极落实中国证监会要求，完善公司声誉风险管理体制机制建设，修订公司《声誉风险管理办法》，探索投资者关系管理新渠道新模式。公司发挥证券机构职能，建设投教基地，开展“投教大讲堂”，多层次、多维度与投资者保持密切沟通，切实保障投资者合法权益。山西证券投教工作成效显著，荣获“2020 中国区投资者教育团队君鼎奖”“中国证券公司杰出投资者教育奖”，制作的特色化投教产品荣获中国证监会颁发的“十大优秀投资者教育产品”奖，实体投教基地被命名为中国证监会“全国证券期货投资者教育基地”，互联网投教基地连续 2 年被山西证监局评为“优秀”等级。

五、积极建言献策，为证券市场高质量发展贡献力量

公司董事会秘书积极参与证券监管部门、证券交易所、区域资本市场、行业自律组织等的制度规则制修订和地方政府投融资规划等工作，利用自身专业优势建言献策。近年来，先后参与中国证监会《证券公司分类监管规定》、深交所《深圳证券交易所创业板股票异常交易实施监控细则（试行）》、中国证券业协会《证券公司声誉风险管理指引（征求意见稿）》、中国证券投资基金业协会《基金管理公司声誉风险管理指引（征求意见稿）》等意见征求工作。

公司董事会秘书担任中国证券业协会人力发展委员会副主任委员、山西证券业协会副会长、山西金融学会副会长、山西省投资基金业协会副会长等职务，并受邀担任中国证券业协会授课嘉宾。2022 年，以《党建引领

文化赋能 夯实差异化高质量发展根基》为题，分享山西证券在党建引领文化建设方面的思考和实践。

公司董事会秘书勤勉尽责，长期致力于公司创新发展，其职业素养得到董事会、管理层和行业的认可和肯定。自2010年以来，公司董事会秘书先后5次获得新财富金牌董秘奖，多次获得相关财经媒体组织评选的董秘奖项。

未来，公司董事会秘书将立足本职，全力强化和推进各项工作，为公司差异化高质量发展和资本市场高质量发展作出新的贡献。

59. 比亚迪（002594. SZ）：构筑可持续发展的电动化未来

董事会秘书　李黔

比亚迪股份有限公司（以下简称“比亚迪”或“公司”）成立于1995年2月，是在香港（HK. 01211）和深圳（SZ. 002594）两地上市的世界500强企业。作为一家“用技术创新满足人们对美好生活的向往”的高新技术企业，公司始终坚持以解决社会问题为导向，以技术创新为驱动；经过二十七年的高速发展，目前已成长为横跨汽车、新能源、半导体、电子和轨道交通等多个产业的国际型企业，培育了覆盖新能源全产业链的生态系统，构筑了可持续发展的电动化未来。

比亚迪董事会秘书李黔先生始终认为，要做好比亚迪这样一个横跨多领域、高速发展的深港两地上市公司董秘，需要成为一个全能的舵手：内察行业及技术发展趋势，外研宏观及市场变化风向；进可推公司治理、战略规划，退需守法制契约、合规红线。从而百炼成钢，引领公司的大船在资本市场的激流中乘风破浪。

一、百里风�乘风舵：资本市场的有效沟通

作为高景气度的新能源行业领军企业，公司受关注度极高：从全球顶尖的海内外公募基金、名牌私募基金、对冲基金、知名产业基金等机构投资者，到高净值人士、网红财经类意见领袖等中小投资者，都对公司保持浓厚的兴趣。作为公司在资本市场的代言人，董秘需要在日趋复杂的市场环境中促进各类投资者共同发掘公司价值，精准定位公司角色，并通过多

种形式的有效沟通达成公司价值目标的实现。2020年以来，新冠疫情持续反复，国际环境更趋复杂严峻，全球经济在风险与挑战下艰难前行，资本市场的不确定性跌宕起伏。在这样的市场环境下，李黔先生带领投关团队制定了详细的工作策略，根据行业特点及市场趋势，结合公司基本面情况，通过多种方式持续不断与投资者保持沟通，增强投资者信心；在市场出现波动的情况下，及时调整预期，稳定投资者情绪；在公司推出新技术、新车型或遭遇突发事件时，主动了解投资者关切，并就投资者关心、关注的各类问题予以回应，确保投关沟通真诚、高效、及时、准确，促进投资者发现公司价值，让公司价值完美绽放。

在日常沟通方面，李黔先生带领投关团队与时俱进，利用多个创新的数据平台工具开展投关工作，开通了“比亚迪投资者关系”官方公众号、IR小程序、IR旗舰店等，就公司各项重要事项进展进行同步推送及解读阐释，确保中小投资者可以更加及时、便利地获取及分享公司信息。

在业绩发布后的沟通方面，为了和资本市场保持密切的沟通与联系，公司连续20年坚持在年度和半年度的业绩发布后举行说明会，李黔先生带领投关团队认真筹备每一次说明会，精心组织和安排公司核心管理层积极参与，精准地解答投资者的疑虑与困惑，引导投资者正确解读定期报告，将书面的冰冷数据更加立体、明晰、有温度地传达给市场。业绩说明会作为一个重要的双向的交流窗口，不仅传达了公司对市场的信息，同时也使得公司更加贴近投资者、了解投资者关注的问题，积极调整公司的战略方向，优化公司的管理和布局。

二、稳扎根基定海锚：信息披露与合规治理

在信息披露方面，李黔先生十分重视信息披露团队的建设，每一位加入信息披露团队的同事，在要求其具备扎实的专业技能和出色的业务能力的同时，也要求其能够做到守底线、负责任、有担当，要求每一位同事不断学习、练好内功、做精专业，做好风险管控。团队始终将信息披露的真实、准确、完整、及时、公平作为信息披露工作的基本要求，以法律法规

为基础，以投资者需求为导向，充分披露投资者作出价值判断和投资决策所必需的信息，做到简明清晰、通俗易懂，增强信息披露针对性和有效性，保持信息披露的持续性和一致性。作为 A + H 公司，年度发布公告文件数量远高于同市值水平的其他公司，截至目前，比亚迪已连续九年在深交所信息披露考核中获得最高评级 A 级，有效提升了比亚迪在资本市场的形象。

在合规治理方面，随着新《证券法》的颁布以及中国证监会、深圳证券交易所对法规体系的系统性更新，对各上市公司合规治理工作提出了更高的要求。李黔先生积极参与中上协、深上协等组织的各行业、合规等专门委员会活动，与其他会员单位保持积极、良好的沟通，互联互通、互学互鉴、互惠合作；同时，作为深交所第一届创业板上市委员会委员、深圳证券交易所第十届上市委员会委员，李黔先生积极参与相关工作，履行相关职责，并将履职过程中产生的感悟与心得不断应用于公司合规治理水平的提升。李黔先生积极组织公司董监高参加证监局及深交所的履职培训，认真学习相关法律法规及规范性文件；针对监管制度的推陈出新，推动公司各相关部门重新修订各项业务规则和流程制度，为公司治理合规打下坚实的基础；同时指导信息披露及投关团队成员定期跟踪法规及监管变化，加强同业沟通及案例学习，做好董监高合规履职的“吹哨人”，进一步帮助公司健全“三会一层”各司其职、各负其责、协调运作、有效制衡的上市公司治理结构，夯实公司高质量发展基础。

三、激流勇进当奋楫：善用资本运作助力企业腾飞

由一家二次充电电池企业发展为如今横跨汽车、新能源、半导体、电子和轨道交通多个产业的世界 500 强企业，比亚迪的每一次跨越都离不开资本市场的优化资源配置和赋能。

李黔先生自加入比亚迪以来主导完成了一系列重大资本市场案例：2007 年 12 月，主导分拆比亚迪电子在中国香港独立上市，募集资金约 67 亿港元；2009 年 7 月，引入巴菲特战略投资并募集资金 18 亿港元；2011

年6月，主导了比亚迪H股回归A股上市，实现了内资股的全流通，募集资金约14亿元；2014年5月，完成比亚迪H股闪电配售，募集资金约42亿元港元；2015年9月，剥离比亚迪部品件于A股上市公司合力泰，实现重组收益超过16亿元；2016年7月，完成A股非公开发行，募集资金约145亿元，成为2016年以来A股资本市场最大规模的无大股东参与的询价类非公开发行项目；2021年1月及11月，主导完成了比亚迪H股闪电配售，合计募集资金约438亿港元，成为过去十年亚洲汽车行业最大的股票融资项目、中国新能源汽车行业有史以来最大股票发行项目，也是香港历史上最大的非金融企业新股配售。2022年4月李黔先生主导了回购股份暨员工持股计划的实施，回购金额达18亿元人民币，员工持股计划涉及12000人，覆盖职工代表监事、高级管理人员、中层管理人员及核心骨干员工。

上述IPO及再融资等资本运作项目的募集资金显著增强了比亚迪资本实力，在比亚迪的各个发展阶段为加码新的领域投入提供了强大的资金支持，助力比亚迪业务实现了快速成长。通过员工持股计划实现了公司、股东和员工利益的一致性，吸引和留住优秀管理人才和业务骨干，提高了员工的凝聚力，促进比亚迪的长期、持续、健康发展。

四、乘风破浪正扬帆：战略布局的产业投资

李黔先生带领比亚迪产业投资团队，以垂直整合战略为核心，以服务于比亚迪的业务和发展为宗旨，聚焦技术，坚定不移地投资核心科技。通过产业投资，一方面，被投企业可以反哺比亚迪，为比亚迪的供应链安全提供战略保障；另一方面，比亚迪可以给被投企业巨大的产业赋能，提供产业发展方向的重要前瞻性判断。目前，比亚迪产业投资布局覆盖汽车电动化、汽车智能化、半导体、双碳、工业软件、高端装备及新材料等方向，并在上游资源上积极布局，依托自身深厚的技术和应用经验与被投企业一道推进技术研发层面的纵深探索。在李黔先生的带领下，比亚迪产业投资团队通过扎实的实地勘探与专业的尽调沟通，与政府部门在若干领域达成

合作，为公司提供更坚实的资源保障。李黔先生相信，依靠生态的力量，比亚迪将与被投企业共同推动全行业、全价值链的效率提升，打造上下游企业的共赢生态圈。

作为一名 A + H 两地上市公司董秘，李黔先生勤勉务实，在提高信息披露质量、坚守合规治理底线、发掘公司价值、提升资本市场形象等方面都取得了不错的成效，公司及个人亦获得了资本市场众多殊荣，例如，“新财富金牌董秘”“新财富最佳资本运作项目奖”“新财富最佳上市公司”“新财富最佳 ESG 实践奖”“新财富最佳 IR 港股公司（A + H 股）”“绿色治理大湾区上市公司 TOP20”“金牛董秘奖”“金牛最具投资价值奖”“中国上市公司 ESG100 强”“证券时报中国上市公司价值评选功勋董秘”“天马奖中国上市公司投资者关系最佳董秘奖”“杰出 IR 企业”“优秀 IR 团队”“机构友好沟通奖”“杰出董秘”等。

未来，李黔先生将一如既往地围绕着产融结合的资本运作、高效现代的公司治理、合规有效的信息披露以及主动精准的投资者关系管理的工作理念，为公司实现高质量发展助力。

60. 深南电路（002916. SZ）：合规固本　守正创新　助力公司高质量发展

董事会秘书　张丽君

深南电路股份有限公司（以下简称“公司”）于2017年12月13日登陆深圳证券交易所，公司在做好经营管理工作的同时，持续完善公司治理，与资本市场参与者保持了良好的互信关系，被纳入沪深300、深证100、MSCI中国等重要指数中。2019年6月至2022年5月期间连续三年深交所信息披露考核结果为A。公司证券事务管理工作得到了股东、监管及其他利益相关方的认可。

公司为董事会秘书履职提供了充分的保障。公司董事会秘书积极筹划开展资本运作活动，加强投资者关系管理，对证券市场发展规范提出意见和建议，搭建专业化管理团队，积极推动公司规范化运作、完善治理结构，提升公司的治理水平。

一、制定配套规章制度，筑牢履职的制度保障

公司制定了《公司章程》《董事会议事规则》《信息披露管理制度》《董事会秘书工作细则》等规章制度，为董事会秘书提供履职支撑，明确董事会秘书为履行职责有权了解公司的财务和经营情况，参加涉及信息披露的有关会议，规定公司董事、监事和高级管理人员应当为董事会秘书履职提供便利条件。

二、积极开展资本运作活动，助力公司持续、稳定发展

公司自2017年年底上市以来，积极借力资本市场工具，为公司不同阶段的发展提供了资金保障，在业务经营、财务状况、发展战略等多个方面夯实了公司可持续发展的基础，为公司增强核心竞争力、实现跨越式发展创造了条件。

（一）股权激励计划

公司于2018年11月推出限制性股票长期激励计划和第一期限制性股票激励计划，向145名激励对象授予了280万股限制性股票。该部分限制性股票于2019年1月30日上市，分别在2020年2月和2021年2月进行了两次解锁。股权激励计划的实施，让员工分享公司成长所带来的收益，增强了员工的归属感和认同感，激发了员工的积极性和创造性，有利于公司留住人才、稳定人才。

（二）可转换公司债券

公司于2019年12月24日公开发行1520万张可转换公司债券（以下简称“可转债”），每张面值为人民币100.00元，发行总额为15.20亿元，期限6年。公司可转债于2020年1月16日上市交易，2020年6月30日进入转股期。公司A股股票自2020年6月30日至2020年7月20日触发募集说明书中约定的有条件赎回条款（即达到在本次发行的可转债转股期内，公司A股股票连续三十个交易日中至少有十五个交易日的收盘价格不低于当期转股价格的130%（含130%）的条件）。2020年7月20日，公司召开第二届董事会第二十三次会议，同意行使“深南转债”有条件赎回权，按照债券面值加当期应计利息的价格赎回全部未转股的“深南转债”。2020年9月2日，本次赎回实施完毕，公司总股本累计增加14309850股，“深南转债”转股金额为151450.58万元，占“深南转债”总额的99.64%。2020年9月11日，公司发行的“深南转债”在深圳证券交易所摘牌。

公司通过发行可转债募集资金助力数通用高速高密度多层印制电路板

投资项目（二期）建设，有利于进一步扩大公司经营规模，增强公司核心竞争力，有利于公司改善财务状况，优化资本结构。同时，公司紧抓赎回窗口期，迅速启动并有序实施赎回程序，节省了可转债后期的利息支出，扩大了公司股本，有利于公司在资本市场上树立良好的形象。

（三）非公开发行股份

2021 年，公司通过非公开发行 A 股股票募集资金，主要用于公司高阶倒装芯片用 IC 载板产品制造项目以及补充流动资金。本次非公发行自公司向证监会报送材料、通过发审会审核至收到证监会书面核准文件仅 74 日。最终发行对象共计 19 家，涵盖外资、券商、基金、银行和保险公司，包括国家集成电路产业投资基金二期股份有限公司、中金公司、中欧基金、华泰证券、摩根大通、瑞士银行、麦格理银行、法国巴黎银行等优质股东。新增股份数 23694480 股，发行价格 107.62 元/股，募集资金总额为 2549999937.60 元，该部分股票已于 2022 年 2 月 24 日上市，非关联方所认购的股份已于 2022 年 8 月 24 日解除限售。本次非公开发行有助于完善国内集成电路产业链，巩固公司行业市场地位、提升公司市场竞争力，为公司进一步发展提供资金保障。

（四）积极实施权益分派

公司自上市 4 年多以来，坚持实行现金分红，现金分红的金额约占当年归属于上市公司普通股股东净利润的 30%，切实地回报了投资者，履行了社会责任。截至目前，公司现金分红总额达 16.97 亿元，已超首次公开发行所募集的资金。

三、加强投资者关系管理，主动维护，传递公司价值

公司秉持“专业、合规、真诚”的理念与投资者加强交流，上市以来，公司在投资者关系维护方面不断加强，覆盖更加全面，并对重要投资者进行更加积极主动的维护。2020 年，突如其来的新冠疫情打破了正常的经济社会运行秩序，公司迅速调整投资者管理工作，采用线上为主的方式，与投资者保持良好互动，及时将公司的经营信息传递给投资者。2020 年和

2021年，公司全年接待投资者分别超4000人次和1300人次，线上及外出参加策略会分别达25次、10次。

公司自2017年上市后，每年积极举办年度业绩说明会，参加深交所举办的“走进上市公司”活动，连续2年参与深圳上市公司协会举办的投资者网上集体接待日活动，开展“走进深南电路”线上云调研，为中小投资者与公司董事长及管理层直接交流提供平台，有助于投资者进一步深入了解公司经营情况与文化氛围。

2022年，为积极响应投服中心、证监局主办的深圳片区《股东来了》投资者权益知识竞赛活动，深南电路股份有限公司通过线上和线下多个渠道进行宣传推广，联合中航证券举办投资权益知识科普讲座，并组织一系列答题抽奖活动鼓励公司员工同步参与，累计完成3200余人注册，累计答题学习超过27万余次。

四、对证券市场提出建议，践行社会责任

公司董秘担任深圳证券交易所新一届上诉复核委员会委员、深圳上市公司协会投资者关系管理专业委员会委员，支持、配合开展相关工作，积极提出建议。公司董秘通过参加证监局、深交所系列座谈会，对监管层推动上市公司提升整体投关工作水平、制度修订工作等提出建议；同时，公司认真填报证监局、深交所不定期下发的系列问卷调查，结合公司实际，就相关问题提出建议。

五、持续提升专业素质与敬畏意识，搭建专业型团队

公司紧密结合相关监管条例，对证券事务管理团队成员进行业务培训，严格遵照相关法律法规及规范性文件要求，规范开展投资者关系活动。在董事会秘书的带领下，定期组织开展对监管规则和最佳实践的学习，对既往经验进行总结沉淀，不断提升团队专业素质；对新规新政快速响应，及时解读并推动执行，促进公司的规范治理。公司董办联合公司舆情管理小

组，覆盖管理层及财务、市场、业务等各部门接口，对公司内部持续开展对外合规交流培训，在提升公司内部信息节点协作效率的同时，强化公司人员对资本市场的敬畏意识与合规交流意识，在资本市场树立起公司良好的品牌形象。

六、未来进一步提升计划

未来，公司将不断提升治理水平，继续和投资者保持良好、充分、有效的沟通，及时、准确传递公司的经营、战略等信息，并持续开展投资者保护教育宣传活动，推动公司实现更高质量的发展，以更好的业绩回报投资者！

61. 苏州银行（002966. SZ）：创新基因融发展血脉　培根固本铸金融力量

董事会秘书　李伟

作为苏州本土法人上市城商的董事会秘书，李伟始终以习近平新时代中国特色社会主义思想为指导，带领董事会办公室立足发展新阶段、贯彻发展新理念，认真落实苏行党委的各项决策部署，紧扣“坚持高质量发展理念”和“稳中求进”工作基调，规范公司治理及证券事务管理，加强品牌文化建设，持续推动苏行走好高质量发展道路。

一、夯实根基，推进发展战略落实

一是紧扣战略重点，助力新一轮发展谋篇布局。定期推进战略执行，总结评估战略落地实效。对照最新出台的《银行保险机构公司治理准则》《上市公司章程指引》《银行保险机构关联交易管理办法》等规章制度，系统地对本行章程、独立董事工作制度、现行关联交易管理办法及三会议事规则进行修订。积极组织严格按照法律法规和监管要求，有序开展董事会换届工作。同时，强化“三会一层”履职，确保各项决议落实。

二是对标管理要求，补齐新一轮发展短板弱项。2022 年以来，苏州银行各项经营情况持续向好，各类财务指标逐季优化。围绕监管导向，及时落实情况反馈与问题整改；完善管理机制，持续规范关联交易；锚定国企定位，严格执行上级部门管理要求。

三是探索综合金融，延展新一轮发展战略视野。探索综合化经营路径，分类推进子公司筹备；拓宽多元发展渠道，抢抓金融合作机遇；持续落实大股东责任，紧抓附属机构管理。

二、强化管理，畅通资本补充渠道

一是再融资迎来新突破，业务发展再添新动能。苏州银行于2021年4月12日公开发行了5000万张可转换公司债券，发行总额50亿元。公司采用可转债形式，通过外源融资来有效补充资本金，为业务发展和创新转型提供资金保障，有助于提升自身盈利能力、市场竞争力和抗风险能力。2022年1月13日，成功发行2022年第一期无固定期限资本债券30亿元，成为2022年全国首单商业银行永续债。发行过程中，紧密跟踪市场、加强与监管部门沟通，并提前与各类投资机构开展交流，准确判断市场利率的时间窗口，抢抓1月初市场机遇，市场反响强烈，进一步提升了资本市场对苏州银行综合实力和发展前景的认可。

二是完善投资者关系管理，增进资本市场认可度。通过积极的沟通交流、高质量的信息披露等，帮助投资者更好地了解公司战略和经营情况，与投资者建立了和谐、紧密的良性互动关系。2022年7月22日下午，公司邀请国内多家券商知名银行业分析师及机构投资者“走进苏行”，开展现场调研交流活动。各位参会嘉宾参观了由苏州银行配合市政府承建的苏州金融科技创新中心，通过现场沉浸式体验，生动展示了公司突出的金融科技实力，也让广大机构投资者和分析师对公司有了更加深入的了解，对公司的未来发展和市场表现充满信心。2021年4月15日，通过全景网以视频直播和网络互动的方式举办了苏州银行2021年度业绩说明会。此次业绩说明会是苏州银行首次采用视频直播结合网络互动的形式，充分利用数字化手段创新交流方式，提升投资者体验。2022年7月半年度快报发布后，2022年8月半年度报告发布后，董秘先后带队前往广州、深圳、上海开展重点机构投资者现场交流活动，并与特邀基金公司开展一对一调研，零距离倾听资本市场的声音，实现了与资本市场的良好互动。

三是规范ESG管理体系顶层设计，践行绿色发展理念。苏州银行于2022年5月19日正式签署联合国《负责任银行原则》（PRB），成为联合国环境规划署金融倡议组织成员。《负责任银行原则》于 2019 年 9 月纽约联合国大会期间正式发布，由联合国环境规划署金融倡议组织牵头，中国工商银行、花旗银行、巴克莱银行、法国巴黎银行等来自全球 21 个国家共 30 家银行组织的核心工作小组共同制定。《负责任银行原则》旨在鼓励银行在最重要的领域设定目标，在战略、投资组合和交易层面以及所有业务领域融入可持续发展元素，确保签署银行的战略和实践符合联合国可持续发展目标（SDGs）和《巴黎气候协定》。该原则的签署是苏州银行大力发展绿色金融、坚定支持可持续发展的郑重承诺，也是苏州银行不断探索绿色金融发展道路、积极完善本行绿色金融体系的重要举措。

三、凝聚力量，打造“苏式”金融名片

苏州银行以“江南文化的代言银行、普惠金融的传播银行、潮流有趣的时尚银行、可盐可甜的最美银行”为品牌定位，着力构筑先进文化引领高地，以品牌力量培厚苏行软实力。应对理念之变，加强品牌形象核心标识规范与核心传播口号的固化，实现品牌印记规范化升级；应对受众之变，通过小苏 IP 的打造与多方位的性格形象设定，实现品牌人设立体化升级；应对媒介之变，以 3 月、6 月、9 月、12 月的 28 日为苏州银行品牌日，围绕有料、有情、有趣，融入主打产品和主题营销活动，实现品牌传导互动化升级；应对发展之变，唱好支持中小民企、服务市民百姓、数字金融、促进高质量发展的“主旋律”，倡导社会责任，从生活之美、城市之美诠释苏行之美、苏行服务形象之美，实现品牌内涵专业化升级。

62. 中国广核（003816. SZ）：守正创新　持之以恒 做好董事会秘书履职　助力公司高质量发展

董事会秘书　尹恩刚

中国广核电力股份有限公司（以下简称“中广核电力”或“公司”）是深港两地上市公司。公司上市后，董事会秘书严格按照两地法律法规履职，取得积极成效，具体做法或举措介绍如下。

一、积极开展公司价值管理工作，持续发挥公司价值实现工作与价值创造和价值经营的联动效应

组织实施股权激励计划。公司自 H 股上市后即策划实施了分三期、覆盖十年的股份增值权激励计划，目前已开展至第二期。近期，公司结合 A 股相关监管要求，正在积极策划新一期股权激励，以便更加充分利用资本市场，实现股东、公司、员工等多方共赢。

牵头发布中长期股东分红回报规划。2021 年，结合公司经营情况，董事会秘书牵头大力推动制定 2021～2025 年股东分红回报规划，明确在公司业务、经营业绩和财务状况不发生重大变化的情况下，在获得相关年度股东大会批准的前提下，在 2020 年分红比例基础上，2021～2025 年保持分红比例适度增长。2021 年度分红比例至 43. 58%，稳定了资本市场长期预期，获得股东和投资者好评。

重视公司市场价值表现，不断丰富公司价值管理手段。2020 年年初，受新冠疫情冲击，国内外资本市场大幅下跌，公司详细分析上市公司价值

管理手段，首次获得股东大会授予董事会的回购股份一般性授权，并在后续年度连续策划回购股份一般性授权，便于公司根据价值管理需要灵活开展股份回购；公司作为中央企业，保持国有资产保值增值、维护资本市场良好形象是公司的责任和义务，董事会秘书组织公司积极与控股股东沟通，希望控股股东支持公司价值管理工作，彰显对公司的长期信心，目前控股股东已连续两年增持公司 H 股，传递行业和公司信心。

按年度制定价值管理策略与行动方案，指导公司价值管理工作。公司建立了价值管理相关活动的完备体系，价值创造、价值经营及价值实现工作相互支持、互相促进，在此基础上，由董事会秘书牵头、总裁批准，制定中长期价值管理策略及年度价值管理行动方案，锚定远期资本运营目标，助力公司产业长期发展，将内外部环境、投关活动、资本行动、股东结构等统筹纳入公司价值管理方案，确保公司价值管理工作有章可循、有据可依。

二、领导和组织采取创新性的方式方法开展投关工作，树立资本市场良好形象

建立与资本市场定期沟通会议机制，传递行业和公司长期价值。董事会秘书组织并出席公司每年定期召开的 6 次资本市场电话会议，通过多渠道与资本市场良性互动，多年来收到汇丰银行、花旗银行、中银国际、摩根大通、长江证券、申万宏源、中信证券等国内外知名投行持续覆盖投研报告。2020 年 3 月，受新冠疫情冲击，公司在全景网首次通过网络直播 + 资本市场电话 + 文字交流方式开展中英文双语年度业绩说明，公司董事长、总裁、财务总监、董事会秘书等领导参加，实现了境内外实时参会、分析师专业观点沟通与传递、中小投资者覆盖等多重目标。

坚持与资本市场分析师和机构投资者集中与常态化交替沟通的理念，保持与资本市场密切沟通。董事会秘书牵头，公司在年度及中期业绩发布后组织境内外路演活动，通过日常跟踪与分析，制定适当的路演方案，确定沟通对象及沟通方式，提升沟通效益。在年度及中期业绩空档期，积极

参与境内外各大投行组织的策略会，了解资本市场最新观点，加强与同行上市公司、潜在投资者、分析师等沟通，传递公司价值。

建立投资者关系管理信息系统，提升投关工作质量。公司自主开发了投资者关系管理信息系统，包括投资者管理、沟通管理、资本市场问题库、基础数据库等模块，实时更新行业及资本市场信息、记录投资者沟通情况、积累关注问题及口径、保存公司业务数据等，不断丰富公司投关工作记录，支持董事会秘书相关工作开展。

三、高度重视企业文化宣传工作，积极开展品牌传播

在董事会秘书的参与下，公司重点聚焦高质量发展、改革创新、疫情防控、脱贫攻坚等主题开展新闻宣传工作，在传播方式及内容上坚持创新，通过召开发布会、媒体实地采访、发布新闻通稿等多种方式加大宣传力度。其中，针对红沿河核电站全面建成、惠州核电 2 号机组完成穹顶吊装等重大工程节点开展创新传播策划，发挥融合传播优势，通过新闻报道、直播等多种手段，取得良好的宣传效果。

近两年，公司组织媒体专题采访 20 余次、编发新闻素材 70 余篇，8 次登上《新闻联播》，人民日报、新华社、经济日报、科技日报等中央媒体原创报道超过 300 篇次，其他主流媒体原创报道超过 700 篇次，宣传成效显著。

四、加强全方位、多元化履行职责，助力资本市场良性发展

公司董事会秘书始终关注两地监管机构对上市公司要求，从严开展工作。根据对港交所有关 ESG 方面监管要求的理解和预判，公司于 2016 年首次披露单独的 ESG 报告，并从 2017 年开始与年度报告同时披露。2022 年获悉国际财务报告可持续披露准则征求意见稿后，公司董事会秘书积极组织公司从非财务和财务的不同角度收集意见，及时向国家相关监管机构进行反馈，填报相关调查问卷，结合企业实践给出切实可行的意见和建议。

公司董事会秘书自2020年7月担任深圳证券交易所会计专业咨询委员会委员、自2020年9月担任香港特许秘书公会（已改名为香港治理公会）会员。2021年11月，受邀参加ACCA大湾区峰会，并做主题演讲，内容包括双碳背景下的核电发展新形势、大湾区率先绿色转型、中广核电力“十四五”规划、公司财务体系及ESG实践等，对外推广公司在财务管理、价值管理方面的经验；2021年12月，经中上协受邀参加国际金融论坛（IFF）第18届全球年会企业家圆桌会议议题，并做主题演讲，分享公司在ESG管理方面的经验和实践，跟进市场观点，借鉴其他上市公司经验。

公司董事会秘书及时向公司内部反馈资本市场及行业信息，辅助公司业务规划和战略制定，提升公司价值。在公司董事会秘书的领导下，公司专职投关团队保持与资本市场的双向沟通，每年定期形成5份资本市场推介总结报告，总结核电行业发展情况、公司表现和市场反馈等，传递分析师、投资者对公司的意见和建议；每月编制公司价值管理简报，报送公司董事长及经营高管，传递行业发展信息、资本市场形势、核心关注问题等；保持公司投资者热线、电子邮箱、互动易平台等回应率100%，及时总结短中长期关注问题，反馈给公司管理层；通过路演、投行策略会等形式，实时与市场保持双向沟通；每年组织公司董事、监事、高级管理人员参加国内知名投行专题培训，分享资本市场对于行业和公司价值管理的观点。

与控股股东保持交流、互信，获取对公司的全力支持。公司主要从事核能发电行业，是关系国家安全、国民经济命脉的重要行业，与行业主管部门、控股股东等日常管理关系紧密，对董事会秘书履职提出更高要求，公司主动作为，与控股股东保持紧密沟通，持续巩固行业领先地位，获取控股股东的长期支持。

配合和支持监管部门工作，加强与中小股东的沟通。公司组织证监会、深圳市证监局、中证登等单位参观大亚湾核电基地等活动，帮助资本市场了解核电、了解公司，为证券监管机构的履职提供支持；公司积极参加深交所组织“走进上市公司活动”、网上集体接待日等活动，不断加强与中小股东的沟通，传播核电基本知识。

积极与可比公司交流对标，助力提升董事会秘书履职能力。通过参评资本市场重要奖项、日常分析、拜访、电话会等多种方式，围绕价值管理、公司治理、投资者关系管理等方面，持续对标其他上市公司，借鉴良好实践，不断提高董事会秘书履职水平。

63. 大禹节水（300021. SZ）：锐意创新　勇于探索　助力上市公司高质量发展

董事会秘书　陈静

陈静先生自2018年5月担任大禹节水集团股份有限公司（以下简称“大禹节水”或“公司”）董事会秘书以来，勤勉尽职、积极探索、创新工作方式方法，完善信息披露、公司治理以及投关工作机制，全面提升公司治理水平，推动公司高质量发展，建立公司良好的资本市场形象。具体情况报告如下。

一、夯实公司治理基础，提高公司治理水平

公司董事会秘书自任职以来，持续完善内控制度建设，通过研究公司治理政策前沿，确保公司规范运作时效性。2021～2022年，公司董事会秘书针对监管层最新发布的《证券法》《深圳证券交易所创业板股票上市规则》《深圳证券交易所上市公司自律监管指南》《深圳证券交易所创业板上市公司自律监管指南》《上市公司信息披露管理办法》等新规，结合公司实际情况，进一步修订《对外担保管理制度》《关联交易管理制度》《独立董事工作制度》《信息披露管理制度》《投资者关系管理制度》《内幕信息知情人登记管理制度》等公司证券事务管理制度以及实施细则。

公司董事会秘书坚持以法律法规为准绳，以公司制度为依据，持续完善“三会”前置审批程序与会后事项跟踪管理，健全“三会”治理机制，确保公司战略决策高效、精准；对于公司股权激励、可转换公司债券、关联交易、对外担保、募集资金管理、框架协议、诉讼仲裁等事项建立动态

台账并实时更新，确保公司各项证券事务信息披露公正、准确，提高工作效率；为增强公司全员合规意识，公司董事会秘书积极落实监管规则的宣贯工作，定期组织董监高及相关人员参加合规培训，每逢定期报告、重大事项等，提前向大股东、董监高人员及内幕知情人发送窗口期提示。

二、推动 ESG 实践与披露，持续探索可持续发展

公司董事会秘书切实贯彻落实上市公司高质量、可持续发展理念，深度参与公司 ESG 实践与披露工作。2021 年，公司董事会秘书立足高质量与可持续发展理念，积极响应监管机构要求，首次编制并披露《2021 年度环境、社会及公司治理（ESG）报告》，从公司的经营业绩、社会评价、公司治理、科技创新、绿色环保、员工权益、社会公益出发，向外展示公司 2021 年度社会责任践行的成果，做到公司 ESG 工作的合规性、创新性以及前瞻性。2022 年，公司《2021 年度环境、社会及公司治理（ESG）报告》入选上市公司 ESG 优秀实践案例。公司董事会秘书陈静先生担任上市公司协会 ESG 专业委员会委员。

公司作为国内节水行业龙头企业，致力于解决农业、农村发展和水资源分布不平衡、不充分问题，改善农村人居环境，提高农民生活幸福指数。公司实施的元谋县大型灌区丙间片 11.4 万亩高效节水灌溉项目，即“元谋模式”，按照“先建机制、后建工程”的要求和推进农田水利改革的总体部署，建立了“六项机制”，取得了省水、省肥、省时、省工的绿色效益，以及农民增收 58% 以上的显著经济效益。“元谋模式”已从云南的元谋县复制到全国各地，在广袤的农村大地上书写了产业脱贫、产业兴农、产业振兴的乡村振兴华美篇章。“元谋模式”完成了全国首例社会资本投资农田水利建设项目从“盆景”到“风景”的转变，元谋项目也被中华人民共和国财政部列为第三批 PPP 全国示范项目；2019 年 12 月，中国财政部在联合国欧洲经济委员会（UNECE）第四届 PPP 国际论坛（Geneva，Switzerland December 2019）评价“元谋模式”为“人民的 GDP”之典范；2022 年 7 月，元谋案例入选了 G20 全球基础设施中心（GIH）InfraTech 案例集。

三、多渠道、新技术，做好投资者关系管理

证券合规首先是信息披露合规，尤其是在资本市场迎来注册制的大背景下更是如此，“真实、准确、完整、及时、公平”的信息披露原则知易行难、常学常新，积极探索主动性披露，不断提高信披透明度，2021 年度信息披露被交易所评定为 A 级。

投资者是资本市场发展之本，尊重投资者、敬畏投资者、保护投资者，是资本市场践行以人民为中心的发展思想的具体体现。公司董事会秘书始终坚持公开、公平、公正原则，客观、真实、准确、完整、充分的信息披露，加强与投资者的沟通，积极通过电话、邮件、互动易等方式回复投资者各种提问，增进投资者对公司的了解和认同，提升公司的诚信度，建立公司良好的资本市场形象。

公司董事会秘书认为通过利用信息技术和现代化工具与投资者进行沟通已成为上市公司投资者关系管理工作的主流。2022 年 4 月 25 日，公司以“现场交流 + 网络直播 + 图文直播 + 现场电话接入”相结合的形式在同花顺路演平台、深圳证券交易所互动易平台举行 2021 年度业绩说明会，线上累计参会人员 11. 11 万人次。本次业绩说明会被深圳证券交易所作为“乡村振兴新崛起主题”系列业绩说明会特定活动。因公司在投资者关系管理工作特别是高质量召开年报业绩说明会方面效果好、成绩突出，连续两年入选“上市公司年报业绩说明会最佳实践”。

四、优化融资结构，助推公司战略目标实现

公司通过再融资，把握国家乡村振兴与粮食安全战略带来的重要机遇，持续加强公司在“三农三水”领域的综合实力，丰富公司产品与服务能力提升，进一步实现公司“六五”战略规划。自 2018 年担任公司董事会秘书以来，公司先后完成了两次再融资，募集资金总额 9. 38 亿元。

2020 年，公司董事会秘书在面对新冠疫情肆虐的背景下成功完成了

“大禹转债”的申报、反馈、审核和发行上市，募集资金 6.38 亿元，于 2020 年 8 月 20 日在深圳证券交易所上市；2021～2022 年，公司董事会秘书适应市场选择以简易程序向特定对象发行股票的方式，成功融资 3 亿元。

2020 年 6 月 19 日，深交所下发《关于做好创业板上市公司适用再融资简易程序相关工作的通知》，充分发挥再融资简易程序制度功能，更好服务实体经济。公司董事会秘书顺应市场政策，结合公司实际情况，于 2022 年年初选择以简易程序向特定对象发行股票的方式，成功融资 3 亿元，并于 2022 年 3 月 8 日在深圳证券交易所成功上市交易。本次以简易程序向特定对象发行股票，发行价格为 5.12 元/股，认购倍数为 4.26 倍，相对发行期首日（2021 年 12 月 22 日）前 20 均价（5.55 元/股）为 92.25%，远高于定价基准日前二十个交易日公司股票交易均价的 80%（4.44 元/股）。同时，本次发行规模为 3 亿元，达到了法规规定的规模上限，为市场上首例募满 3 亿元的小额快速发行。

两次再融资均是公司董事会秘书根据公司实际情况，结合市场政策，提前筹划、精准选择融资方式，同时募投项目的选择非常符合公司实际和未来发展，有利于提升公司的综合实力和市场竞争力，有利于促进公司向现代农业科技服务公司转型升级，有助于进一步实现公司的战略布局和未来发展。公司于 2020 年、2021 年因融资支持甘肃省经济社会发展作出突出贡献，被甘肃省人民政府连续两年授予“省长金融奖”。公司董事会秘书陈静先生作为西北区域优秀上市公司代表在上交所组织融资培训过程中进行融资经验分享。

五、并购慧图科技，助力公司智能化业务发展

大禹节水是水网、信息网、服务网“三网融合”的首倡者。公司通过水利基础设施、水利信息和运营服务三张网，最终构建起具有精准感知、广泛联接、科学决策、智能管理等特点的综合性智慧水利云平台和管理体系，提升科学化决策与调度管理水平，加速推进农业现代化进程。

2020 年，由公司董事会秘书牵头通过尽调与多轮谈判，成功完成并购

北京慧图科技（集团）股份有限公司（以下简称“慧图科技”）工作，使公司智慧水务业务能力得到进一步提升。通过并购慧图科技补齐公司“三网融合”综合解决方案中重要一环“信息网”的承载主体，进一步推动公司迈向智慧水利及数字孪生发展新阶段。通过以上产业整合，完成了公司产业链闭环的战略布局，加速推动了公司业务的数字化转型，进一步提升了公司核心竞争力及市值管理水平。

截至目前，慧图科技获批电子与智能化工程专业承包一级资质，入选2021年第二批北京市专精特新“小巨人”企业名单，陆续斩获多项数字孪生项目订单，为公司智能化业务发展提供软硬件支持。

六、完善股权激励，建立大禹事业合伙人机制

2021年5月17日，公司正式发布《2021年限制性股票激励计划》，公司向激励对象授予限制性股票1600万股，包括公司董事、高级管理人员、核心管理人员及核心技术骨干。

为进一步建立、健全公司长效、长期激励机制，吸引和留住优秀人才，充分调动公司员工工作积极性，公司董事会秘书牵头，结合公司实际情况与《2021年限制性股票激励计划》，提出“共创、共担、共享”大禹特色事业合伙人机制，有效地将股东利益、公司利益和核心团队个人利益结合在一起，并连续召开两次事业合伙人大会。截至目前，公司事业合伙人人数已达到141人占公司总人数的5.04%，事业合伙人机制已逐步健全、完善，公司事业合伙人机制已在公司战略制定、投资决策以及其他事项决策方面发挥重要风控作用，同时公司事业合伙人发挥主人翁精神和模范带头作用，圆满完成公司年度各项经营指标。

64. 汇川技术（300124. SZ）：助力公司战略发展　为股东创造财富

董事会秘书　宋君恩

宋君恩先生担任汇川技术董事会秘书 14 年来，对于如何做好资本运作、投资者关系、信息披露、公司治理等工作有一些个人见解，在此过程中，宋君恩先生不断探索创新方式，积极推动各项工作的实践，不断提升公司在资本市场的价值，持续为股东创造财富，助力公司业务增长和战略实现。

一、在资本市场上较为创新、成功的举措

（一）重大资产重组

宋君恩先生和公司董秘办致力于通过产业并购与融资，帮助公司实现快速的外延式扩张以及壮大资本实力。对于投资并购事项，持续管理实施条件，对各类并购重组事项的运作流程和注意事项进行整理，并撰写投资报告、股价分析报告。2019 年 9 月 10 日，公司通过发行股份购买上海贝思特电气有限公司 49% 股权交易上会，获无条件通过。一般 A 股并购交易常见的对赌指标为净利润，本次交易对业绩承诺指标做了创新，使用了跨国企业与海外业务累计毛利润、大配套中心的准时交付率和交货质量、核心人员离职率作为承诺指标，这样更贴合公司并购目的和行业特性。

（二）股权激励

股权激励作为公司常态化激励的重要方式之一，为公司招聘人才、保留核心人才发挥了重要作用，因此公司在工具、激励数量、授予价格、激

励力度、股份支付等方面找动态平衡，真正达到助力公司人力资源管理诉求。公司是市场上首家采用“打折期权”方式实施激励的上市公司。在最新一期激励计划中，公司依据同一激励收益计算原则，结合不同工具特征和不同人群需求，综合运用了股票期权、第一类限制性股票、第二类限制性股票三种工具，匹配了董事、高管、外籍员工、中高层人员等不同人群的差异化需求。另外，公司积极探索实施长效激励持股计划，通过提取激励基金对与公司业绩强相关人员进行强效激励。

二、采取创新性的方式方法开展投关工作的举措

（一）投资者关系战略定位：从事务型向战略型业务转化

基于公司战略规划框架，宋君恩先生定义了公司证券事务的战略意图：致力于成为资本市场明星企业，不断提升公司在资本市场的价值，持续为股东创造财富，助力公司业务发展和战略实现。在整体证券事务框架之下，投资者关系管理工作是其中重要的支撑板块，宋君恩先生也对投资者关系工作赋予了战略意义，即明确公司投资者关系由事务型转向战略型业务，用战略的思维去思考和统筹投资者关系工作，并细化了投资者关系工作的业务设计，提出投资者关系工作从 IR 到 IRM 的发展思路。

（二）场景化思维看待投资者关系工作：把投资者当客户，为客户创造价值

从投资者的角度，无论是机构投资者还是中小投资者，对于公司信息的获取都具有同等的需求。公司始终致力于提供一个公开、公平的沟通渠道，与不同类型投资者充分沟通，将场景化的思维落实到公司投关工作的每一个实践中。

（1）宋君恩先生和 IR 团队始终置身于“股民”的角色中，真正去了解作为一个上市公司的股民，想要了解公司的信息有哪些。在这样的代入中，公司在信息披露上，包括在定期报告、临时公告以及日常投资者交流记录表，对公司的战略方向、经营情况、业务进展、竞争格局等信息，做到公开、透明的披露和沟通，让投资者看到一个真实的“汇川技术”，也

让投资者看到公司未来的方向，以此做好自己的投资判断。

（2）业绩说明会是公司和投资者交流的重要渠道和载体之一，也是投资者了解公司定期报告内容最直接有效的渠道。近年来宋君恩先生一直在探索给市场及投资者展现高质量的业绩说明会：从流程和组织的支撑、接入平台的便利和易用、高管的参与，到高质量内容的互动以及会后的披露和宣传，真正做到有形式、有内容的价值传播。

（三）积极推动、打造“精、专、透”高效 IR 团队

汇川技术的 IR 团队比较精简，包括宋君恩先生、董秘办主任和专职 IR，从人员配置上看，只有专职 IR 在投关工作上投入全部精力。但公司的业务和产品又是复杂的，且涉及到众多产业链条；同时，关注公司的投资者群体较大，投资者交流诉求高涨。在这样的背景下，如何打造一支“精、专、透”高效 IR 团队？公司在这方面给予了高度支撑，并持续完善 IR 团队对于内部信息获取和分享的机制：公司重要的战略会议、经营会议、业务部门市场会议等重要的内部会议，均对 IR 团队开放。为了使 IR 团队在公司规模较大、业务和产品较为复杂的情况下，能够及时有效地获取公司战略层面、事业部层面等重要经营信息，为内部 IR 团队创造了较好的信息沟通渠道，为投资者沟通工作提高保障，整个团队均得到投资者的高度认可。

在投关方面，近三年来，公司荣获证券时报第十一届中国上市公司投资者关系天马奖“最佳新媒体运营”、第十二届天马奖“最佳投资者关系”等荣誉。

三、在信息披露、公司治理方面的创新举措

针对信息披露工作，公司的创新举措如下。

（1）三化：实现信息披露的流程化、模板化与看板化，持续完善公司信息披露管理办法与相关流程制度，并统筹计划与分类管理。此外，亦将可预见事项纳入信息披露计划，明确关键时间节点，分阶段确定目标任务与分工。

（2）五看三定：在公告的起草过程中，宋君恩先生归纳出了“五看三定”的方法论，通过看规则、看指引、看案例、看过往、看本质的“五看”与定逻辑、定核心、定描述的“三定”，有效传递公司价值，进一步突出以投资者需求为导向的信息披露方式。

（3）项目化运作：董秘办建立与业务部门的信息共享、联动机制，收集公司经营发展信息和相关材料，为年报编制积累素材，确保定期报告内容在法定保密的前提下做到透明、可读、易懂，充分披露投资者做出价值判断和投资决策所需的信息。

针对“高压线事务”管理，董秘办不定期向董监高发送监管案例，并组织董监高参加培训；利用IT工具搭建关联交易、对外担保等重大事项的审批流程；由董秘办对董监高增减持进行统一管理。

近三年，公司荣获第二届新财富“最佳上市公司”、德勤MBC“2020中国卓越管理公司”、中国证券报第二十三届上市公司“金牛最具投资价值奖”、证券时报第十五届中国上市公司价值评选“中国创业板上市公司杰出管理团队”与“创业板上市公司价值50强”等荣誉。

四、持续进行学习与得到成长

公司通过多年积累，已经形成五大业务板块：通用自动化、新能源汽车电驱 & 电源系统、电梯电气大配套、工业机器人、轨道交通牵引系统。面对越来越多的下游行业应用场景及公司管理模式的变化，如何将产品、技术、经营模式、行业动态等知识用资本市场的语言介绍给资本市场，是我持续面对的问题。

宋君恩先生通过不断与监管人员、董秘同行们保持良好的沟通互动，持续学习法律法规等知识，不断加强对资本市场规则的理解和应用能力。

在监管部门的专业委员会任职方面，宋君恩先生担任深圳证券交易所第八届、第九届上市委员会委员、深圳证券交易所理事会上诉复核委员会委员。与此同时，积极参与深交所、证监会、上市协会关于再融资、重大资产重组、股权激励、分拆上市、独立董事履职建议等规则的制定及修订工作，并根据公司实操中遇到的痛点，提出建议和意见。

在同行交流方面，宋君恩先生曾受邀作为授课嘉宾参加深交所及全景网联合举办的上市公司董秘经验分享会，向其他上市公司介绍公司证券事务的价值创造与业务设计，主要内容包括公司治理、信息披露、资本运作、投关管理等方面的实践经验。

近三年，宋君恩先生有幸荣获中上协2022上市公司“5A董秘”、《新财富》“金牌董秘”、《上海证券报》上市公司金质量奖“卓越董秘奖”、《证券时报》第十一至十三届中国上市公司投资者关系天马奖“最佳董秘”、《证券时报》第十五届中国上市公司价值评选“第十届中国董秘勋章”等荣誉。

总之，宋君恩先生作为公司董事会秘书，做到了既积极务实，又持续创新；既熟知相关的法律法规、公司的财务状况，又精通行业知识、了解行业动态、熟悉公司的经营策略，而且作为公司与资本市场的桥梁，将资本市场及行业的外部信息及时反馈给公司，同时将公司的业务规划和战略制定及时传递给资本市场，充分发挥了纽带和中枢作用。

65. 稳健医疗（300888. SZ）：从心出发 同公众和投资者建立信任关系

董事会秘书 陈惠选

稳健医疗（300888）的资本市场之路丰富曲折，2005 年在美国 OTCBB 挂牌，2009 年和 2010 年先后转板到纽交所和纳斯达克市场交易，2012 年私有化退市，2015 年 A 股上市股改，2017 年上市未成，2019 年再次冲刺 A 股，2020 年终得成功挂牌。陈惠选女士于 2009 年加入稳健医疗，从美股转板到私有化退市，从引进投资人到 A 股上市，从 A 股核准制到注册制的十多年辗转中，让陈惠选女士成为 A 股董事会秘书中经历较为特别的一员。基于对公司业务的深入理解、深谙 A 股市场的法规要求和在美国上市期间的宝贵经历，陈惠选女士深知信息披露质量、投资者交流活动和 ESG 等工作对上市公司的重要性。

一、在信息披露方面

稳健医疗作为创业板注册制前批上市挂牌公司，公司享受了注册制带来的红利，同时铭记“注册制的基本特点是以信息披露为中心”，从投资者的角度思考问题。财报无疑是投资者关注度最高的公告，因此，陈惠选女士特别重视年报和半年报的真实、准确、完整以及可读性，希望投资者能够清晰、全面地了解公司。公司对很多环节进行详细的展示，深交所编制的《2022 年年报优秀案例汇编》对稳健医疗点评：“在主营业务分析营业收入构成部分按照非常详细的主要产品分类，对各类产品的收入金额及营业收入占比等进行了详细披露主要产品品类、各类产品收入情况及报告期内主要收入增长来源。"《2021年年报优秀案例汇编》对稳健医疗"主营业务分析章节"的点评为:"除财务指标外还披露了各销售渠道的收入信息、会员数据及年龄结构等非财务数据，并对报告期内在数字化转型、产品研发等重点领域取得的工作成果进行了总结。"同时，很令人意外，在股吧有网友留言:"稳健医疗的财报，真的做得太好了，图文并茂，并不是列一堆数据""这年报真详细，很少见，用心之作""工整清晰！最棒的半年报"。正是因为站在投资者的角度看本企业，除了满足监管披露要求外，公司努力让投资者看到一份生动、详尽的定期报告。

二、在投资者关系方面

公司领导非常重视内控和合规，从内心上"敬畏市场、敬畏法治、敬畏专业、敬畏投资者"，加之有着七年美股市场的历练，领导层高度重视和十分支持投资者交流工作。业绩说明会是上市公司与投资者沟通交流的重要载体，是传递上市公司价值的桥梁。上市首年，陈惠选女士积极组织了6场投资者业绩说明会，分别为对机构投资者业绩说明会、深交所上市大厅"三创""四新"说集体业绩说明会、"走进上市公司云调研"跟着摄像机走进生产基地和门店、电视台录播ESG路演活动、半年报录播业绩说明会、三季报投资者交流会，六场说明会合计线上线下观看人数超过35万人次。而上市第二年年报披露后的业绩说明会，更进一步真诚和开放地与投资者交流。董事长携首席财务官、董事会秘书、轮值CEO和业务副总裁出席，交流会通过网络直播的方式，面向所有投资者和媒体。直播中，监管机构、基金、中小股民、媒体通过网络、语音、文字征集等多种形式向管理层提问，公司积极回答业绩情况、人才结构和未来发展战略等问题。上市公司与投资者进行多形式的业绩说明会，可以让监管机构、机构投资者和中小股东投资者更立体、全方位地了解公司，同时也是宣传公司品牌的良好机会。

三、在 ESG 推动和管理方面

稳健医疗的商业逻辑是利他主义、价值观是先人后己、注重可持续发展，公司的非财务信息有必要让监管机构、消费者、投资者、合作伙伴进行全面了解。为提升稳健医疗非财务信息披露水平，增强公司可持续发展实力和外部投资者信心，上市的第三个月，陈惠选女士便邀请第三方咨询公司为公司管理层培训 ESG 的基本概念及其商业和社会价值，同时提出 ESG 报告就是企业的“软实力”报告，让管理层重视 ESG 工作。接下来，陈惠选女士统筹和组织出具上市首年第一份社会责任报告，目的是对企业提出高标准、严要求，让社会各界对公司进行监督和鞭策，促进公司不断完善 ESG 管理体系，实现公司可持续、高质量发展。在报告中，融合公司“质量优先于利润、品牌优先于速度、社会价值优先于企业价值”的三大核心原则、企业文化、企业使命及发展愿景的基础上，提炼和实践 ESG 管理理念，主要从管理、治理、披露三个层面开展 ESG 工作并持续完善 ESG 管理体系，并发布英文版和一图读懂便于各界读懂企业的“软实力”。与此同时，首份社会责任报告发布后，陈惠选女士向董事会提议董事会下设的战略委员会改为战略与社会责任委员会，将社会责任提高到董事会层面，此提议得到董事会成员赞同并审议了相关制度。为了让外界更了解企业，第二年的社会责任报告发布后，陈惠选女士提议举办 ESG 发布会与品牌发布会同台发布，并邀请行业大咖站台宣传公司的 ESG 行动和成绩，也主动邀请监管机构、投资者、媒体、消费者和客户参加 ESG 发布会，进而宣传企业的品牌。通过报告的发布，与监管机构、投资者、消费者和客户、员工、合作伙伴、社会公众间的沟通交流，不断拓展沟通渠道，丰富交流形式，让各方更多地了解公司、关心公司，积极参与和支持公司事业的发展。

四、在市值维护方面

陈惠选女士积极关注投资者情绪并做好沟通交流工作。2022 年 9 月 7

日股价单日下跌超7%，第二天上午下跌超4%，第一天下跌引来很多分析师和中小股东电话，询问下跌的原因。公司快速了解情况，排查各种可能性，面对第二天上午继续下跌，为了及时传递公司客观信息，遏制各类遐想，最好的办法就是公司主动发声、真诚与投资者交流，因此陈惠选女士向董事长和首席财务官提议当天收盘后立刻召集投资者交流会。会议中，传递公司最近业务情况和一切经营正常的信息，让投资者持续保持对公司的关注和信心，会议结束后及时发布投资者活动交流表让更多投资者看到公司对股价的回应。交流会后面三天股价连续上涨，稳住了情绪、稳住了股价。

截至目前，稳健医疗上市不到两年半，公司在信息披露、投资者交流、ESG等方面有一定探索和实践积累。未来，在举办投资者和媒体探访工厂、门店、原材料溯源活动、基金反路演、投资者精细化管理、ESG管理小组SOP、提高ESG评级分数等方面需要持续提升。公司努力持续成为A股上市公司的“三好学生”，成为A股上市公司规范运作的标杆企业。公司高度支持中国资本市场多元化结构和进行注册制改革，响应国家对上市资本参与者的要求，坚持投资者利益优先原则，珍视公众和投资者信任，勤勉尽责，切实保护投资者合法权益。